幼儿园劳动教育丛书　　江苏省"十四五"时期重点出版规划项目

# 劳动的艺术
# 艺术地生活

## 幼儿园工艺劳动课程实践

刘　颖　虞永平 / 主编

宗　颖
贝　蓓
杨雨晴
陈梦茜
吴有宸 / 著

LAODONG
DE
YISHU
YISHU
DE
SHENGHUO

江苏凤凰教育出版社
Phoenix Education Publishing, Ltd

图书在版编目（CIP）数据

劳动的艺术　艺术地生活：幼儿园工艺劳动课程实践 / 宗颖等著 . — 南京：江苏凤凰教育出版社，2023.2
（幼儿园劳动教育丛书 / 刘颖，虞永平主编）
ISBN 978-7-5499-6302-7

Ⅰ.①劳… Ⅱ.①宗… Ⅲ.①学前教育—劳动教育—教育研究 Ⅳ.①G613.3

中国版本图书馆 CIP 数据核字（2022）第 033708 号

感谢您使用本书。您在使用时如有建议或发现质量问题，请联系我们。
【内容质量】电话：4008283622
【印装质量】电话：4008283610

幼儿园劳动教育丛书

| | |
|---|---|
| 书　　名 | 劳动的艺术　艺术地生活——幼儿园工艺劳动课程实践 |
| 作　　者 | 宗颖 贝蓓 杨雨晴 陈梦茜 吴有宸 |
| 出版策划 | 刘　煜 |
| 责任编辑 | 严小英 |
| 出版发行 | 江苏凤凰教育出版社（南京市湖南路 1 号 A 楼　邮编 210009） |
| 苏教网址 | http://www.1088.com.cn |
| 照　　排 | 江苏凤凰制版有限公司 |
| 印　　刷 | 江苏扬中印刷有限公司（电话：0511-88420818） |
| 厂　　址 | 江苏省扬中市大全路 6 号 |
| 开　　本 | 787 毫米 × 1092 毫米　1/16 |
| 印　　张 | 23.25 |
| 版　　次 | 2023 年 2 月第 1 版 |
| 印　　次 | 2023 年 2 月第 1 次印刷 |
| 书　　号 | ISBN 978-7-5499-6302-7 |
| 定　　价 | 68.00 元 |
| 网店地址 | http://jsfhjycbs.tmall.com |
| 公 众 号 | 苏教服务（微信号：jsfhjyfw） |
| 邮购电话 | 025-85406265，025-85400774 |
| 盗版举报 | 025-83658579 |

苏教版图书若有印装错误可向承印厂调换
提供盗版线索者给予重奖

# 序

  劳动对人类而言，有着特殊且重要的价值。劳动能够创造财富、创造世界。劳动对个体的发展更有着不可替代的价值。劳动能够让人发现自我、改造自我、确证自我，因此我们说，劳动"使人真正成其为'人'，根本超越了动物界"①。劳动是人全面发展的重要途径，劳动教育是全面发展教育体系的重要组成部分。在2018年的全国教育大会上，习近平总书记特别强调了劳动教育的重要性，强调要在学生中弘扬劳动精神，教育引导学生崇尚劳动、尊重劳动，懂得劳动最光荣、劳动最崇高、劳动最伟大、劳动最美丽。2020年3月，中共中央国务院印发了《关于全面加强新时代大中小学劳动教育的意见》，强调了劳动教育是中国特色社会主义教育制度的重要内容，并要将劳动教育纳入人才培养的全过程。

  遗憾的是，在过去的一段时间内，有关劳动教育的政策话语和研究热点主要出现在大、中、小学阶段，对幼儿园劳动教育的研究处于相对滞后的状态。然而，我们不能就此忽视劳动以及劳动教育对幼儿发展和学前教育质量提升的意义。

  **劳动活动是幼儿综合的学习。**劳动需要动手。年龄较大的儿童，更多以间接经验的学习为主，学习的场所能够发生在课堂中，学习的方式能够以讲解为主。而幼儿是在直接感知、实际操作、亲身体验的过程中学习的。让幼儿获得经验，就是让幼儿去做事。幼儿的劳动，就符合这里所说的做事的特点。劳动对幼儿学习的意义直接体现在丰富了幼儿做事的机会。

  **劳动能够促进儿童全面的发展。**劳动尽管强调身体的参与，劳动教育强调劳动态度、劳动习惯和劳动情感的涵养，但其价值绝不仅仅局限在身体发展和价值观的培养上。劳动的过程，是多个领域的经验有机结合的过程，也指向多个领域

---

① 赵敦化，孙熙国. 中国哲学的当代研究与马克思主义哲学创新 [M]. 北京：人民出版社，2011：298.

经验发展的过程。杜威在中国访问演讲时，就曾对南京高等师范学校附属幼稚园养蚕一事深有感触，并以此阐释劳动对学前儿童多领域发展的综合作用。

**劳动教育是落实《指南》精神、提升学前教育质量的重要抓手。**劳动教育重在亲身参与和实践，强调幼儿动手能力的发展。开展劳动教育，为幼儿提供了丰富的直接感知、实际操作和亲身体验的学习机会，有利于改变学习方式小学化的倾向。劳动教育关注对儿童劳动素养的培养，促进儿童体、智、德、美和创造力的全面发展，有利于改变当前教育中"扬心抑身"的倾向，能更好地落实《指南》精神。

尽管劳动教育未曾远离过我国幼儿园教育实践一线，我们在幼儿园中也总能看到这样那样热火朝天的劳动场景，但有关幼儿园劳动教育的理论与实践还充满着挑战和难题。例如，如何在我们的课程中定位劳动教育？如何处理劳动教育中劳动品质涵养和其他方面发展的关系？怎样合理地处理劳力和劳心的关系？如何为新时代的幼儿园劳动教育注入时代发展的特点？如何提供满足当代幼儿需要的劳动教育？如何不断丰富幼儿劳动教育的内容和形式？如何建构幼儿园劳动教育的资源和环境？如何在劳动活动中有效地回应幼儿，并为幼儿提供充分的机会和挑战？如何协同家庭、社区的力量共同参与到幼儿园劳动教育的实践当中？

基于对幼儿劳动以及幼儿园劳动教育价值的考量，我们和全国有志于从事劳动教育研究的十多所幼儿园一道，从2019年开始，开展了系统的幼儿园劳动教育研究。参与研究的幼儿园来自我国各个地区，有着不同的园情和研究基础。但共同的，是他们研究劳动教育的决心、热情和努力。每一所参与劳动教育实践研究的幼儿园，既整体性地对幼儿园劳动教育进行了探究，还从园所自身的基础条件、幼儿发展的现实需求出发，选择了种植劳动、饲养劳动、工艺劳动、工程劳动、生活自理劳动、社群服务劳动中的一类，进行了深入的实践与研究，以获得更扎实的幼儿园劳动教育研究经验和研究成果。

在这数年时间中，参与幼儿园劳动教育研究的各所幼儿园迎难而上，在实践中重新审视了幼儿园劳动教育的价值，凝练了劳动教育的理念，总结了组织劳动教育活动的策略，梳理了与《指南》对接、符合幼儿身心发展规律的劳动教育目标，建构了与幼儿生活密切相关的劳动教育内容体系，探索了多种形式的劳动教育组织形式，并尝试开展幼儿劳动教育的评价工作。在与实验园所园长、老师们共同研究的过程中,我们见证了完整儿童的发展,见证了老师们教育观念的更新、教育方法的改善、教育能力的提升,见证了《指南》精神的逐渐落地。

　　江苏凤凰教育出版社策划并出版的这套"幼儿园劳动教育"丛书,是对幼儿园劳动教育理论和实践研究的总结与展示,是对幼儿园劳动教育理念、立场、观点、策略、方式、机制的挖掘和整理。作为国内第一套系统呈现幼儿园劳动教育研究成果的书籍,本套丛书在内容、形式、体例上都还有诸多差强人意之处,我们也将在后续的研究中不断完善。此时推出这套丛书,我们希望能够给更多的学前教育同行以启发,让更多的幼儿园深刻地认识到幼儿园劳动教育的价值和实现价值的可能性,让更多的幼儿园参与到幼儿园劳动教育研究的队伍中来,让幼儿园劳动教育研究的成果造福更多的儿童。

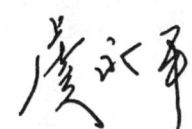

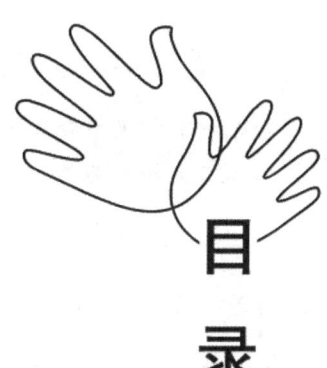

# 目录

## 导言：一场师生相互遇见的"美劳之旅"
### ——幼儿园工艺劳动课程构建与实施

### 一、工艺劳动课程背景

（一）时代精神的急切呼唤     001
（二）儿童发展的长远需要     002
（三）契合园情的现实需要     002

### 二、工艺劳动课程理念     003

（一）劳动即教育     003
（二）资源即经验     003
（三）体验即生长     003

### 三、工艺劳动课程目标     004

（一）总体目标     004
（二）各年龄阶段领域目标     004

### 四、工艺劳动课程架构     008

（一）资源甄选与框架构建     009
（二）脉络梳理与内容构建     009

### 五、工艺劳动课程实施     010

（一）游戏坊中的工艺劳动     010
（二）主题节中的工艺劳动     012

## 六、工艺劳动课程评价 　　013
### （一）问卷诊断式评价 　　013
### （二）课程叙事式评价 　　014
### （三）指标体系式评价 　　014

# 第一章　布艺劳动

## 第一节　布艺劳动操作指南 　　019
### 一、定义阐释 　　019
### 二、关键经验 　　019
### 三、环境设计 　　020
### 四、活动内容 　　024
### 五、活动建议 　　027

## 第二节　布艺劳动课程故事 　　029
### 一、做布包 　　029
### 二、防疫香囊 　　038
### 三、旧衣改造 　　047
### 四、花好月圆 　　058

# 第二章　纸艺劳动

## 第一节　纸艺劳动操作指南 　　073
### 一、定义阐释 　　073
### 二、关键经验 　　073
### 三、环境设计 　　074
### 四、活动内容 　　077
### 五、活动建议 　　080

## 第二节　纸艺劳动课程故事 　　082
### 一、"纸"趣横生 　　082
### 二、中国剪纸 　　093
### 三、缤纷纸屋 　　105
### 四、水乡纸船 　　116

## 第三章　农艺劳动

### 第一节　农艺劳动操作指南　129
　　一、定义阐释　129
　　二、关键经验　129
　　三、环境设计　130
　　四、活动内容　135
　　五、活动建议　138

### 第二节　农艺劳动课程故事　140
　　一、小小毛豆也"疯狂"　140
　　二、土豆创想曲　156
　　三、我和向日葵有个约会　168
　　四、待到西瓜成熟时　181

## 第四章　草艺劳动

### 第一节　草艺劳动操作指南　193
　　一、定义阐释　193
　　二、关键经验　193
　　三、环境设计　194
　　四、活动内容　197
　　五、活动建议　201

### 第二节　草艺劳动课程故事　203
　　一、温暖的鸟窝　203
　　二、一场帽子的甜蜜之旅　216
　　三、粽叶飘香润童心　225
　　四、草绳趣多多　239

## 第五章　木艺劳动

### 第一节　木艺劳动操作指南　251
　　一、定义阐释　251
　　二、关键经验　251

三、环境设计　　252
　　四、活动内容　　256
　　五、活动建议　　259

第二节　木艺劳动课程故事　　261
　　一、小小竹筏　　261
　　二、遇见竹篱笆　　271
　　三、我和椅子的故事　　281
　　四、挂衣钩诞生记　　290

# 第六章　泥艺劳动

## 第一节　泥艺劳动操作指南　　303
　　一、定义阐释　　303
　　二、关键经验　　303
　　三、环境设计　　304
　　四、活动内容　　308
　　五、活动建议　　312

## 第二节　泥艺劳动课程故事　　314
　　一、和泥玩游戏　　314
　　二、沙艺缤纷　　324
　　三、泥浮雕　　336
　　四、沙盘世界　　348

# 后记

# 导言：
# 一场师生相互遇见的"美劳之旅"

## ——幼儿园工艺劳动课程构建与实施

在自然教育思想和生活教育理念的观照下，"劳动"再次走进了幼儿教育的视域。当下，我们在努力回应"培养什么人、怎样培养人、为谁培养人"的时代叩问，着力构建一种内生性的、贴近幼儿生活的劳动课程，其意义就显得尤为深远。基于此，常熟市游文幼儿园从多样化的劳动教育内容范畴中，侧重聚焦"工艺劳动"这一类别开展了实践研究，力图甄选丰富、适宜的生活资源，从幼儿的已有经验出发，寻求在"劳动体验"中实现"全收获"的课程开发愿景，从而探索建构幼儿园"工艺劳动"课程的新样态。

## 一、工艺劳动课程背景

为什么要实施劳动课程？工艺劳动的教育价值在哪里？我们主要基于以下几方面的价值判断来回答这些问题：

### （一）时代精神的急切呼唤

应现代社会对人才培养需求的呼唤，习近平总书记在 2018 年 9 月举行的全国教育大会上旗帜鲜明地指出：努力构建德智体美劳全面培养的教育体系。2019 年发布的《中国教育现代化 2035》文件中进一步提出"五育融合"的教育发展目标。2020 年，中共中央、国务院发布《关于全面加强新时代大中小学劳动教育的意见》，对新时代劳动教育做了顶层设计和全面部署。当下，不论是站在国家发展的立场上，还是为了每个个体的成长，劳动教育都不可或缺。

综观劳动教育研究现状，中小学劳动教育探索出了一系列成熟的实践策略和模式，但幼儿园劳动教育仍处于边缘化的位置，在思想认识、措施办法、家园互动等方面，存在劳动目的外在化、劳动内容碎片化、劳动方法强制化等问题，尚未形成完整的体系。与此同时，城市化步伐的全面加快、电子技术的广泛渗透、家庭的过度保护等因素使儿童逐渐失去与自然接触的机会，他们的劳动意识与能力正在逐步淡化、消减。基于如今幼儿的生存状态和发展现状，我们亟须开展新的实践：重提曾经在历史长河中占据重要地位的劳动教育，赋予它新的时代意蕴，使其具有现实针对性。

### （二）儿童发展的长远需要

从人类进化史看，劳动创造了人，劳动创造了世界，劳动是人类赖以生存发展的方式。早在文艺复兴时期，国外大批学者就从社会学、哲学的视角对"劳动教育"进行了一定的研究。作为首次将教育与生产劳动相结合并付诸实践的教育家，裴斯泰洛齐认为人们应该把劳动作为生活的中心，学校教育应该把生产劳动作为教育中心，并引导学生进行适当的劳动[①]；卢梭的《爱弥尔》尤其说明了劳动的重要性，他主张"劳动是社会的人不可豁免的责任"，认为公民应该将劳动当成自己的责任，儿童只有在受到一定的劳动训练后，未来才能成为具备一定本领的、真正的自然人，并提出要将劳动作为教育的有效手段来培养青少年[②]。苏霍姆林斯基批判性地继承和发展了"教育与生产劳动相结合"思想的精髓，他提出："将教育与生产劳动相结合来培养全面发展的人。"与此对应，教育家马卡连柯提出将"劳动教育与思想教育和道德教育相结合"的观点[③]。综合国内外的研究基础，可以充分看到劳动教育在促进人的全面发展方面的重要性，越来越多的教育者也认识到：劳动能激发儿童潜能，呈现儿童秘密，创造儿童幸福。儿童通过劳动，一方面能够培养劳动习惯、劳动情感，形成劳动态度与劳动观念，另一方面能够健全自我的意识，完善自我的人格，涵养自我的公共理性。区别于成人劳动的生产性，幼儿劳动具有突出的教育性，他们在劳动教育活动中获得的不仅仅是劳动认知与技能，更是劳动思维、劳动审美、劳动创造、劳动素养等多元品质有机结合的过程。诸多的实践充分证明：劳动对于幼儿身心的全面和谐发展具有不可取代的作用。所以，劳动理应成为儿童生活的一部分。

### （三）契合园情的现实需要

劳动教育贯穿在幼儿园的一日活动中，其表现形式是多种多样的，有种植劳

---

[①] 经柏龙，周佳慧. 裴斯泰洛齐劳动教育思想之精髓及其解析［D］. 沈阳师范大学学报（社会科学版），2021，45（01）：117-119.
[②] 曹梦珂. 回归生活世界的大学生劳动教育研究［D］. 安徽农业大学，2020.
[③]《湖南教育》编辑部. 苏霍姆林斯基教育思想概述［M］. 长沙：湖南教育出版社，1983.

动、饲养劳动、服务社群劳动、生活自理劳动、工程劳动、工艺劳动等。我园之所以侧重于工艺劳动的研究,一方面是从自然教育的办园理念出发,进一步整合开发、挖掘自然资源在幼儿园劳动课程中的价值,另一方面是立足于前期的研究基础,我园在2017年参加了虞永平教授领衔的《从课程资源到儿童经验》课程丛书的编写,完成了"布艺课程"实践,并正式出版了《小小布艺坊——幼儿园布艺活动》一书,这为接下来工艺劳动教育的开展提供了一定的研究范式。

## 二、工艺劳动课程理念

基于以上理论依据以及对现实基础的分析,我们认识到:工艺劳动必然是和幼儿生活相联系的,工艺劳动必然是幼儿经验建构的过程,工艺劳动课程必然是整体教育观下的课程。由此,我们在课程建设理念与价值导向上形成了以下几个核心观点:

### (一)劳动即教育

幼儿劳动教育,是指以幼儿为中心,有目的、有计划地引导幼儿主动通过与人、事、物进行互动,习得一定的劳动技能,形成正确的劳动习惯与情感,逐步养成一定劳动素养的教育活动。而工艺劳动,作为幼儿劳动教育形式之一,是指采用自然材料、粗加工材料、废弃材料等进行创造性加工的一种劳动方式。它与传统的手工活动相比,最大的区别在于不再单纯着眼于作品的艺术审美价值,而是从"学用相长"的视角,以关注幼儿内在的劳动品质提升为核心,构成具备整体功能的课程结构,从而实现以生命唤醒为愿景的课程创生。从这个意义上来理解,工艺劳动本身就是一种综合活动,是以促进幼儿形成劳动价值观和养成劳动素养为目的的教育活动,是幼儿"德智体美劳"全面发展的主要内容之一。因此,在"五育融合"的视域下,幼儿园开展工艺劳动,旨在培养具有"阳光的体魄、开放的思维、善意的心性、率真的创造、勤劳的品质"的完整儿童。

### (二)资源即经验

根据杜威有关儿童经验的论述,儿童经验是儿童在日常生活和学习过程中与周围环境相互作用而产生和发展的,儿童个人所具有的认知经历和体验就是儿童经验。但在幼儿所有的经验内化及形成过程中,需要以一定的课程资源为载体,课程资源则包括物质资源、社会资源、文化资源等。在工艺劳动实践中,这些课程资源的深度开发,对幼儿建立劳动经验、劳动品质来说起着不可或缺的支撑作用,因此,"以资源撬动课程"是工艺劳动开展的主要思路。

### (三)体验即生长

体验是指从亲身经历中体会知识、技能的形成过程,它包括行为体验、内心体验、情感体验和价值体验。工艺劳动实践既强调幼儿"做事"的行为体验过程，更注重幼儿"做事"过程中所伴随的触及内心的体验，即把劳动看作是深入精神生活的生动经历。所谓"体验即生长"，就是关注幼儿自身，关注他们的生活世界、精神及生命意义的构建，以及他们在建构生命意义过程中的内在体验。一言以蔽之，工艺劳动课程实践，意在通过支持幼儿成为快乐而自信的劳动者、探究者，使其在以整个心灵感知和探究周围世界的过程中实现自身的自然生长，以及社会生长、生命生长，实现自身生命意义的不断建构与发展，实现在劳动滋养下的身、心、灵的共舞。

## 三、工艺劳动课程目标

课程目标是幼儿园课程的核心，决定了幼儿园课程内容的选定、实施策略的选择和评价方式的确定。在工艺劳动课程目标构建中，我们主要从儿童学习的需要、教师专业成长的需求、课程发展的趋向这三个维度厘清、把握课程目标的拟定逻辑，从宏观到微观形成层级课程目标体系。

### （一）总体目标

（1）幼儿层面：在"五育融合"的视域下，让幼儿通过亲身体验、直接感知、实际操作的创造性工艺劳动体验，激发劳动兴趣，增强劳动意识，淬炼工艺劳动关键能力，养成必备的劳动品格，内化形成一定的劳动价值体认，促进幼儿体、智、德、美、劳全面发展。

（2）教师层面：通过"游艺"劳动课程构建的实践研究，转变教师的劳动教育观念，深挖工艺劳动教育的内涵，从而发展教师开发实施课程的能力，提升教师的课程文化素养，使其成为会设计、会观察、会指导、会评价、会反思的科研型教师。

（3）课程层面：在幼儿园工艺劳动课程开发与实践的研究历程中，融合自然、生活、游戏等要素，以"一物一链"的资源联通、"一坊一链"的经验交互、"一节一链"的文化共振，探索、实现劳动与幼儿园课程内在文化的链接，综合构建蕴含"自然味""生活味""人文味"的"游艺"劳动课程体系。

### （二）各年龄阶段领域目标

#### 小班年龄阶段目标

1. 健康领域目标

（1）认识纸张、布、线等生活中的工艺劳动材料，以及泥团、树枝、农作物等自然界中的工艺劳动材料。

（2）能使用各类简单的劳动工具，尝试完成任务并愿意整理工具材料，有一定的安全劳动能力和意识。

（3）在工艺劳动中，尝试进行推、拉、打等大肌肉动作，完成折、捏、团等精细动作，动作基本协调；能用剪刀沿直线剪，边线基本吻合。

2. 语言领域目标

（1）能有兴趣地运用各种器官，初步感知、理解内容简单、特征鲜明的实物、图片和情景。

（2）能正确地说出所从事的工艺劳动的内容或主要事件。能用口头语言将从视频或绘本中看到的工艺劳动内容说出来，开始感受语言和其他符号的转换关系。

（3）学会安静地听同伴说话，不随便插嘴。喜欢与同伴交流，愿意在集体面前发表自己的意见，在教师的引导下尝试学习围绕工艺劳动主题谈话，能用短句表达自己的意思。

3. 社会领域目标

（1）熟悉工艺劳动活动环境，认识活动中的同伴与成人，初步了解他们与自己的关系。

（2）在活动中能保持愉快的心情，不好哭，不怕生，愿意与他人交往，拥有初步的自我意识，能积极参与工艺劳动，有一定的独立能力。

（3）尝试主动承担工艺劳动任务，遇到困难不马上寻求老师的帮助，尝试与同伴合作完成任务。

（4）了解和感受祖国和家乡常熟的代表性物产、景观和特色，具有初步的归属感和自豪感。

4. 科学领域目标

（1）能用简单的图画、图表或其他符号记录自己在工艺劳动中的探索与发现。

（2）通过观察常见的个别动、植物和无生命物质的特征，初步了解它们与人、环境的关系。

（3）通过多种感官了解布、泥、沙、石、草、纸等材料在不同状态下的特征，并对它们的材质与作用感兴趣。

5. 艺术领域目标

（1）认识绘画工具，养成正确的握笔和作画姿态，养成大胆作画的习惯，能在各类工艺劳动材料上学习用点、线和简单形状表现生活中熟悉的物体的大概形象和明显特征。

（2）愿意尝试各种材料和工具，萌发对手工活动的兴趣。

（3）用一些简单的点状材料和面状材料开展活动，认识泥工的材料和工具，初步学习用搓、团圆、压、粘贴等方法塑造简单物象。

（4）在欣赏自然界和生活环境中的工艺品时，能够专注观察，并有模仿和参与制作的愿望。

（5）有初步的艺术审美能力，尝试将自己的工艺劳动作品以美的方式展示出来。

中班年龄阶段目标

1. 健康领域目标

（1）在工艺劳动中学习运用一些生活中常见的工具，尝试进行拔、搬、拉等大肌肉动作，完成绕、拧、捏、夹等精细动作，动作基本协调。

（2）乐意参加工艺劳动中的各项内容，态度积极，活动中具有一定的平衡能力、力量和耐力，动作基本协调灵活。

（3）认识、理解操作规则，并能严格遵守，知道简单的求助方式。

2. 语言领域目标

（1）在工艺劳动过程中，能用完整、有条理的语言表达自己的需求及想法，能用合适的语言讨论相应的问题。

（2）愿意与他人交谈，喜欢谈论自己感兴趣的话题，能基本完整地讲述自己的所见所闻和经历的事情。

（3）能主动使用礼貌用语，不说脏话、粗话；别人对自己讲话时能回应，并能根据场合调节自己说话声音的大小。

（4）能大体讲出所听故事的主要内容，能根据连续画面提供的信息大致讲出故事的情节。

（5）愿意用图画和符号表达自己的想法，在成人的提醒下，写写画画时姿势正确。

3. 社会领域目标

（1）工艺劳动课程开展过程中能和同伴分享自己的想法；对于大家都喜欢的东西能轮流分享；与同伴发生冲突时，能在他人帮助下和平解决；活动时愿意接受同伴的意见和建议。

（2）自己的事情尽量自己做，不愿意依赖别人；敢于尝试有一定难度的工艺劳动和任务。

（3）会用礼貌的方式向成人或同伴表达自己的要求和想法，能注意到别人的情绪，有关心、体贴的表现。

（4）在各种各样具有地方传统民俗特色的活动中，体验中国文化特色的趣味性，感受中国文化的底蕴，对中国的重大成就感到骄傲，为自己是中国人、常熟人而感到自豪。

（5）尝试大胆表现，愿意用自己的方式展示自己的劳动成果。

4. 科学领域目标

（1）愿意进行工艺劳动探究活动，能发现劳动过程中的问题，并尝试通过自身及他人的努力解决问题。

（2）能对事物或现象进行观察比较，发现其相同和不同，能通过简单的调查、记录收集信息，并能用图画或其他符号进行简单的记录。

（3）感知和发现简单的物理现象、气候变化、季节特征等，体验其对人类生活的影响。

（4）在各类工艺劳动中，借助实际情境和操作，进行点数、分类、比较等活动。

5. 艺术领域目标

（1）注重工艺劳动过程中美的表现，能用各类物体装饰自己的劳动成果，使其呈现美的状态。

（2）能欣赏自然界和生活中美的工艺品，并关注其色彩、形态等不同特征。

（3）能用绘画、捏泥、手工创意制作等方式来表现自己的所见所想。

（4）能运用各类自然材料创作简单的打击乐器，并能敲打节拍和基本节奏。

## 大班年龄阶段目标

1. 健康领域目标

（1）能熟练运用一些生活中常见的农具、厨具、工具等，初步学会使用针线、纺车、织布机等传统布艺劳动工具，尝试使用小型的缝纫机、电动织布机、熨烫机等现代布艺劳动工具。

（2）尝试一些挖、推、敲等大肌肉动作，完成播种、捏塑、捆扎、打结等精细动作，动作协调、灵活。

（3）认识工具及操作环境中常见的安全标志，能遵守安全操作规则和要求。

2. 语言领域目标

（1）在工艺劳动中能依据所处情境使用恰当的语言，如在别人难过时会用恰当的语言表示安慰。

（2）愿意与他人讨论工艺劳动中的问题，在操作中当与同伴意见不同时，乐意接受别人的建议，当发生矛盾时，能自主协商讨论，解决矛盾与冲突。

（3）有正确的写、画姿势，会运用简单的符号记录自己的工艺劳动过程，大胆表现、表达自己在活动中的体验、情绪、情感。

3. 社会领域目标

（1）认识并能说出各种传统农具、泥塑、纸艺材料的名称，了解其功能和用法。

（2）主动承担任务，遇到困难能够坚持而不轻易求助，尝试与同伴分工合作，并一起克服困难，做了好事或取得了成功后还想做得更好。

（3）初步了解各类工艺发展的历史，感受中华传统文化的博大精深以及现代文化的日新月异，萌发爱家乡、爱祖国的情感，并为祖国文化的丰富与优秀感到自豪。

（4）了解从事或擅长各类工艺品制作的社会劳动工作者，如绣娘、泥瓦匠、裁缝、木匠等，热爱劳动者，珍惜劳动成果。

（5）能关注别人的情绪和需要，并能给予力所能及的帮助；尊重为大家提供服务的人，珍惜他们的劳动成果。

4. 科学领域目标

（1）能制定简单的调查计划并执行，用数字、图画、图表或其他符号记录自己在工艺劳动中的探索与发现。

（2）了解二十四节气的名称、由来、气候和物候特征，感知和体验与此相关的农耕文化、艺术和风俗。

（3）初步了解人们的生活与自然环境的密切关系，知道尊重和珍惜生命，保护环境。

（4）在各类工艺劳动中能熟练运用数量匹配、加减、测量等技能解决各种问题。

5. 艺术领域目标

（1）能自编自演小故事，并为表演选择自己制作的各种工艺作品。

（2）能综合运用农、木、泥、布等多种材料或不同的表现手法表达自己的感受和想象。

（3）喜欢收集生活中的各类废旧材料，并利用它们进行工艺品的改造或翻新。

（4）能主动用自己制作的各类工艺劳动作品布置环境、美化生活。

（5）敢于大胆地在全班、全园面前表演、展示自己的劳动才艺。

## 四、工艺劳动课程架构

如何把工艺劳动教育纳入幼儿园课程体系？其适宜的课程样态应该是什么样的？我们在检索、分析大量教育文献资料的基础上，从"自然教育""生活教育"的理念出发，确立了"一物一链"的课程架构思路，即由一种资源生发出一系列的学习体验链，使劳动教育在全息化的大自然教育场中与真实生活形成连接。

## (一) 资源甄选与框架构建

在广阔而庞杂的大自然资源库中,哪些资源适合幼儿阶段的孩子学习?这首先需要教师做出准确的价值研判,更好地把儿童的劳动经验与学科知识协调起来。甄选资源时,可从以下三个维度加以考量:一是"适宜性",即此类资源是否便于收集;是否能链接产生适宜幼儿的劳动行为;是否具有一定的挑战性,符合幼儿的"最近发展区"。二是"延展性",即此类资源是否具备"一物多用"的开发空间;是否能连系儿童的已有经验和未知探索;是否能整合多元领域而助推幼儿后续发展。三是"交互性",即此类资源是否有利于促进幼儿与实际生活交互;是否有利于促进幼儿与同伴、他人交互;是否有利于促进幼儿与周围环境交互。经过筛选过滤、元素整合、综合审议,我园最终梳理确定了"竹木类、藤草类、泥沙类、布线类、纸类、农作物类"六大课程资源模块,以此架构形成初级课程内容框架。

## (二) 脉络梳理与内容构建

一种资源,如何自然链接或创生演变出劳动行为?这需要基于幼儿关键经验进行充分的内容预设。在"全员参与、分工合作、集思广益"的管理思路下,幼儿园组建课题研究共同体,形成布艺组、泥艺组、木艺组、草艺组、纸艺组、农艺组六个专题小组,开展主题内容设计。首先是对核心经验的分析,即分析每一类资源中蕴含着哪些劳动教育价值。例如,针对布线资源的特质,可自然链接剪裁、缝纫、刺绣、编织等劳动行为;针对藤草资源的特质,可自然链接穿插、编织、盘拧等劳动行为;针对竹木资源的特质,可自然链接锯、钉、拼、装等劳动行为。其次,是对幼儿发展阶梯的分析,即同一种资源,在各年龄段可分别设计哪些活动。例如,在泥艺劳动中,围绕主题"创意沙盘",小班设置了易于塑形、色彩鲜明的"太空沙盘";中班设置了可操作、情境性较强的"故事沙盘";大班

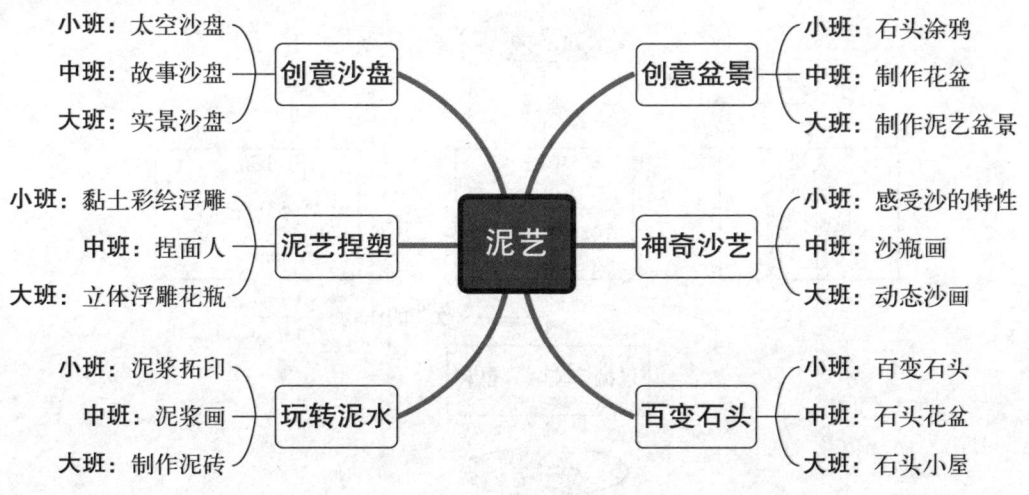

泥艺劳动课程脉络图

设置了贴近生活、规模较大的"实景沙盘"。有目的、序列化地梳理，为后续的实施操作提供了清晰的内容依据。

课程的开展是生活的自然展开，劳动教育课程的丰富始于对幼儿发展需求的不断满足，需要教师沉入生活、追随儿童脚步不断调整和完善。例如，当孩子们发现"向日葵长弯了腰"，便随之生成了"搭建竹篱笆"活动；当孩子们发现小农场里的庄稼被鸟儿侵袭了，便及时生成了"制作稻草人"活动；当孩子们发现阅读区的书袋不够时，便自然生成了"DIY小布包"活动，等等。此时，幼儿通过辛勤劳作产生的作品成果不再仅供展示、观赏，而被充分地运用在幼儿园的角角落落，真正吻合了"劳动服务于生活"的价值取向。

## 五、工艺劳动课程实施

"教育过程是有限之中的无限内蕴"，幼儿劳动的过程是一个持续不断生长的过程。在这个过程中，需要教师通过有效的媒介来串联、打通其间的各环节，为儿童提供连续的、有益生长的劳动经验。

（一）游戏坊中的工艺劳动

我园专门开辟创设了"游艺坊"（木工坊、泥趣坊、草编坊、农耕坊、布艺坊、纸艺坊），意在以"一坊一链"的模式来助推幼儿劳动经验、劳动品质持续、深入地交互递进。

1. 资源间的融通——多坊联动，打通空间限制

在传统的工作坊活动中，往往会呈现各自为政、互相割裂的状态，这样的组织形式很大程度上减少了幼儿间的交往互动及解决问题的机会。因此，我们在

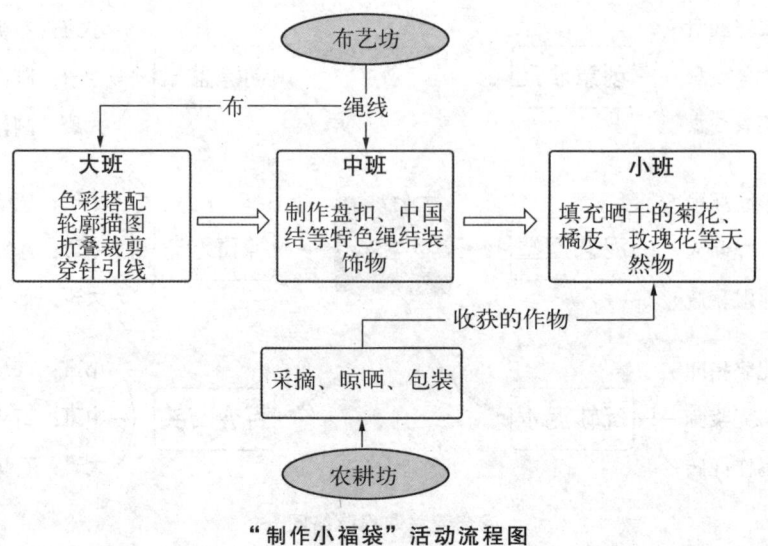

"制作小福袋"活动流程图

"游艺坊"组织模式上,采取了"订单式"多坊联动的交互形式,通过发起订单——接单制作——派单交接的整个流程,坊与坊之间的资源自然流通起来。以布艺劳动中"制作小福袋"活动为例,当布艺坊的孩子在完成裁剪、缝纫、装饰等劳动工序后,便向农耕坊发出"订单",邀请农耕坊的同伴用香草、菊花、橘皮等材料来填充捆扎。如此,在相互合作的劳动游戏状态下,区域间形成流变的、鲜活的、不可分割的有机体。

2. 学段间的融通——有序递进,打通学段限制

不难发现,工艺劳动中涉及的诸多劳动行为对于小班低幼阶段的儿童来说是具有一定挑战性的,如何给小班幼儿创设更多可能的劳动机会,为他们劳动能力的进阶打下基础?对此,我们在"游艺坊"活动组织中,采取了"流水线"式的劳动操作方式,形成"全员统筹、按龄分配"的编班模式。以木工坊"制作小竹筏"活动为例,根据小、中、大班幼儿的能力特点,课题组在审议时将活动分解:大班幼儿的任务是自主设计、组装搭建竹筏框架;中班幼儿的任务是设计船帆;小班幼儿的任务则是为竹筏涂鸦装饰。这样既关注每个活动中幼儿整体经验的获得,又兼顾年龄差异带来的能力差异,实现相融共生。

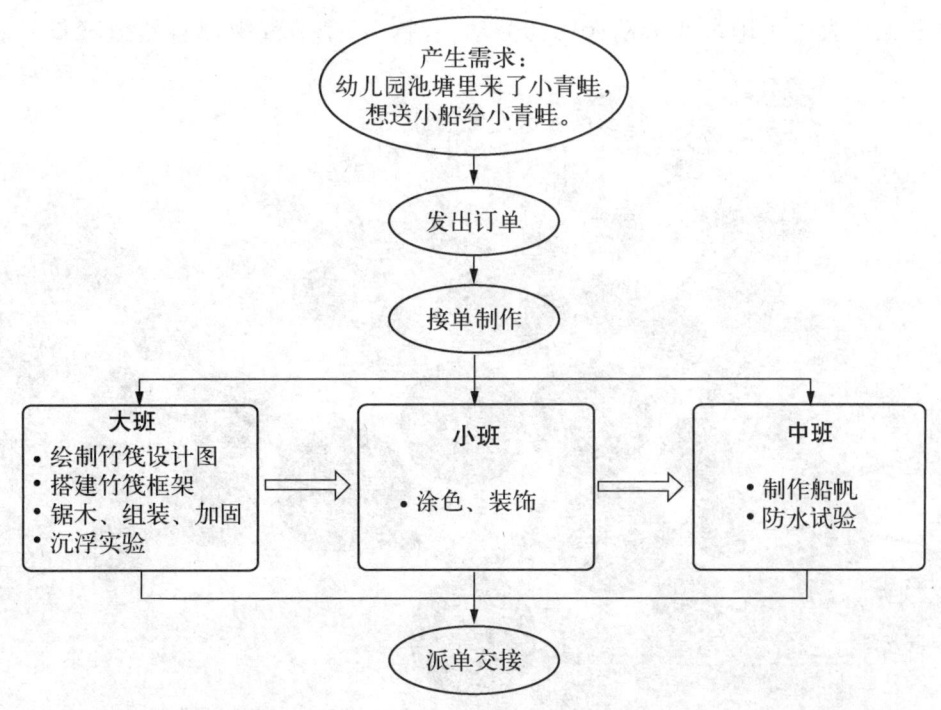

"制作小竹筏"活动流程图

### 3. 领域间的融通——异质同构，打通育人要素

劳动课程的呈现形态是多样的，往往融合了艺术、科学、语言、社会、健康等多领域的内容。当这些教育领域有机糅合在一起的时候，不仅符合儿童喜爱游戏的天性，而且可以使各种异质要素产生"共振"，形成教育合力。以泥艺劳动中的"沙盘建构"为例，幼儿经历了"问题——设计——尝试——探究——合作"的整个过程，这个过程不仅蕴含着审美艺术，还包含了语言表达、探究思维、社会交往等各方面的协调发展。由此可见，劳动课程的特点在于其无关乎领域形态，而是生活的自然展开，是儿童在舒展的学习姿态下直接触及生命形态的一种滋养。

### （二）主题节中的工艺劳动

从未来社会对人才培养的需求看，劳动教育理应成为以培养"完整的人"为旨归的有机组成部分。新时代的工艺劳动教育，旨在更好地落实立德树人的目标，促进幼儿个体的生命成长。为此，我们以"一节一链"为模式，不断整合文化资源，支持幼儿在与自然、社会的交互作用中发现自我、完善自我、悦纳自我，形成热爱生命与生活、积极而自信的人生态度。

#### 1. 桥接节气文化，关注幼儿劳动过程中的深度学习

节气文化是传统文化积淀的产物，是华夏祖先凝结在时间里的智慧，在一定程度上也代表了中国古代劳动人民的劳动生活，每个节气中都自然蕴藏着劳动学

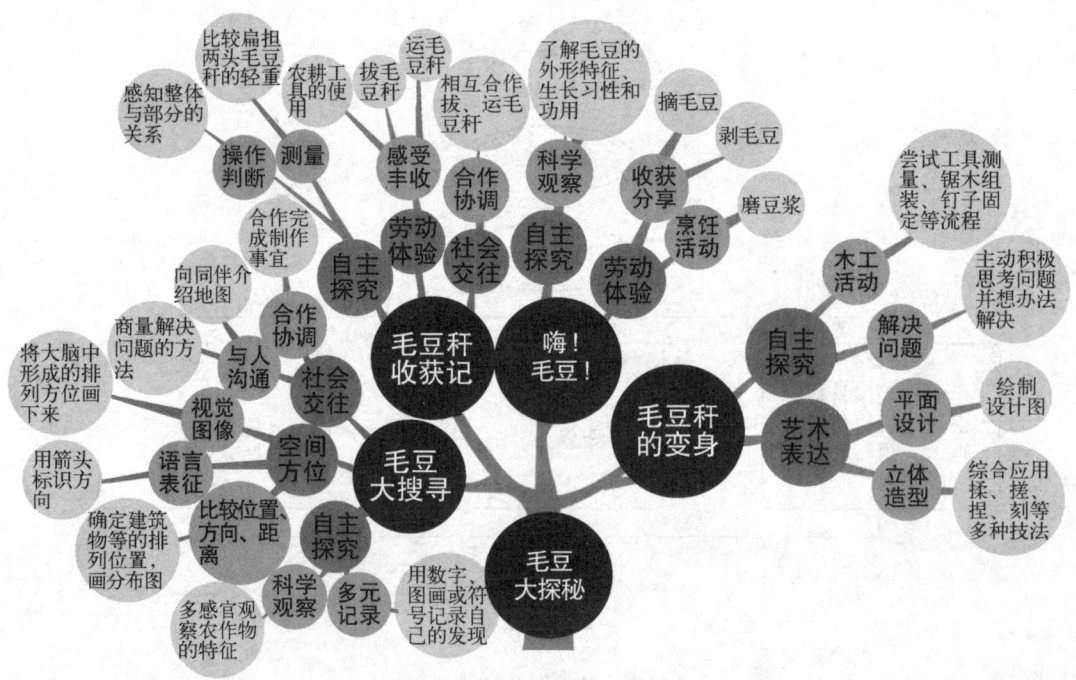

"小小毛豆也'疯狂'"主题活动经验树状图

习的契机。为此,我们将节气文化作为教育背景,让孩子们在社会背景下、生活体验中,以及解决问题的过程中开展工艺劳动。例如,结合夏至节气,设计了"嗨!毛豆"主题活动(其中有个活动是"制作毛豆秆相框"),在"毛豆大搜寻——毛豆秆收获记——毛豆大探秘——毛豆秆的变身"这一完整的学习链中,孩子们通过锯木组装、捆绑打结,提高了动作发展水平;通过测量比较,发展了数学思维能力;通过操作尝试,培养了科学探究品质;通过装饰美化,激发了创作表现欲望;通过农事实践,深化了劳动情感体验。我们认为:工艺劳动之所以能展现出强大的魅力,是因为其在确定目标时就指向了深度学习的价值诉求,更多时候是"身、心、脑"三方面的共同参与。

2. 融合主题节日,关注幼儿劳动过程中的心灵语言

工艺劳动带给孩子的不仅仅是经验的唤醒、能力的提升、思维的拓展,更是心灵语言的孕育和萌发。在课程实践中,我们更为关注幼儿在情感体验下劳动素养的整体提升,力图通过融合主题节日的全息化教育方式,营造出一种"乘物以游心"的教育气场。例如,结合"山之灵生态节"开展了"给鸟宝宝安个家""给小树做棉袄"等创意劳动;围绕"山之语读书节",开展了"制作小书袋""制作书衣"等创意劳动;围绕"山之情感恩节",开展了"创意插花送长辈""防疫香囊送社区"等创意劳动。在关注劳动行为、提升劳动经验的生动实践中,将爱融入生活,把爱印进成长,让情怀传递更动人。而与此同时,孩子们对生活充满了鲜活的直觉、想象与创造,他们对劳动的真谛有了更深的觉知,对生活美好有了更生动的表达,对生命关怀有了更真实、动人的诠释。

## 六、工艺劳动课程评价

课程评价是课程建构、生成与发展的重要环节。它既是课程运作的"终点",又是课程继续发展的"起点",并且伴随着课程运作的全过程。评价也是一个有温度的概念,不仅可以让师幼双方产生"对话",且能在对话中传递情感,帮助教师发现幼儿身上潜在的发展可能性,最终促进幼儿全面且富有个性地成长。如何构建"有意义的评价"操作体系?我们以《纲要》《指南》中有关幼儿发展目标为参考依据,从五大领域的发展、学习品质的培养、核心经验的增长等多维度去思考整个评价框架的搭建,编制出"幼儿劳动能力发展评价指标体系",从计划预期、动态生成、归纳总结三方面进行了一个宏观的架构,分别展开诊断性评价、叙事性评价、终结性评价,使评价贯穿整个课程实施,贯穿于一日生活,在常态化的评价机制中实现主动的课程运行状态监管。

### (一)问卷诊断式评价

在课程开始阶段,评价的主要目的在于判断课程主题的适切性与可行性。为

此，在每个活动开始前，我们通常采用调查法，如分发亲子调查表、家长调查问卷等，对幼儿在劳动认知、技能、情感等方面的现状进行初步的预测，以此了解幼儿的劳动经验基础和准备状况，判断他们是否具备实现当前主题活动目标所要求的条件。

### （二）课程叙事式评价

所谓课程叙事，是指在课程系统运作、发展过程中收集课程各个要素的相关资料，加以科学分析和判断，以此调整和改进课程方案，使正在实施的课程更为完善的一种评价方式。为了真实记录并分析幼儿的劳动行为，最大化地挖掘每一次劳动背后所蕴含的教育价值，我们在课程评价中更多地采用课程叙事的评价方式，提炼出课程叙事的内容框架、基本步骤及体例格式，形成完整而系统的课程故事集。一个个鲜活的课程故事的创生，让我们深切感受到劳动课程蓬勃生长的力量。这是一种最美、最真实的生命样态。在对这些故事进行脉络梳理的过程中，我们深刻体会到：劳动课程的优势在于其系统性、统整性，它的特点是打破了学科之间的界限，使各种零散的经验围绕一个"中心"有机连接起来，并且异质同构地产生"共振"。

### （三）指标体系式评价

为进一步帮助老师获得价值判断的有力抓手，我们在做好课程叙事评价的同时，将视角投向具象化、可视化评价指标的建立，从知、情、意、行四个维度的变化展开过程性评价，确立了"劳动认知""劳动思维""劳动能力""劳动情感"这四个评价维度，并细化至每一个活动。"劳动认知"侧重于幼儿在劳动行为活动中产生的对劳动要素（包括工具、事物属性、价值、文化等）的认知，这些认知均需幼儿通过直接参与、亲身体验、实际操作获得。所谓"劳动思维"，即人脑对与劳动相关的环境事物进行逻辑推导的属性、能力和过程，具体表现为幼儿的问题思维、空间思维、数理思维、创造思维等模型思维在劳动行为活动中的具象化建立和综合性运用。所谓"劳动能力"，即个体进行生产活动的能力，是体力和脑力的总和，主要指向幼儿完成一个目标或一项任务所体现出来的综合素质（包括五大领域关键能力）。所谓"劳动情感"，即在劳动认识的基础上伴随劳动行为而产生的情感体验，具有引发与支持劳动行为的作用，主要涉及在劳动行为活动中产生的对物的情感、对人的情感、对己的情感以及对特殊事物的情感四大类。我园课程小组从以上四个评价维度出发，首先对每个活动的核心经验进行了梳理，形成"经验表"；其次，基于核心经验建立了"幼儿劳动能力评估工具表"。在亲历预设指标、观察行为、忠实记录、深度分析的完整过程中，我们看到幼儿自主探索、交往的轨迹和状态，也得以窥探其既有经验与当前经验的联系，看到活动过程中他人经验与自身经验的交互。

## 幼儿劳动能力评估工具表

班级：__中7班__　　评价对象：__徐芮珺__　　实施时间：__2019.10.28.__

| 活动内容 | 麦秸秆贴画 | 评价等级 | | |
|---|---|---|---|---|
| | | ★★★ | ★★ | ★ |
| 评价指标 | 劳动认知 1. 了解麦秸秆笔直、中间空洞的外形特征。 | √ | | |
| | 劳动认知 2. 了解原材料的来源，知道麦秸秆是庄稼收割后剩下的材料。 | √ | | |
| | 劳动认知 3. 知道麦秸秆贴画需要进行剪短、粘贴等操作步骤。 | | √ | |
| | 劳动能力 1. 贴画时有自己的想法，用麦秸秆拼各种造型。 | √ | | |
| | 劳动能力 2. 能熟练运用笔、剪刀、白乳胶等工具进行画、剪、折、粘的操作。 | | √ | |
| | 劳动能力 3. 拼贴时能注意"以线带面"，麦秸秆中间不留空。 | | √ | |
| | 劳动思维 1. 能用较连贯的语言将拼贴画的过程表述出来。 | √ | | |
| | 劳动思维 2. 劳动过程中能积极思考，发挥想象力和创造力。 | | √ | |
| | 劳动思维 3. 劳动过程中能够主动参与、尝试合作拼画。 | √ | | |
| | 劳动情感 1. 劳动过程中情绪饱满，对手工劳动感兴趣。 | | √ | |
| | 劳动情感 2. 积极进行尝试，遇到不能解决的问题能主动想办法。 | √ | | |
| | 劳动情感 3. 感受从制作中获得的快乐，作品完成后有一定的成就感。 | √ | | |

评析：徐芮珺是和她的妈妈一起完成麦秸秆贴画的。拿到材料之后，她用勺子舀了一大勺糨糊，然后直接涂在了纸上，她妈妈看到之后马上说："你要拼什么？先想好了再粘上去。"可以看出，在活动前她还没有想好要做什么，只是下意识地涂抹糨糊。在和妈妈商讨后，她们决定拼贴一个电视机。她先拿了一根比较长的麦秸秆，贴在糨糊上，然后下面贴了一个短一点的。妈妈说："你想想电视机是什么样子的？上面和下面是一样长的。"经过妈妈的提醒，她自己拼出了一个长方形。但是，经过妈妈几次干涉之后，她活动的积极性明显降低了，之后的活动大部分是妈妈在操作，自己很少有动手的时候。

在整个课程评价过程中，我们始终在寻找与孩子更好地进行"劳动对话"的方式，以促成幼儿"劳动品质"的提升。值得一提的是，在此过程中老师们逐渐学会放慢脚步，学会欣赏，学会等待，学会鼓掌，学会追随和成全，他们从"儿童的一百种语言"中发现了"一百个评价视角"和"一百个成长中的儿童"。

综上所述，我园劳动课程的开发路径是以资源为载体生发课程、以生活为支点构建课程、以经验为核心提升课程、以评价为媒介深思课程。可以说，工艺劳动的过程即"联通自然""联通生活""联通自我"的过程，从这个意义上说，劳动撬动了整个课程。

诚然，课程文化的积淀是一个持之以恒、一以贯之的过程，是需要用广阔的文化视野来审视的过程，更是需要我们一群人用一辈子去做好的一件事。期待本书能抛砖引玉，引发更多幼教同行认识劳动课程在幼儿启蒙养正阶段的重要性，进而加入劳动教育实践的行列中来。

接下来，让我们一起走进师生共构的工艺劳动"美学之旅"吧！

江苏省常熟市游文幼儿园　宗颖

# 1 第一章 布艺劳动

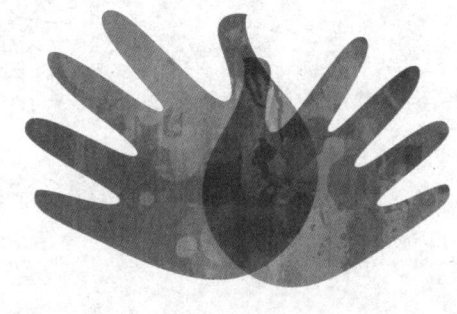

## 第一节
## 布艺劳动操作指南

### 一、定义阐释

布艺劳动是指以绳、线等织物原料、各式布料及废旧布制品为主的生活材料进行创造性再加工的一种劳动方式。它不仅涵盖对绣、缝、染、编、织、裁等布艺技能的体验,更融合了感知、操作、欣赏、表现等多途径学习方式,以丰富幼儿的劳动经验,传承文化精粹。

### 二、关键经验

#### (一)健康领域

1. 认识剪刀、针线、纺车、手工织布机等传统布艺劳动工具,以及缝纫机、电动织布机等现代布艺劳动工具,了解其大致的构造以及基本使用方法。
2. 能正确地使用布艺劳动工具,坚持完成任务并主动收拾、整理相关工具材料,在活动中具有安全劳动能力和主动劳动意识。
3. 在布艺劳动中,逐渐掌握裁剪、打结、缝纫、拓染、纺织等布艺技能,动作协调、灵活。

#### (二)语言领域

愿意用图画、符号、图表、语言等多种方式表现布艺工艺劳动活动中的探索与发现,大胆表现、表达自己在活动中的体验、情绪、情感。

#### (三)社会领域

1. 尝试自主制作布艺工艺品,体验手工制作的快乐,并能与同伴通过计划、协商、合作等方式,积极参与到布艺制作的全过程之中。

2. 初步了解布艺工艺发展的历史，感受中华传统文化的博大精深以及现代文化的日新月异，萌发爱家乡、爱祖国的情感，并为祖国文化的丰富与优秀感到自豪。

3. 了解从事或擅长布艺工艺品制作的社会劳动工作者，如绣娘、纺织工、裁缝、服装设计师等，热爱劳动者，珍惜劳动成果。

（四）科学领域

1. 能通过观察、比较与分析，感知布艺工艺品的多样性，如色彩、形状、大小、造型等方面的区别。

2. 通过点数、规律排序、测量等数学方法解决布艺工艺劳动中的各种问题，感知布艺劳动中数学的有用和有趣。

（五）艺术领域

1. 在欣赏自然界和生活环境中的工艺品时，能够专注观察并有模仿和参与的愿望，关注其色彩、形态等特征，并用多种布艺工具、材料或是不同的表现手法表达自己的感受和想法。

2. 喜欢收集生活中的废旧布艺材料，进行布艺工艺品的改造或翻新，并用其来美化、装点周围的生活环境。

## 三、环境设计

（一）整体构思

布艺坊是幼儿开展布艺工艺劳动、体验布艺文化因子的空间环境与材料投放场所，以欣赏、体验、探究布艺相关劳动项目为核心功能。考虑到布艺工艺劳动的丰富性以及幼儿学习方式的特殊性，为有效拓展幼儿工艺劳动活动空间，丰富幼儿工艺劳动内容，幼儿园创设了"一室一廊"布艺活动区域，即布艺活动室和布艺文化长廊，其中，布艺活动室中包括"裁剪"和"缝纫"两个区域，布艺文化长廊包括"染、绣、织、编"操作区，同时，将布艺工艺劳动拓展到"木工坊""草编坊""泥艺坊"等专用活动室，打造交互活动链，拓展到户外场地，打造"布迷宫"等"布"主题运动嘉年华……形成以布艺活动室为中心向四周辐射的布艺体验空间格局，从而帮助幼儿在布艺坊空间区域中发展劳动技能，提高劳动意识，丰富劳动经验，涵养劳动品质。

### (二)区域划分及材料

1. 印染区

印染区是幼儿开展印染涂鸦劳动活动的区域。我们依据班本课程及活动需要，选择适宜不同年龄班幼儿操作的活动，有针对性地创设品种丰富、层次多样的印染体验劳动活动。例如，小班的白绢涂鸦，中班的多变印染，大班的扎染、蜡染、缸染。

另外，结合节气、节日等自然社会因素，幼儿园印染区劳动活动呈现多元化样态，如春分时节开展花草敲拓染，秋季开展果蔬色素印染，等等，使印染劳动活动与幼儿真实生活有机结合。

**印染区工具材料表**

| 类别 | 序号 | 名称 | 使用说明 |
| --- | --- | --- | --- |
| 主材类 | 1 | 水拓画材料（各色染粉、染剂，色彩保持液，各类笔刷，托盘） | 在托盘中按比例加入清水和色彩保持液，滴入各色染剂或撒上染粉，用笔刷画出图案，铺上白布即可。 |
| | 2 | 染料 | 将染料滴于捆扎好的布上。 |
| | 3 | 棉质白坯布 | 作为印染底材。 |
| 工具类 | 1 | 橡胶手套 | 帮助幼儿保持手部清洁。 |
| | 2 | 染缸、搅拌棒 | 用于给大块布料均匀染色上色。 |
| | 3 | 晒布杆子 | 用于晾晒印染作品。 |
| | 4 | 刷子 | 用于刷绘涂鸦和印染。 |
| | 5 | 滴管 | 用于吸取染料进行滴染。 |
| | 6 | 喷瓶 | 用于喷绘涂鸦印染。 |

## 2. 缝纫区

缝纫区是幼儿开展剪裁、缝纫劳动活动的区域。我们根据幼儿劳动方式和劳动发展水平，遵循安全性、适宜性的原则，甄选了适宜不同年龄班幼儿操作的缝纫体验劳动活动。例如，小班的穿穿绕绕、中班的剪剪贴贴、大班的缝缝补补等。

另外，本区域课程内容的指向是服务于幼儿真实的劳动生活，使该区域的劳动活动与幼儿生活中遇到的各种问题接轨。如当孩子衣服破了，则开展花式补丁制作活动；当孩子缺少桌布时，则开展桌布制作活动等等。使缝纫劳动活动成为幼儿生活的一部分，使幼儿在缝纫劳动活动中逐步提高解决生活问题的能力。

**缝纫区工具材料表**

| 类别 | 序号 | 名称 | 使用说明 |
| --- | --- | --- | --- |
| 主材料类 | 1 | 各色布料 | 用于开展缝纫创作。 |
| | 2 | 线 | 用于缝合布料。 |
| 辅材料类 | 1 | 纽扣 | 服饰、工艺品开关闭合装置，或用于装饰。 |
| | 2 | 花边 | 用于布艺工艺品边缘装饰。 |
| | 3 | 亮片、珠子等装饰品 | 用于装饰布艺工艺品各个部位。 |
| 工具类 | 1 | 儿童裁缝剪刀 | 用于剪裁布料或绳线。 |
| | 2 | 量尺、卷尺 | 用于测量布料或其他辅材的尺寸。 |
| | 3 | 缝纫针 | 用于缝合布料。 |
| | 4 | 画粉 | 用于在测量完成后进行标记，方便准确剪裁。 |
| | 5 | 模特 | 用于展示服装、饰品等布艺作品。 |

## 3. 编织区

编织区是幼儿开展编织劳动活动的区域。我们根据幼儿编织劳动的水平和喜好，甄选了不同层次的材料进行编织活动。例如，小班幼儿利用粗毛线进行编织，中班幼儿利用细毛线、麻绳等进行编织，大班幼儿则选择较滑、较细的丝线进行编织。

另外，在活动内容设置上，同样遵循了"多层次""多元化"的原则，例如，小班的里外穿插编织、一隔一穿插缠绕编织，中班的打平结、编辫子，大班的中国结、编渔网等，这些活动帮助不同年龄班幼儿在自己原有水平上得到进一步的发展。

**编织区工具材料表**

| 类别 | 序号 | 名称 | 使用方法 |
|---|---|---|---|
| 主材类 | 1 | 毛线 | 用于开展粗线编织活动，如织围巾、织毛毯等。 |
| | 2 | 丝线 | 用于开展细线编织活动，如流苏制作、绷线画等。 |
| 辅材类 | 1 | 各种规格的珠子、亮片等装饰品 | 用于装饰绳线作品。 |
| 工具类 | 1 | 编织器 | 用于围巾编织。 |
| | 2 | 编织网 | 用于进行绳结编织练习和编织作品展示。 |
| | 3 | 大、小规格的织布机 | 用于体验传统织布工艺，练习一隔一穿插编织工艺。 |
| | 4 | 纺纱机 | 用于体验传统纺纱工艺，练习绳线编织。 |
| | 5 | 剪刀 | 用于剪裁绳线或其他辅材。 |
| | 6 | 量尺、卷尺 | 用于测量绳线及其他辅材的尺寸。 |

4. 刺绣区

刺绣区是幼儿开展刺绣劳动活动的区域。刺绣作为中国的国粹，被列为非物质文化遗产，是中华民族先人劳动智慧的结晶。刺绣工艺劳动兼具生活功用性和艺术审美性两大特性，因此，在本区域的课程设置上，幼儿园兼顾以下两方面：一是让刺绣为生活用品服务，引导幼儿开展刺绣包边、刺绣补丁等活动，让幼儿在活动中体验刺绣给生活带来的极大便利；二是将刺绣作品作为艺术品，通过苏绣欣赏、绣花等活动，帮助幼儿了解刺绣的门类、品种以及各自的特质，使幼儿对刺绣形成全面、系统、多样的认知，让刺绣文化的种子深深植根于幼儿内心。

**刺绣区工具材料表**

| 类别 | 序号 | 名称 | 使用说明 |
|---|---|---|---|
| 主材类 | 1 | 绳线 | 用于刺绣。 |
| | 2 | 布料 | 用于做刺绣底材。 |
| 辅材类 | 1 | 各种规格的珠子、亮片等装饰品 | 用于装饰刺绣作品。 |
| 工具类 | 1 | 剪刀 | 用于剪裁绳线或其他辅材。 |
| | 2 | 缝纫针 | 用于缝合布料。 |
| | 3 | 绣架 | 用于大块面刺绣。 |
| | 4 | 绣绷 | 用于小块面刺绣。 |

## 四、活动内容

| 主题1. 七彩线盘 | | | | |
|---|---|---|---|---|
| 年龄班 | 活动内容 | 材料准备 | 核心经验 | 作品用途 |
| 小班 | 制作线帘 | 主料：丝线、毛线等<br>辅料：珠子等装饰品<br>工具：剪刀 | 1. 手眼协调穿珠子。<br>2. 乐意用工艺品布置班级环境。 | • 开展体育游戏<br>• 装饰环境 |
| 中班 | 七彩线盘（简单） | 主料：各色绳线<br>辅料：线盘骨架<br>工具：剪刀 | 1. 按照一定规律绕绳。<br>2. 发挥创意装饰线盘。 | |
| 大班 | 七彩线盘（复杂） | 主料：各色绳线<br>辅料：线盘骨架<br>工具：剪刀 | 1. 按照图纸有规律地绕绳。<br>2. 发挥创意装饰线盘。 | |

| 主题2. 漂亮的饰品 | | | | |
|---|---|---|---|---|
| 年龄班 | 活动内容 | 材料准备 | 核心经验 | 作品用途 |
| 小班 | 毛球饰品 | 主料：各色绳线<br>辅料：皮筋、发夹、胸针等半成品<br>工具：线盘、剪刀 | 1. 在底板上用毛线连续缠绕。<br>2. 发挥创意装饰品。 | • 日常穿着佩戴<br>• 表演道具 |
| 中班 | 布艺饰品 | 主料：废旧布料<br>辅料：皮筋、发夹、胸针等半成品<br>工具：剪刀、针线 | 1. 用捆、扎、盘、缝等技能制作饰品。<br>2. 发挥创意装饰品。 | |
| 大班 | 做领结 | 主料：花布<br>工具：剪刀、胶水 | 1. 根据图纸折出简单的领结花样。<br>2. 发挥创意装饰领结。 | |

## 第一章 布艺劳动

### 主题3. 防疫香囊

| 年龄班 | 活动内容 | 材料准备 | 核心经验 | 作品用途 |
|---|---|---|---|---|
| 小班 | 做吊坠 | 主料：丝线<br>辅料：珠子、纽扣等装饰品<br>工具：剪刀 | 1. 手眼协调穿珠子。<br>2. 发挥创意装饰饰品。 | • 佩戴<br>• 农艺坊作品展 |
| 中班 | 装饰香包袋子 | 主料：布料<br>辅料：多色绣线<br>工具：针、剪刀 | 设计并刺绣简单的图案。 | |
| 大班 | 制作香包 | 主料：丝线<br>工具：针线、剪刀 | 1. 按照图示进行制作。<br>2. 剪裁布料，缝合香包袋子。<br>3. 感受编织艺术的博大精深。 | |

### 主题4. 做布包

| 年龄班 | 活动内容 | 材料准备 | 核心经验 | 作品用途 |
|---|---|---|---|---|
| 小班 | 装饰布包（印染） | 主料：布包半成品<br>辅料：染料<br>工具：牙刷、排笔等拓染工具，胶手套 | 1. 在硬纸板上缠绕出多种花纹。<br>2. 在布料上拓印出不同的花纹组合。 | • 写生工具包<br>• 角色游戏材料<br>• 材料收纳袋 |
| 中班 | 装饰布包（制作盘扣） | 主料：丝带、粗毛线<br>工具：剪刀、白乳胶、棉签 | 1. 综合运用绕、编等技能制作简单的盘扣。<br>2. 进行布包装饰。 | |
| 大班 | 制作布包 | 主料：白胚布<br>辅料：碎布、装饰品、缝纫线<br>工具：量尺、缝纫剪刀、画粉、针 | 1. 自主设计布包款式。<br>2. 合作动手裁剪、缝制布包。 | |

### 主题 5. 温暖的围巾

| 年龄班 | 活动内容 | 材料准备 | 核心经验 | 作品用途 |
|---|---|---|---|---|
| 小班 | 装饰围巾（制作毛球、流苏等装饰品） | 主料：毛线<br>辅料：珠子、小眼睛等装饰品，毛根<br>工具：纸板、剪刀 | 1. 在底板上用毛线连续缠绕。<br>2. 发挥创意装饰作品。 | • 穿戴<br>• 赠送他人<br>• 美化环境 |
| 中班 | 编织围巾 | 主料：毛线<br>辅料：珠子、小眼睛等装饰品，毛根<br>工具：纸板、剪刀 | 1. 尝试进行色彩搭配，设计具有美感的围巾。<br>2. 运用绕、穿等编织技巧制作围巾。 | |
| 大班 | 织毛毯 | 主料：毛线<br>工具：各类编织器、剪刀 | 1. 进行色彩搭配，设计具有美感的大型毛毯。<br>2. 运用绕、穿等编织技巧制作毛毯。 | |

### 主题 6. 旧衣改造

| 年龄班 | 活动内容 | 材料准备 | 核心经验 | 作品用途 |
|---|---|---|---|---|
| 小班 | 袜子变变变 | 主料：袜子<br>辅料：高弹棉、装饰品<br>工具：剪刀、胶水 | 1. 用填充、捆扎等技能制作袜子玩偶。<br>2. 发挥创意装饰玩偶。 | • 表演游戏<br>• 日常生活 |
| 中班 | 旧衣变变变（做桌布、餐垫、杯垫） | 主料：旧衣服<br>辅料：装饰品<br>工具：量尺、剪刀、画粉、针线 | 1. 根据需要制作大小合适的桌布。<br>2. 沿直线剪裁，边缘吻合。 | |
| 大班 | 旧衣变变变（做围裙、袖套） | 主料：旧衣服<br>辅料：皮筋、装饰品<br>工具：量尺、剪刀、画粉、针线 | 1. 根据需要制作大小合适的围裙、袖套。<br>2. 沿曲线剪裁，边缘吻合。 | |

## 五、活动建议

### （一）感受与欣赏

1. 和幼儿一起感受、了解布艺文化的具体内容，如刺绣、编织、印染、缝纫等。

（1）带领幼儿开展调查，并收集调查表进行统计，了解传统布艺工艺和现代布艺工艺的生产技术、制作流程等，感受中华布艺文化的博大精深。

（2）通过交流、讨论等方式，鼓励幼儿大胆表达对布艺工艺文化的感受。

2. 引导幼儿运用布艺材料进行布艺工艺品制作，感受其艺术美。

（1）通过欣赏各种布艺工艺品，了解其造型、材质、款式、花色等艺术特性。

（2）通过资料搜集、采访手工艺人、观看工艺品视频等途径，了解不同门类的布艺工艺，如苏绣、十字绣、双面绣等。

3. 鼓励幼儿认识、使用各种布艺劳动工具，如剪刀、针、织机等，真实体验布艺劳动，热爱布艺劳动。

（1）通过查阅资料、调查采访，引导幼儿了解传统和现代布艺劳动工具的使用方法和造型结构。

（2）通过家长助教、社会实践等形式，与幼儿共同学习使用各类布艺劳动工具，并提醒幼儿安全使用工具。

### （二）表现与创造

1. 支持幼儿多样化的布艺工艺表现和创造，让幼儿敢于并乐于表达表现。

（1）提供丰富、适宜、多维度的布艺材料工具和辅助材料，支持、肯定幼儿的各种表现形式，鼓励幼儿想象、创作。

（2）在幼儿自主进行布艺创作的过程中，当幼儿遇到困难时，教师应鼓励幼儿寻找方法解决，在幼儿需要时再给予帮助。

（3）尽可能创造多样化平台，展示幼儿的布艺工艺作品，如举办幼儿作品展等。

（4）鼓励幼儿用自己的作品或艺术品装饰环境、美化生活。

2. 在尊重幼儿创作的同时，引导幼儿体验、学习布艺工艺劳动技能，如绣、染、织、编等。

（1）在布艺作品创作的过程中，鼓励幼儿在操作、体验、探索中，逐渐掌握相应的劳动技能。

（2）在幼儿创作前期，可以为其提供一些布艺作品欣赏，或提供一个标准范例，鼓励幼儿富有个性地开展布艺创作，发现并肯定每个作品的优点，给予展示的机会。

3. 鼓励幼儿运用讲述、图画、图表等多种方式表达表现布艺工艺劳动活动内容或做相关记录，大胆与他人交流。

（1）学习做简单的计划和记录，与同伴讨论协商、分工合作，从而解决布艺劳动中的各类问题。

（2）有意识地通过符号、标记、图画等方式，记录、积累布艺工艺劳动活动中的探索与发现。

# 第二节
# 布艺劳动课程故事

## 一、做布包

### (一) 主题活动由来

在幼儿园的社会性游戏区里,玩具支持着孩子们的想象,帮助孩子们生发更丰富的游戏内容。当新材料——布包进入孩子们的视线之后,带着布包购物、取钱成为孩子们的新乐趣。可是有一天,孩子们在游戏过程中发现布包坏了。

针对布包损坏的问题,教师就与幼儿一起探索"布包"的制作过程。首先,围绕小、中、大年龄班幼儿制作布包的关键经验进行深入的交流和研讨,随后,教师以观察为切入点,以劳动为核心,通过为小、中、大年龄班设置不同线索的方法,引导幼儿探寻布包的用途及制作过程,开展了一系列制作活动。

### (二) 主题活动脉络

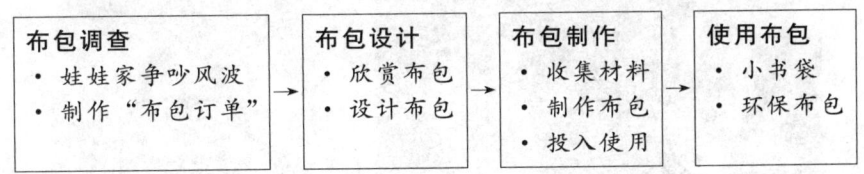

### (三) 主题活动实录

1. 布包调查

**环节一:娃娃家争吵风波**

热热闹闹的"菜场"大门前,几个中班孩子指着一个破布包争论起来。

洋洋:是你把布包弄坏的。

晨晨:不是不是,是布包自己坏的。

洋洋：之前这个布包明明是好的，怎么今天你拿到就坏了呢？
苏苏：是呀是呀，肯定是他弄坏的。
晨晨：真的不是我弄坏的！（你们）不相信，那我们去找老师评评理吧！

**环节二：制作"布包订单"**

"火眼金睛"辩论会就在孩子们的热烈讨论中开始了。借助眼睛观察后，孩子们用上了放大镜这个工具，有不少孩子发现这个包已经开始出现脱线的情况，孩子们展开了进一步的调查。

一个个"小侦探"经过探查，发现其实不止这一个布包，还有很多布包也出现了接缝处破裂的现象。看来，布包存在质量问题，需要重新定制一批布包。

孩子们年纪还太小，没办法自己制作布包，立刻就有人想到了请哥哥姐姐帮帮忙——去布艺坊里订一批布包。于是，孩子们绘制了"布包订单"。

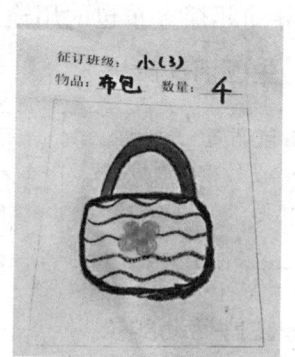

2. 布包设计

**环节一：欣赏布包**

拿到订单的大班哥哥姐姐开始发愁了，究竟该怎么制作布包呢？孩子们在生活中搜寻各类布袋，还把家里的布袋带到幼儿园，很快，班级的小角落就变成了"布包展览馆"。

在欣赏布包的过程中，孩子们就像评委一样仔细地打量着每个包。围绕"哪个包最好看"这个问题，每个孩子都兴高采烈地介绍着自己的最爱。

宸宸看着一个印有彩虹花纹的布袋，兴高采烈地告诉我："这个布包最好看了，颜色这么多！"琳琳听了反驳道："才不是呢！我觉得这个有花边蕾丝的更好看！"

科科：除了方形的布袋，还有那种圆形的、梯形的、爱心的，这些形状的更好看！

雯雯：我觉得这个才特别呢！蓝白相间的。

老师：其实啊，这样的布叫蓝印花布。

### 环节二：设计布包

了解布袋的构造后，孩子们按捺不住激动的心情，开始根据自己的想法制作"布包计划书"。

婷婷：我要做一个圆形的布包。

恒恒：我设计的布袋是恐龙图案的。

轩轩：我要在我的布包上装个蝴蝶结，让它变得很漂亮。

晨晨：我喜欢蓝印花布，我想要用它来做一个布包。

五颜六色、形态各异的"布包"呈现在孩子们的手中，每个人都期待梦想成真。

3. 布包制作

### 环节一：收集材料

做布包需要哪些材料呢？这些材料从哪里来呢？孩子们又开始制订新计划。

"如果就像布艺坊一样,把东西放置在一起,这样当我们想要材料的时候就能去拿取,多方便啊!"孩子们提出,为了制作漂亮美观的布包,还要在幼儿园设置一个"布料超市",想要用什么布料就可以随时取用。于是,"布料超市"成立了,孩子们从家中带来了各种各样的布,有各种不同花纹花色的,如格子纹、波点纹、碎花纹、卡通形象等,还有红、绿、白、黑等不同颜色的。不仅如此,这些花布的材质也各不相同,有的是牛仔布,有的是尼龙布,还有的是棉布……

琪琪:这么多不同的布放在布包工坊里,乱糟糟的,我也不能一下子就找到我要的布呀。

【劳动经验链接】幼儿在初次欣赏布包的过程中,通过触摸等手部动作获得了一些对布料的认识。

淘淘:我们可以把布分分类,把它们分类摆放好,就像图书角一样,这样就方便多了。

琪琪:那我们怎么分呢?

小雨:我想摸一摸花布,根据花布摸上去不同的感觉来分类。

甜甜:我想按着花纹来分。

泽泽:我可以按照它们的颜色来分。

经过讨论,孩子们决定按布料的颜色进行第一次分类,他们在细致观察布料后,按照布料上较大面积的颜色进行了分类整理;随后,又根据布料的材质进行了第二次分类,运用多种感官感知布料的质地特点,从棉麻、皮毛等角度进行分类整理。孩子们调动自己的视觉和触觉后,成功地整理好了布料。

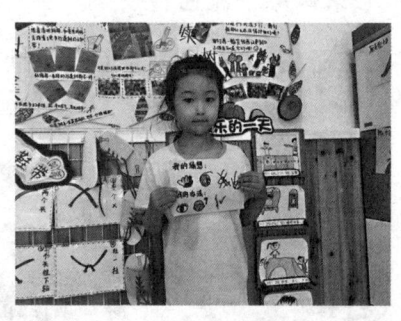

洁洁认为还可以制作一些装饰品,如盘扣、毛球等,也可以将珠片、丝带摆在这里,这样做出来的布包肯定会更加漂亮。

**环节二:制作布包**

孩子们正式投入制作。每位孩子和家长都充分调动自己的奇思妙想,全身心地投入到布包制作活动中。

步骤一：裁布料。

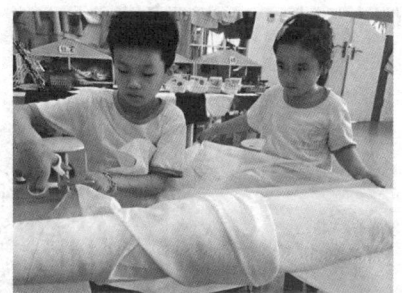

【劳动经验链接】幼儿在制作过程中，通过剪、穿、打结、缝等多种基础动作获得了手部发展。

步骤二：穿线、打结。

步骤三：对齐、缝制。

步骤四：制作蝴蝶结。

 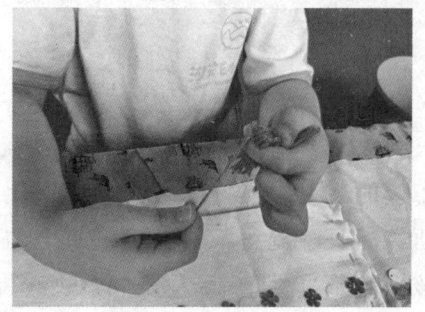

步骤五：装饰珠片。

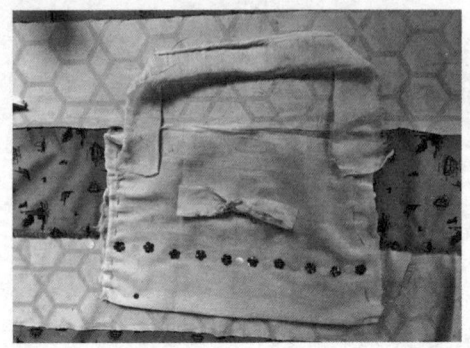

步骤六：装上拉链。

步骤七：制作蝴蝶结。

环节三：投入使用

收到大班哥哥姐姐制作的布包后，中班孩子们用上了新布包，他们发现，这一批布包的质量果然好了很多。布包比之前大了许多，现在的新包不仅能够放很多东西，而且缝制得都很好，没有之前的脱线情况。

孩子们都非常感谢大班哥哥姐姐的帮助，他们用画画的方式表达自己的谢意。

4. 使用布包

### 环节一：小书袋

图书角的书种类实在是太多了，把图书分类后放在书架上，看上去还是乱糟糟的，不能一下子找到需要的图书。图书管理员提出：书架不够用，图书没法整理。孩子们想到：可以把布包放在阅读区里，当成小书袋，来帮助整理图书；利用墙面放置布包，既可以节省图书角的空间，还能够消除图书角凌乱的现象。

果然，用上了小书袋后，图书角的书一下子就整整齐齐的了。

### 环节二：环保布包

孩子们的知识积累和发现往往来自生活中的细节。前不久，我班的然然小朋友拎着一个塑料袋跑来对我说："老师，这是我带来的裤子，要放到柜子里。"站在一旁的叶叶摇摇头说："下次不要用塑料袋了，要用布袋子，否则不环保。"

【劳动经验链接】通过生活经验了解布包的环保意义，并将这一经验运用到生活中去。

原来昨天叶叶跟妈妈去超市，妈妈说不要用塑料袋，布袋子比较牢固，用的时间比较久，不会给环境带来污染。叶叶的这句话引起了好多小朋友的关注，他们纷纷谈起袋子和环保的话题。热爱大自然的孩子们决定以后不使用塑料袋，生活中要坚持使用布包和布袋。他们还提出：不光我们要知道使用环保布包，还要让更多的人一起来使用，相信这样地球妈妈就能被更多的人保护。

琪琪：我觉得去送给其他班小朋友用吧，让他们知道用布包的好处。

安安：可以送一个给我的奶奶吗？下次奶奶买菜就不用塑料袋了，带我们的布包去。

科科：我们可以开展志愿者活动，去超市门口送布袋，让大家都开始用环保布包！

孩子们按照自己的意愿，把布包送到了其他需要的地方，让这个"小精灵"继续方便人们生活，美化环境！

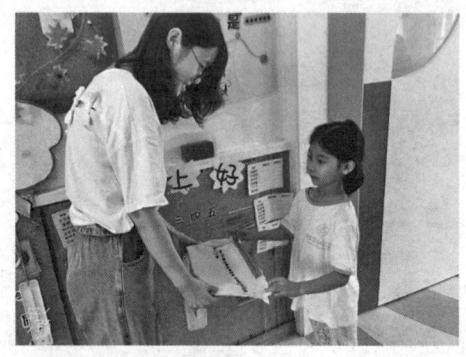 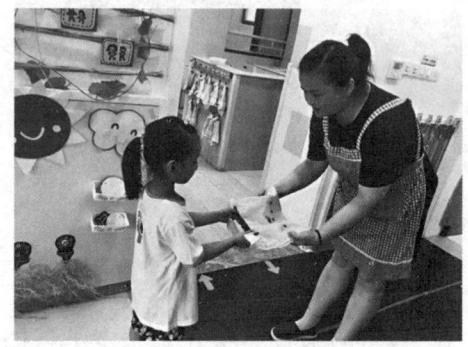

## （四）幼儿劳动能力评估检核表

班级：_____ 评价对象：_____ 实施时间：_____

| 活动内容 | | 做布包 | 评价等级 | | |
|---|---|---|---|---|---|
| | | | ★★★ | ★★ | ★ |
| 评价指标 | 劳动认知 | 1. 认识多种不同颜色、质地的丝线。 | | | |
| | | 2. 认识生活中的丝线制品。 | | | |
| | | 3. 认识毛球、珠子等简单的辅料。 | | | |
| | 劳动能力 | 1. 能够手眼协调地穿连珠子。 | | | |
| | | 2. 能够动手制作简单的丝线制品。 | | | |
| | | 3. 尝试用自己喜欢的方式连接几种装饰品。 | | | |
| | 劳动思维 | 1. 在遇到制作困难时能想到与同伴合作解决。 | | | |
| | | 2. 知道能够使用剪刀、辅助器材等帮助制作装饰品。 | | | |
| | | 3. 能够迁移经验，认识并了解更多的丝线制品。 | | | |
| | 劳动情感 | 1. 能用自己制作的劳动产品感谢对自己有帮助的人。 | | | |
| | | 2. 乐意用工艺品布置班级环境。 | | | |
| | | 3. 喜欢编织，感受编织艺术的博大精深。 | | | |

## (五)主题活动评估反馈表

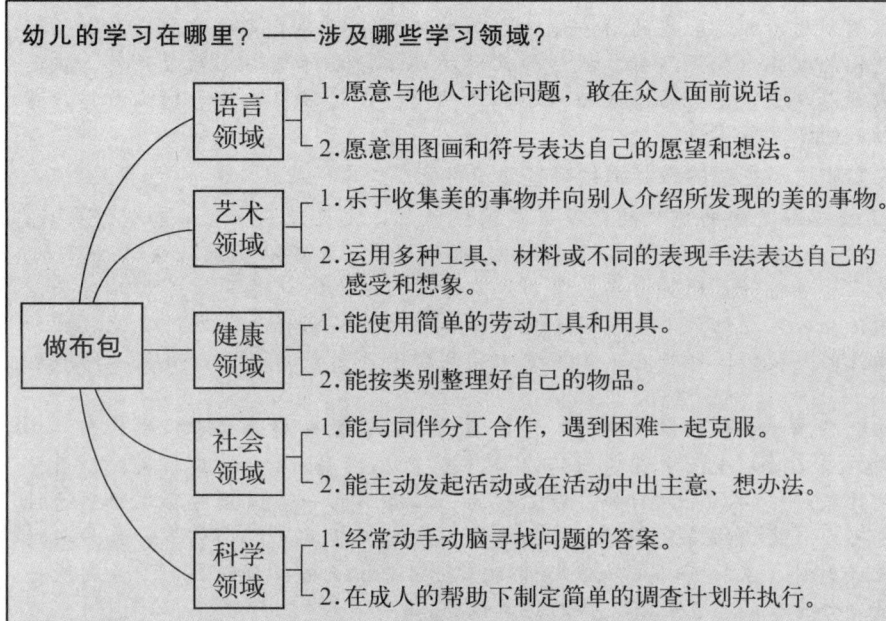

幼儿的经验在哪里？——获得了哪些具有挑战性的新经验？

　　挑战1：收集、调查生活中的布包。
　　新经验：了解布包的材质、款式、花纹等。

　　挑战2：探索如何制作布包。
　　新经验1：了解并收集制作布包所需要的材料。
　　新经验2：探索制作布包的步骤并进行尝试。

**教师的反思与评价**

● 回顾课程，想一想：在主题选择上你学到了什么？这个主题为什么适合幼儿？

　　"布"来源于幼儿的兴趣，贴近幼儿的生活。整个主题活动以观察认识布包、布料为切入点，将布包融入孩子们的生活与游戏，用游戏经验激发孩子们的观察兴趣。在幼儿园的社会性游戏区里，玩具支持着孩子们的想象，帮助孩子们生发更丰富的游戏内容。当新材料——布包进入孩子们的视野之后，用布包购物、用布包取钱成了孩子们的新乐趣。

　　"布包坏了"这样一个触发点促使孩子开始了布包制作之旅。在制作过程中，幼儿通过剪、穿、打结、缝等多种基础动作获得了手部小肌肉精细动作的发展。在活动中，他们积极思考，合作商讨，充分展现出互帮互助、团结协作等优良品质。整个活动将健康、语言、社会、科学、艺术五个领域涵盖在内，能够帮助幼儿在实际生活中获得全面的、综合的发展。

● 主题活动过程中，你的支持策略在哪里？

　　在布包损坏的问题上，我以支持者、引导者的身份鼓励幼儿讨论、思考，最后得出结论。紧接着，根据幼儿的发展水平，鼓励他用图画和符号表达自己的想法和愿望。最后，缝制前的准备工作中，我尝试退位，主要是在一旁观察幼儿，在幼儿出现困难时引导幼儿思考并给予一定的支持，让孩子充分感受到自己是活动的主人。例如：

寻找材料、探索制作步骤，幼儿的动手能力在不知不觉中获得了发展，同时，合作能力也在潜移默化的过程中获得发展。从师幼互动的角度，教师与幼儿互帮互助。在遇到困难时，教师以尊重、平等的态度回应幼儿的问题，在过程中教师与幼儿协作，营造了自然、融洽的活动氛围。

● 你会给未来实施这一主题的教师提供哪些建设性意见？

"做布包"活动缺乏经验建构的完整性与系统性，比较关注艺术领域和健康领域，停留在对缝制技巧的掌握和运用上，显得太过单一。接下来可以尝试从语言、社会、科学这三个方面大量铺开，比如，在欣赏布包环节，可以加入记录单，或加入亲子活动等社会实践活动，可以结合语言领域进行关于布料的讲述活动等。通过其他领域活动的开展，幼儿的关键经验也将在不知不觉中获得增长，为最后呈现具有创意的布包提供支持。

另外，布包作品呈现的创造性有待加强，由于幼儿前期经验积累得不够，在"布包展示会"中，除了幼儿生活中调查到的以外，还可以进一步丰富幼儿的认识，引导他们观察一些比较特殊的布包，例如：爱心形的、三角形的……以激发幼儿的创造性思维。同时也可以从装饰的角度丰富幼儿的想象。在本次活动的装饰环节，大多数幼儿选择的是现成材料，今后可以鼓励幼儿自制一些蝴蝶结缝制在布包上，或者刺绣一些图案，这样制作出来的布包会有更强的观赏性。

## 二、防疫香囊

### （一）主题活动由来

2020年伊始，一场可怕的疫情席卷了全世界，孩子们的幼儿园生活被按下了暂停键，原本平静安逸的生活也被打乱了。5月初，我们终于能够重回幼儿园，孩子们讨论最多的话题就是疫情：疫情为什么发生？我们要如何有效防疫？但是得到的答案是令他们失望的，那时，我们还没有研究出治疗新冠肺炎的特效药，我们能做的就是做好自身防护，如戴好口罩、勤洗手、不去人员密集的地方等。据说我国的国粹中草药对新冠肺炎具有一定疗效，正巧班里昕昕的妈妈是中医院的护士，他们医院就有用中药制作而成的香囊，于是，孩子们决定制作防疫香囊。因此，我们开启了防疫香囊的制作之旅。

### （二）主题活动脉络

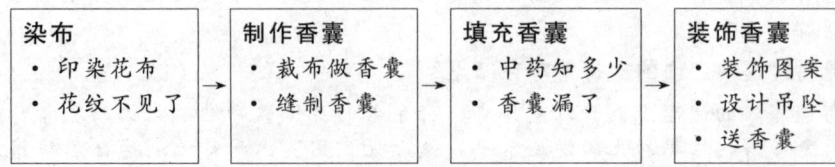

## （三）主题活动实录

1. 染布

### 环节一：印染花布

昕昕带来了中医院生产的防疫香囊，孩子们围了上来，你一言我一语地讨论起来。

　　正宇：香囊是布做的。

　　子玉：仔细闻一闻，有一股清香的味道。

　　希希：上面还有非常多好看的装饰。

很明显，制作防疫香囊这件事需要在布艺坊里进行。于是，经常在印染区活动的岚岚、晨晨、涵涵就自告奋勇，准备用他们喜欢的方式染出好看的做香囊的花布。

【劳动经验链接】幼儿通过滴色素、拨动色块等方式，提高艺术想象力和创造力。

（1）拓染

涵涵熟练地把画液放进浅浅的盆子里，轻轻搅拌，然后把需要的颜料一一倒进水里，用签子划出需要的花纹，再把白布轻轻放在染料上。很快，一块好看的花布就做出来了。

（2）扎染

孩子们还熟练地通过扎、染、剪、晾等步骤，完成染布。

### 环节二：花纹不见了

一切都顺利地进行着，可是负责扎染的岚岚和晨晨却一脸不高兴地跑来找我："老师，花布上怎么没有花纹，只有染料的颜色？"我连忙跑去一看，果然，整块布都染上了颜色，却没有丝毫花纹。其实，我一看就明白了产生这种情况的原因，但我装作惊讶地对孩子们说："这是怎么回事呢？你们仔细想想你们染布的过程，有没有什么地方没做到位？"听了我的提示，孩子们开始复盘刚刚的扎染过程。

岚岚：我负责的是染和解，好像没什么问题。

晨晨：哎呀，会不会是因为今天我在扎牛皮筋的时候少扎了几圈。

岚岚：有可能！

晨晨：刚刚我扎了三圈，这一次我扎六圈试试。

【劳动经验链接】幼儿通过试误，掌握扎染的重要步骤——必须扎得紧才能出现花纹。

说干就干，找到了问题所在的孩子们又一次忙碌起来。果然，这一次，孩子们顺利地获得了好看的花布。

#### 2. 制作香囊

### 环节一：裁布做香囊

孩子们觉得，要做一个香囊，就要裁剪两块大小一模一样的布，然后把它们缝合起来。可是在裁剪的过程中，他们遇到了困难。

榀榀：两块布剪不成一模一样大小的。

睿睿：如果把两块布叠在一起剪，太软了，剪不动。

老师：想一想前不久我们学过的长方形和正方形的关系。

榀榀：我知道了，我们可以剪一个大一点的长方形，再把它对折，这样两块布就会一样大了。

孩子们一试，果然成功了。

睿睿：这样我们还能少缝一条边呢，真方便。

【劳动经验链接】通过尝试，了解怎样裁剪布料最方便快捷。

### 环节二：缝制香囊

有了大小适合的花布，下一步就是缝制香囊了。根据孩子们已有的经验，缝制香囊需要穿针、起针、缝制、收针。

睿睿找来了针、线、剪刀，她先剪了一大段线，然后准备穿针，连续尝试了三次也没有成功，于是她来向我求助："老师，我总是失败怎么办？"我说："你找找是什么原因。""应该是最下面的线太毛了，我来把它剪掉一段再试试。"

找到办法以后，她一下子就成功了。

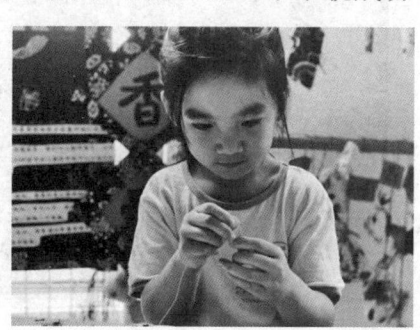 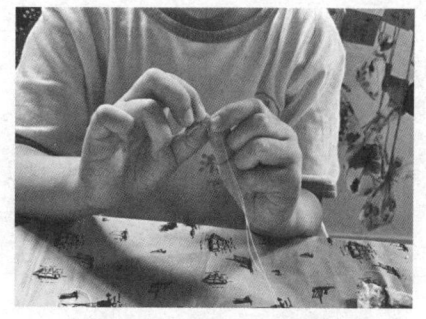

下一步是打结,睿睿先把线绕了一圈,形成一个小洞洞,再把线头尾巴穿过洞洞,很快一个结就打好了。

然后是起针。

> 振振:为什么我明明打结了,线还是不能固定?
>
> 睿睿:可能你的结打得不够大,所以没有办法固定。

【劳动经验链接】在穿针、起针、缝制的过程中,幼儿提高了手眼协调能力和耐力,同时获得了怎样缝纫更快的经验。

振振又打了一个结,这次果然成功了。

孩子们动手缝了。睿睿是一口气缝很多针的,就像小吃店里穿肉串一样,而梓萱是一针一针缝的。两个孩子开始比谁的速度更快,结果梓萱一半都没缝完,睿睿都缝完两个了,睿睿"穿肉串"一样的缝纫办法得到了孩子们的一致认可,不仅可以缝得更快,而且针脚更加整齐,大家争相学了起来。

3. 填充香囊

**环节一:中药知多少**

香囊的"外衣"做好了,要准备填充中药了。可是,用哪些中药?中药有什么作用?这些问题孩子们都不太了解。这该怎么办呢?为了帮助孩子解决这些问题,老师制作了《中药图典》,存储在布艺坊的平板电脑中,供孩子自己阅读、了解。

> 熙熙:薄荷香味可以提神醒脑,让老师打电脑的时候不头晕。
>
> 琪琪:陈皮是可以开胃的,我想给总是不爱吃饭的平平弟弟。
>
> 晚晚:丁香是可以驱逐蚊虫的,夏天必备,送给辛勤工作的阿姨吧!
>
> 花花:菊花可以明目,放在读书角里最合适了!

原来，中药有这么多不同的作用，那就快点去寻找这些有用的中药吧。孩子们向农耕坊发出了订单，却发现大部分中药游乐农场里没有种植，孩子们觉得很可惜。

昕昕：这些中药都有很大的用处，我们没有，太可惜了。

晚晚：要不我们去向园长老师申请明年在游乐农场种一种吧！

孩子们或是向农耕坊发出订单，或是购买，或是自己制作，收集到了薄荷、丁香、白芷、菊花、紫苏、陈皮等香料，并且按照配比进行了香料的配置，希望每一个小香囊都具有独特的香味和与众不同的功效。

**环节二：香囊漏了**

孩子们根据配料单给中药称重，填充香囊。一个意外发生了！小羽说："呀，香囊怎么漏了！"

经检查发现，原来是因为缝香囊的针脚太大了，所以一些细小的中药就从缝隙里漏出来了。看来，必须要重新缝制香囊，而且要一针接一针，针脚不能太疏。

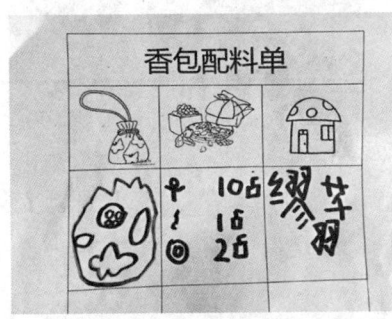 

终于，重新缝制之后的香囊可以很好地填充中药了，香囊完成了！

4. 装饰香囊

**环节一：装饰图案**

现在手里的香囊有些单调，怎样让香囊变得更加漂亮呢？孩子们提出可以在香囊上刺绣，或者用粘贴的方式进行装饰。可以装饰些什么图案呢？

【劳动经验链接】幼儿在讨论中，体会具体物象和象征含义的对应，丰富语言表达能力和想象创造能力。

婷婷：苹果！苹果又称平安果，我觉得在香囊上面绣一个大红苹果，这样就是平安。

子辰：爸爸说，岁岁平安，就是瓶子碎掉，那我就绣一个碎瓶子。

轩轩：还有平安结，就是一种绳结，表示平安的。

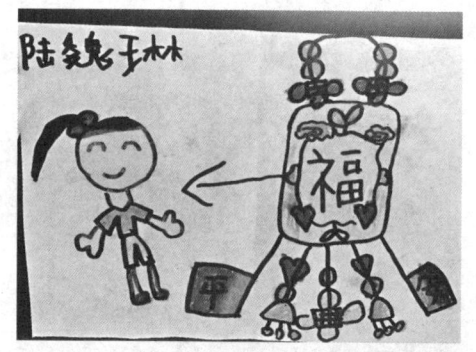

### 环节二：设计吊坠

孩子们通过刺绣和粘贴的方式对香囊进行了装饰，果然，小小香囊变得更加漂亮了。但是心语提出："我看见电视里的香囊都是有很多好看的小珠子小吊坠的，我觉得还可以装饰得更加好看一点。"

大家纷纷认同心语的想法，说出了自己的意见。

小小：我喜欢粉红色，我要做一串粉色的项链。

星星：我在益智区玩游戏时学会了一隔一排排队，我想设计红、绿、红、绿的样子，这样会更加好看。

可忻：我觉得还可以设计绿、橙、绿、橙，这样就是胡萝卜的颜色。

于是我们在生活区中投放了大大小小的珠子、纽扣等装饰品，这些材料上的孔有的大有的小；还投放了硬硬的渔线和比较软的毛线，供孩子们自由选择。

鑫鑫：呀，我怎么也穿不过。

小美：你可以用那种大大的孔的，这样会容易点。

鑫鑫：我还是不成功。

小美：你还可以用硬硬的线来穿。

在小美的建议下，鑫鑫终于成功了。

孩子们发现用渔线和大孔珠子穿最容易，于是大家就把这种搭配定为一颗星挑战难度；用渔线穿小孔珠子难度其次，大家就把这种搭配定为两颗星挑战难度；用毛线穿小孔珠子最难，大家就把这种搭配定为三颗星挑战难度。每个孩子可以根据自己的能力选择适合的游戏，这样每个人都能成功完成订单。

### 环节三：送香囊

端午节如期而至。送香囊是我国的传统民俗，这一天，孩子们准备了好多香囊，把一缕清香和一份祝福送给他们最爱的人。

峰峰：老师，把这个香囊送给你，这样你打电脑的时候就会觉得舒服一点，你就不会那么累了！

拉拉：阿姨，送给你这个驱蚊香囊，这样你每次去倒垃圾就不会被蚊子咬了！

## （四）幼儿劳动能力评估检核表

班级：_____　评价对象：_____　实施时间：_____

| 活动内容 | | 防疫香囊 | 评价等级 | | |
|---|---|---|---|---|---|
| | | | ★★★ | ★★ | ★ |
| 评价指标 | 劳动认知 | 1. 知道香囊的来历以及作用。 | | | |
| | | 2. 认识不同的缝合方法，会基本的平针针法。 | | | |
| | | 3. 了解印染的不同方法，并愿意尝试。 | | | |
| | | 4. 了解中药的不同气味及基本功效。 | | | |
| | 劳动能力 | 1. 能用拓染、扎染等不同的方法印染花布，并在尝试中探索出印染的正确方法。 | | | |
| | | 2. 能利用针线，用平针等方法将布片缝合起来。 | | | |
| | | 3. 能根据设计图进行装饰，装饰有一定的规律和美感。 | | | |
| | 劳动思维 | 1. 能积极动脑，创造性地设计出有特色的香囊。 | | | |
| | | 2. 能坚持完成自己的作品，不随意更改作品。 | | | |
| | | 3. 愿意和其他伙伴共同完成制作香囊、装饰香囊等步骤。 | | | |
| | 劳动情感 | 1. 了解手工匠人的艰辛，产生爱惜物品的情感。 | | | |
| | | 2. 愿意把自己的材料分享给其他人。 | | | |
| | | 3. 尊重社会中及身边的劳动者，愿意做力所能及的事帮助劳动者。 | | | |

## （五）主题活动评估反馈表

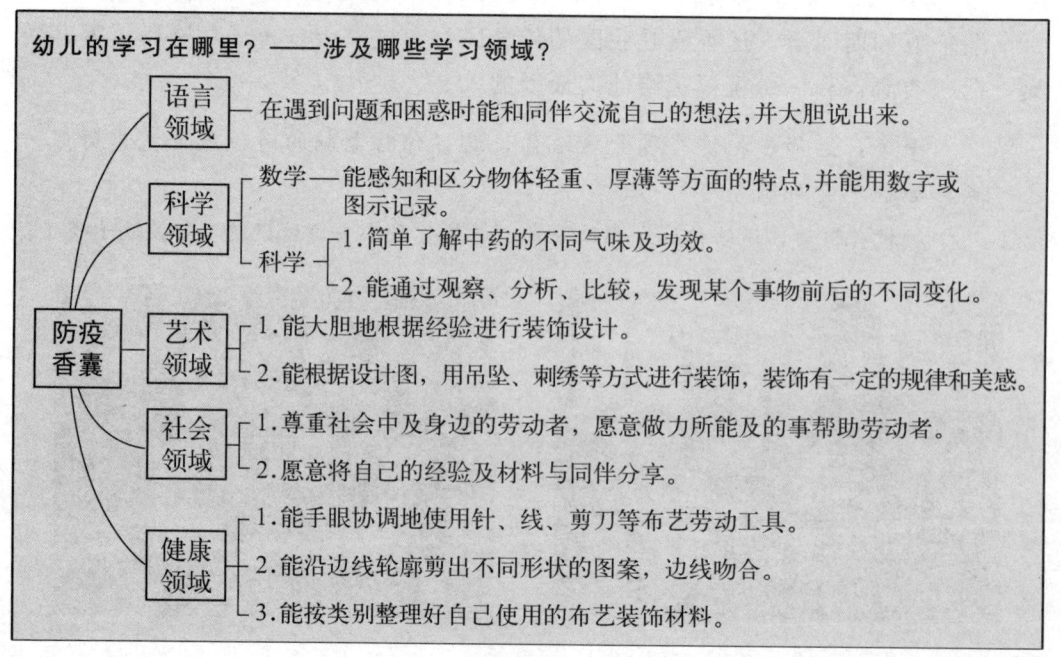

续表

| |
|---|
| **幼儿的经验在哪里？——获得了哪些具有挑战性的新经验？**<br>　　挑战1：染出的布上没有花纹。<br>　　新经验：扎染时要用皮筋将布扎得很紧。<br>　　挑战2：裁不成两块一模一样大小的布料。<br>　　新经验1：把两块布叠在一起剪。<br>　　新经验2：剪一块长一点的布，然后直接对折，缝三条边，更方便。<br>　　挑战3：怎样确定香包里放了什么。<br>　　新经验1：用鼻子闻一闻。<br>　　新经验2：了解中药的简单知识。<br>　　挑战4：药材漏出来了。<br>　　新经验：针脚太大了，要一针挨着一针缝。<br>**教师的反思与评价**<br>● 回顾课程，想一想：在主题选择上你学到了什么？这个主题为什么适合幼儿？<br>　　在主题的选择上，应该随时关注实际发生在幼儿身边的事件，比如：结合新冠肺炎疫情开展相关的布艺主题活动。我们教师要关注生活，关注社会，从幼儿的真实生活中生发活动。<br>　　这个主题活动之所以是适合幼儿的，一方面是因为契合当下的热门话题——防疫抗疫，另一方面是因为这个活动的根本目的是着眼于幼儿的身体健康，是以幼儿为本的主题活动。<br>● 主题活动过程中，你的支持策略在哪里？<br>　　（1）引导幼儿大胆进行自我表达。因为有了无拘束表达的机会，所以在讨论中，拥有成功体验的幼儿乐于将自己的经验与同伴进行分享，在他们回顾自己的香囊制作过程时，能用清楚、流畅的语言来描述，也激发了其他幼儿的思考。幼儿与幼儿之间互相引导，互相学习，形成了一个良好的讨论氛围。我们通过对一个话题进行集体讨论的方式去解决幼儿活动中的问题，让幼儿都参与其中。参与度提高了，幼儿的兴趣自然就增加了，而且这样幼幼互动的方式，让幼儿真正成为活动的主人。<br>　　（2）投放多样化的材料，鼓励幼儿多样化的艺术表现。<br>　　（3）多个工作坊融通，促进区域间的互动。可以看到，在活动中，孩子们不光是在布艺坊进行布艺活动，也与农耕坊进行了资源联动，采取了"订单式"多坊联动的交互形式，通过发起订单——接单制作——派单交接的整个流程，坊与坊之间的资源自然流通起来。如此，在相互合作的劳动游戏状态下，区域间形成流变的、鲜活的、不可分割的有机体。<br>● 你会给未来实施这一主题的教师提供哪些建设性意见？<br>　　在未来实施这一主题时，可能新冠肺炎病毒已经被消灭了，但我们仍然可以结合节日、季节、偶发事件等开展相应的活动。 |

## 三、旧衣改造

### （一）主题活动由来

幼儿园投放了很多旧物回收站，孩子们可以选择自己需要的材料进行旧物改造。一天午后，他们在散步时发现回收站里的衣服都塞得满满当当，很难整理。

布是一种可塑性很强的材料，适当加工就能变成各种各样有用的物品。如何将旧衣变废为宝？孩子们产生了极大的兴趣。

这么多布可以用来做什么？通过与爸爸妈妈一起调查、分享、交流，他们发现生活中很多物品都可以用布制作而成，甚至旧衣服也能通过改造变成娃娃、桌布、围裙，可是应该怎么做呢？需要哪些材料呢？孩子们围绕自己的想法展开一系列讨论、实验操作、手工制作，逐渐形成了自己的学习活动。

作为老师，我们支持孩子们的想法，与孩子们一起开展"旧衣改造"手工制作活动。在讨论中生成设计，在制作中发现问题，在探索中找到解决问题的方法。

## （二）主题活动脉络

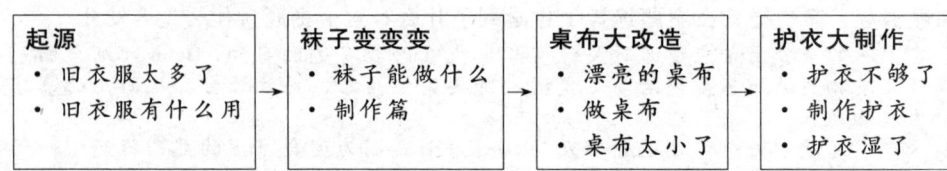

| 起源 | 袜子变变变 | 桌布大改造 | 护衣大制作 |
|---|---|---|---|
| ·旧衣服太多了<br>·旧衣服有什么用 | ·袜子能做什么<br>·制作篇 | ·漂亮的桌布<br>·做桌布<br>·桌布太小了 | ·护衣不够了<br>·制作护衣<br>·护衣湿了 |

## （三）主题活动实录

1. 起源

### 环节一：旧衣服太多了

一天午后，小朋友在午间散步时，路过回收站，看到回收站里有许许多多旧衣服，有些还掉到了地上。

烁烁：老师，衣服都掉出来了！

乐乐：衣服掉在地上会脏的！

阳阳：我们去把它们整理一下吧。

孩子们开始整理起来，可是衣服太多了，回收站根本装不下。

烁烁：老师，（衣服）太多了，放不下了！一直掉下来。

老师：看来都放这里是不行的，你们有好办法吗？

小雪：我们可以给它们分分类，放到不同的地方呀！

孩子们拿来了小筐子，来给旧衣服分类。

小语把裤子和衣服放在了一起，小雪马上阻止他。

小雪：衣服和裤子是不一样的，要分开放，还有小袜子也是不一样的。

于是孩子们按照衣服、裤子、袜子进行分类，把旧衣服都整理好了。

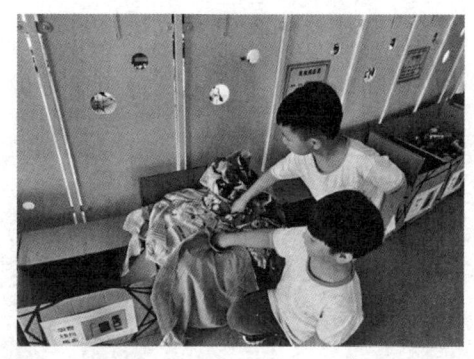

**环节二：旧衣服有什么用**

孩子们想知道旧衣服能有什么用处，于是老师请孩子们回家和爸爸妈妈一起查找资料，了解旧衣服的用处。第二天，孩子们迫不及待地和好朋友们分享自己的发现。

烁烁：妈妈说旧衣服可以送给没有衣服的小朋友穿，破了的就不行了。

阳阳：我和妈妈看到手机上有人把旧衣服剪开来、缝起来，做成一块桌布。

烁烁：还有，衣服会进一个大机器，出来就变成地毯了。

老师：哇！旧衣服真厉害！还可以用来做什么呢？

溢溢：可以做小熊的衣服，我妈妈就会。

老师：原来我们的旧衣服有这么多的用处，可以送给有需要的小朋友，可以加工成新的商品，还可以制作出各种用布料做的物品。

于是孩子们决定把旧衣服带回教室，对旧衣服开展一次大改造，让衣服变得更有用。

2. 袜子变变变

**环节一：袜子能做什么**

萌萌拿起分类筐里的小袜子，一脸疑惑地看着我们。

萌萌：老师，袜子也是旧衣服，它们能用来做什么呢？

孩子们首先想到的就是在里面塞上棉花，捆扎起来制作成袜子娃娃，这个建议激起了大家的操作热情，他们七嘴八舌，提出了很多装饰袜子娃娃的想法。

萌萌：我觉得可以给每个节日都设计一个袜子娃娃，把它们排在一起，就代表一整年过完了。

欣儿：对啊，我们做娃娃要做成一个系列，不要只做一个娃娃，这样会更加好看、好玩呢！

玉坤：那我们来试试吧！

在老师的鼓励下，大家把想法画成了设计图。

教师发现，孩子们在之前设计的时候，讨论的往往是要加一个蝴蝶结、加一些亮片等局部的装饰，而不会讨论整体的装饰，是缺乏全局观的。然而，经过一系列的布艺活动，孩子们在装饰方面有了更加独到的眼光：要设计一个系列的，可以结合生活中的所见所闻来设计……

### 环节二：制作篇

有了好看的设计图，大家开始忙碌起来。首先，为了更加卫生，孩子们开始洗袜子。大家先用清水打湿袜子，然后仔细地给袜子擦肥皂，小手用力搓一搓，让袜子宝宝变出好多泡泡，再用清水反复清洗，用力拧干，最后用小夹子把袜子宝宝一个个晾起来。

原本皱巴巴的袜子变得平平整整。

【劳动经验链接】对于旧衣服，孩子们能够提出先进行清洗、消毒，说明他们有一定的卫生意识。

 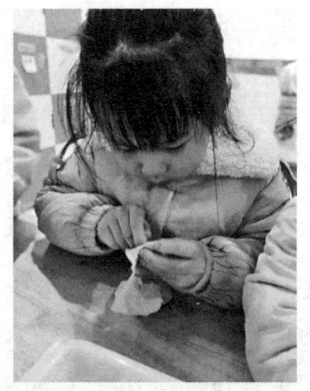

终于，袜子晾干了，孩子们根据设计图纸，选择颜色、花纹合适的袜子：想要做斑马的琪琪就选择黑白条纹的，想做老虎的莉莉就选择黄色条纹的，想做萝卜娃娃的琳琳就选择红色袜子……每个孩子各取所需。

要想制作一个饱满、好看的袜子娃娃,首先要尽可能多地往里塞棉花,孩子们铆足了劲儿,把每个袜子娃娃都"喂得饱饱的",让它们的"小肚子"都鼓起来。

接着是要捆扎袜子娃娃。大家先找来了皮筋,打算用皮筋把娃娃的开口处箍起来。

琪琪:啊,为什么我的棉花老是往外跑?

秋秋:啊,我的皮筋老是往下跑,太调皮了!

莉莉:老师,我的袜子娃娃是不是生病了?它总是在呕吐,在吐棉花啊!你快救救它吧!

老师:看来用皮筋捆扎的办法不是很适合哦!

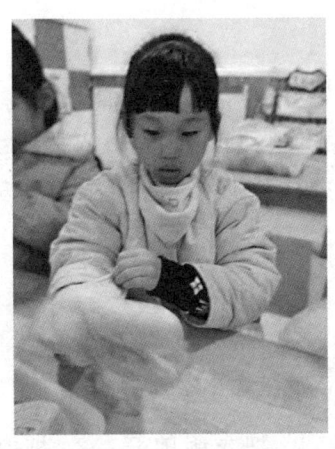 

老师建议大家换一个方法,聪明的小米想出了可以用毛线打结的方法来收口,于是大家又试了起来。

一个孩子抓住袜子娃娃,一个孩子来绕线,一边绕一边扎紧,然后把两头的线打结。这次尝试明显比上一次效果好,袜子娃娃终于不会"吐棉花"了,孩子们开心极了。

【劳动经验链接】幼儿能通过合作探索,掌握打结的技巧。

大家结合自己的图纸,有的用丝带,有的用毛线,有的用麻绳来扎口,并且打了不同的绳结,让袜子娃娃更加精美。

最后就是大家最喜欢的装饰环节了,有的做帽子,有的做领结,有的做耳朵,然后贴上鼻子、眼睛、嘴巴,一个个可爱的袜子娃娃就变了出来。

新年马上要到了,大家给袜子娃娃换上了新年的装饰,节日的氛围更加浓厚了;也有的孩子把可爱的袜子娃娃放在语言区,让布偶剧表演变得更有意思;还有孩子把袜子娃娃放到了布艺坊里,布艺坊一下子变得趣味十足。

3. 桌布大改造

### 环节一：漂亮的桌布

一天，我们在为美术活动做准备时，发现少了一块桌布。烁烁说："没有桌布的话，桌子会脏的。"小雪说："可以用旧衣服来做啊！"

说干就干，孩子们把旧衣服拿来做桌垫。

烁烁：哇！这块桌布真好看呀！上面都是漂亮的花纹。

菲菲：我也想用那块漂亮的桌布。

【劳动经验链接】孩子们在交流探讨中尝试剪布，提高了剪的技能水平。

可是问题也随着孩子们的行动接踵而至。

阳阳：不行！

洋洋：桌子上都不平了。

拉拉：我不小心动一下，衣服就掉了！

通过这一次的尝试，孩子们发现了许多问题：1. 铺了旧衣服的桌面不平；2. 旧衣服容易移动。大家立刻讨论起来，想办法让旧衣服桌布变得更完美。

小雪：因为衣服有两层，太厚了。

老师：那我们怎么办呢？

小雪：我们把它剪开，只要一层就好了！

欣欣：我们可以把衣服都粘在一起，那样就不会乱跑了。

孩子们通过讨论想出了解决问题的方法：1. 把衣服剪开；2. 把衣服拼在一起。想到了办法，孩子们立即开始行动。

### 环节二：做桌布

孩子们剪好了布料，可是到了把布拼接起来的时候，又遇到了问题。

孩子们一开始使用了常用的粘贴材料——双面胶。他们发现，双面胶很难粘在布料上，

【劳动经验链接】幼儿在制作过程中遇到各种问题，通过讨论、思考和尝试，寻找最好的方法。这培养了幼儿手工操作的耐心和细心。

还没有撕掉保护层,胶带就已经从衣服上掉下来了。孩子们又讨论起来。

涵涵:双面胶粘不住哎!

小可:我们用胶棒试一试吧。

孩子们尝试用胶棒来粘贴布料。大家沿着布料的边涂上了厚厚的胶,接着把布料拼接在一起。烁烁高兴地说:"成功了!"阳阳听到了很开心,马上来拿桌布,可是一提起来,桌布的布片就散开了。"看来,用胶棒也不能把布粘在一起。有什么办法呢?"孩子们又讨论起来。

【劳动经验链接】通过实践得出:对于布艺材料的拼接,最好的方法还是进行缝制。

瑞瑞说:"我们可以用针来缝,缝起来就不会分开了。"

**环节三:桌布太小了**

孩子们把做好的桌布放在了桌子上,却发现桌布太小了。

乐乐:哎呀!桌布太小了。

老师:那到底需要多大的桌布呢?

心心:我们可以量一量呀!用小木棒量吧。

孩子们马上试了起来。他们发现,短边是4根小木棒的长度,长边是6根小木棒的长度。

【劳动经验链接】幼儿能够运用数学中的测量经验,来测量桌面的大小;同时运用生活经验,结合桌布的功能适当加长侧边。

孩子们按照记录下来的尺寸制作好桌布。

桌布又一次上了桌子。可是孩子们却又吵了起来。

涛涛：过来点呀！我这边不够了。

烁烁：我这边也不够了。

老师：为什么两边都不够了呢？

小雪：因为桌布有挂下来的边，我们没有做。

孩子们通过讨论发现，平时我们生活中的桌布都会在四周留一些边，那样桌布就不容易动了。于是孩子们马上在四周加上了一圈布料，终于把桌布做好啦！

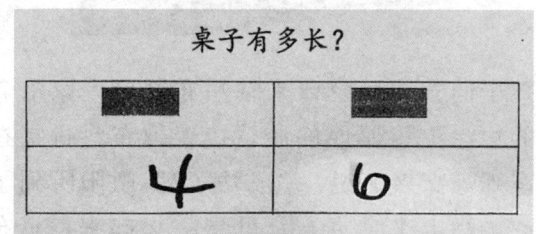

4. 护衣大制作

**环节一：护衣不够了**

由于大班开展了游戏坊活动，许多护衣被哥哥姐姐借走了，于是孩子们参加"戏墨园"活动时就发现护衣不够了，怎么办呢？

乐乐：包包衣（注：方言，指护衣）不够了！

老师：(1) 班的小朋友最近在开展游戏坊活动，借走了几件，所以不够了。

心心：我们可以用我们的旧衣服做呀！

最后，孩子们决定用自己的小手和旧衣服变出一件件护衣。可是怎么做呢？这成了孩子们面对的头号问题。

**环节二：制作护衣**

旧衣服怎么做护衣呢？为了收集孩子们的不同想法，我请孩子们进行思考并用绘画的方式记录下自己的想法。

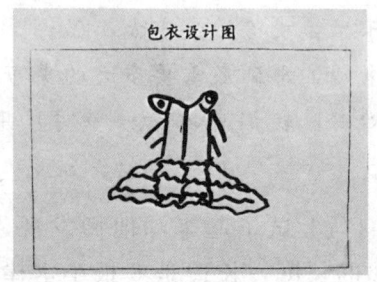

通过汇总孩子们的想法，我们选出了一个方法：选一件大大的衣服，在背后沿中线剪开，最后加上绳子做系带就行了！

孩子们运用这种方法尝试进行制作。小雪按照自己的方法，选择了一条黄色的无袖连衣裙。她按照自己的设计进行制作，真的做出了一件护衣。

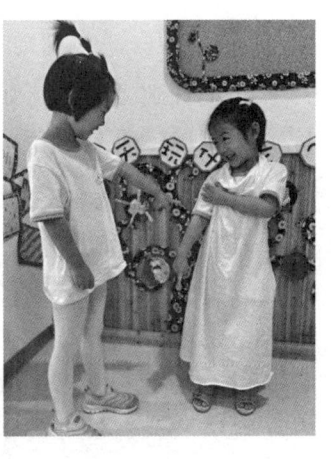

星星：这件包包衣有点紧。

小雪：因为衣服小，用大一点的衣服做就好了。

小语：老师，她的包包衣没有袖子。

妍妍：没有袖子就不能保护手臂上的衣服了。

小雪：那下次我可以用有袖子的衣服来做，这样里面衣服的袖口就不会脏了。

通过制作和讨论，孩子们马上发现了存在的问题，我们发现，原来不是所有衣服都适合做护衣，能用来做护衣的需要满足这些条件：1. 大衣服，2. 有袖子。这样的才可以用来制作一件合格的护衣。

【劳动经验链接】利用家长资源，和孩子们一同进行工艺劳动，让每一位幼儿都有个别指导，提高幼儿缝衣的技能。

我们做好的护衣被游戏中的哥哥姐姐看到了，于是他们给我们下了一个大订单。

小小：要这么多包包衣，我们怎么能做完呢？

烁烁：我们需要帮助。

小雪：我们可以请爸爸妈妈来帮助我们呀！

于是我们开展了一次亲子活动，邀请爸爸妈妈来帮助孩子们一起做护衣。

烨烨：妈妈妈妈，我也想试一试。

妈妈：可以呀！但是要注意安全！

在爸爸妈妈的帮助下，孩子们终于成功了！

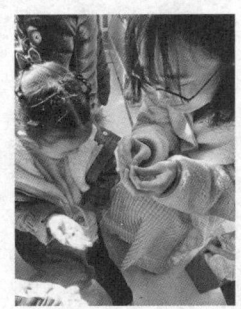 

### 环节三：护衣湿了

交货日到了！哥哥姐姐们看到我们做的护衣，很开心，都很喜欢，恭喜我们完成了订单。可是过了几天，一位小姐姐就把护衣退了回来。

小姐姐：你们的包包衣不防水，看，我的衣服都湿了！

烁烁：看来我们需要防水的包包衣。

小雪：可是我们的布都不防水呀！

老师：布艺坊里有很多布料，我们一起去找找有没有防水的布吧！

【劳动经验链接】幼儿能通过实验寻找最适合制作护衣的防水布料，提高了实践能力，增长了知识。

孩子们来到布艺坊，选择了自己认为可以防水的布料。

老师：它们都防水吗？你怎么知道呢？

烁烁：做实验就可以知道了。

老师：怎么做实验呢？

小雪：把布放到水里，看看它有没有喝水就行了！

就这样，孩子们根据自己的想法开展了一次实验，找到了防水布，重新给小姐姐做了一件护衣。

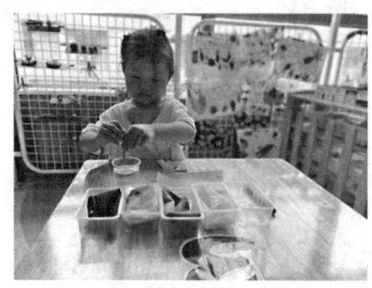 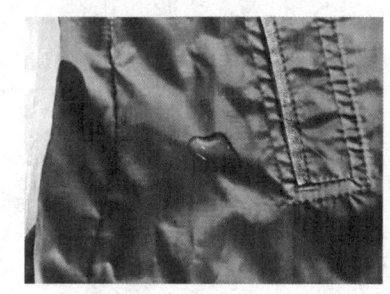

### （四）幼儿劳动能力评估检核表

班级：_____  评价对象：_____  实施时间：_____

| 活动内容 | | 旧衣改造 | 评价等级 | | |
|---|---|---|---|---|---|
| | | | ★★★ | ★★ | ★ |
| 评价指标 | 劳动认知 | 1. 知道布料是制作生活用品的材料之一，通过设计和制作，能够将布料变成各种不同的物品。 | | | |
| | | 2. 认识生活中常见的布料，如牛仔布、棉布、仿皮革、丝绸等。 | | | |
| | | 3. 认识各种布艺制作工具，在活动中能正确使用并注意使用安全。 | | | |

续表

| 活动内容 | | 旧衣改造 | 评价等级 | | |
|---|---|---|---|---|---|
| | | | ★★★ | ★★ | ★ |
| 评价指标 | 劳动能力 | 1. 能够正确使用剪刀，剪出较为平整的布料。 | | | |
| | | 2. 能利用针线，用平针等方法将布片缝合起来。 | | | |
| | | 3. 能够对废旧袜子进行缝合、填充、装饰等改造。 | | | |
| | 劳动思维 | 1. 发挥创意，进行多样化的艺术创作与装饰。 | | | |
| | | 2. 当出现不同的劳动思路时，进行多次尝试，找到最优的解决方法。 | | | |
| | | 3. 愿意和同伴合作完成作品，在制作过程中大胆表达。 | | | |
| | 劳动情感 | 1. 懂得珍惜劳动成果，节约使用各类资源和材料。 | | | |
| | | 2. 萌发节约、环保的积极情感，体会垃圾分类对环保的益处。 | | | |
| | | 3. 在完成布艺创作后，感到骄傲和自豪。 | | | |

（五）主题活动评估反馈表

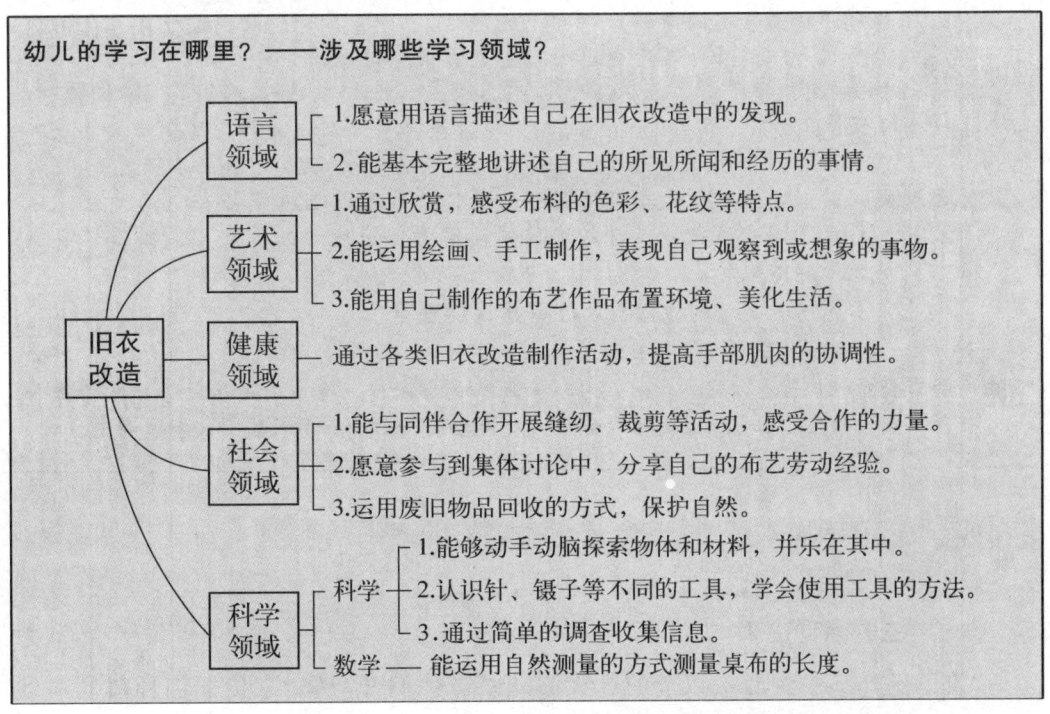

续表

**幼儿的经验在哪里？——获得了哪些具有挑战性的新经验？**

挑战1：如何制作袜子娃娃？
新经验：通过向哥哥姐姐寻求帮助，了解用袜子制作布娃娃的方法。在制作的过程中，掌握剪、打结、粘贴等各项技能。

挑战2：如何制作桌布？
新经验1：通过实验，确定缝制是将布连在一起的最好方法。
新经验2：通过测量了解桌面的大小。

挑战3：怎样制作护衣？
新经验1：画设计图，将自己对制作护衣的想法用画画的方式表现出来。
新经验2：通过与家长的合作，获得制作护衣的经验。

**教师的反思与评价**

● 回顾课程，想一想：在主题选择上你学到了什么？这个主题为什么适合幼儿？

通过这次课程，我了解到幼儿的兴趣是我们选择主题的关键要素，孩子们只有对自己感兴趣的活动才能投入自己的专注力。同时，选择的主题也应是易于开展、易于收获的内容。布是一种十分有用的材料，只要进行加工，就能变成各种各样有用的物品。如何将废旧的布变为"宝"，这是一个值得思考和探索的过程，也就存在教育的价值。因此，我抓住了活动的契机，引发幼儿思考与讨论，鼓励幼儿探索与操作，在此过程中不断提高幼儿的各项能力与水平。

● 主题活动过程中，你的支持策略在哪里？

鼓励幼儿多感官的探索行为。只有通过动手、动脑、动口等多种感官积极参与体验，才能获得更深刻的经验认识。因此，在活动中，我给幼儿提供丰富的图片资源，帮助幼儿了解布；提供丰富的布料，引导幼儿摸一摸，感受不同面料的特点；在制作环节中，鼓励幼儿大胆设计，表达自己的想法，尝试进行操作探究。

在活动中教师的观察是重要的步骤。只有了解孩子们的活动进程，教师才能够用一句话或者一个问题来引发孩子们的思考。比如在"做桌布"环节，教师用"到底要多大？""为什么不够？"两个问题来引发孩子们的讨论，发现做桌布的秘密：桌布比桌面大。

制造难题，鼓励合作。合作是获得成功的捷径，孩子们需要掌握合作的方法。因此我会在活动中故意制造难题，邀请孩子们共同思考解决问题的办法，在操作环节中合力制作，感受合作的优势。

● 你会给未来实施这一主题的教师提供哪些建设性意见？

对于旧衣改造这个主题，我建议今后组织开展这个活动的教师可以尝试对不同类型的旧衣开展有针对性的改造研究，例如，可以开展牛仔布改造、毛巾改造活动等，即尝试着眼于一种布料的特质，引导幼儿开展特色改造。相信每一种布料的改造都会各具特色。

## 四、花好月圆

### （一）主题活动由来

"孩子们，马上要迎来双节的8天假期啦！你们开心吗？"孩子们异口同声地回答我："开心！"话音刚落，欢欢说："什么是双节？为什么放假8天呀？"带着疑问，我们一起寻找到了答案。原来啊，双节是国庆节和中秋节。西西告诉大家说："妈妈告诉我，国庆节就是我们中华人民共和国的生日。那中秋节呢？"我一边请孩子们看视频，一边告诉他们："中秋节就是月饼节，是家人欢聚在一起，一起赏月亮，一起吃月饼，是团聚的日子。"大家似懂非懂地点点头。我说："那我们还可以做些什么来庆祝节日或者装扮一下我们的教室呢？"有孩子说："我们来唱歌吧。"也有孩子说："我们来画画吧。"彤彤说："之前我和妈妈去玩的时候，我看见商场的游乐场里挂了小兔子的灯笼，还一闪一闪的呢！"经过一番讨论，大家最后决定做花灯。

在主题活动开展之前，我们先进行一些思考，围绕"花灯"这个主题开展了一系列问题的讨论、研究，以"做中学、学中做"的方式，形成了若干个分支活动。在整个活动过程中，我们关注不同年龄班幼儿的特点、需要和学习经验，将零散、片段的分支活动串联起来，从而形成一条"生产流水线"，将小、中、大三个不同年龄段的事件编织成故事，更好地促进幼儿各方面的发展，提高幼儿的综合能力。

（二）主题活动脉络

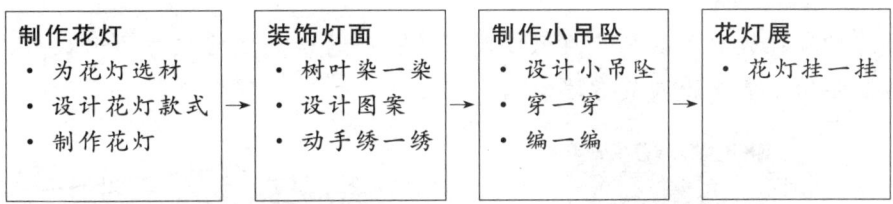

（三）主题活动实录

1. 制作花灯

**环节一：为花灯选材**

那要做什么样的花灯呢？玥玥说："我想做一个爱心形状的花灯。"艳艳说："我有一个糖果的花灯，我就做糖果的吧！"有这么多的想法，孩子们开始找材料准备做了。

丁丁在教室里找到了一些彩色的A4纸，还找到了吸管、毛线。丽丽在教室里找到了不织布、毛线和一次性筷子。

【劳动经验链接】通过试验选择适宜制作花灯的材料。

一会儿，丁丁来说："老师，我们用纸做的花灯很不牢，一不小心就坏了。"

那么，如何把花灯做得漂亮、牢固又耐用呢？孩子们决定来测试一下。

果然，纸做的花灯，风一吹就会破，遇到水还会出现一个洞。

希希提议："要不我们换牢固一点的布吧，这样花灯就不容易坏了！"

### 环节二：设计花灯款式

接下来，孩子们分成了若干小组，开始设计花灯。

一号小组以不织布为主材料。

子馨：我们用不织布来做，我想做一个糖果的花灯，糖果吃起来甜甜的，上面还可以贴一些漂亮的图案，挂起来肯定也很好看，感觉像我的生活一样甜甜美美。那我们就先来画一个糖果的形状吧！

【劳动经验链接】幼儿在和同伴的讨论中，体会花灯所代表的美好愿望，丰富语言表达能力和想象创造能力。

坤坤：我觉得要把花灯做成圆形的，因为这和教室里灯的形状一样，都是圆圆的，表示团圆的意思。

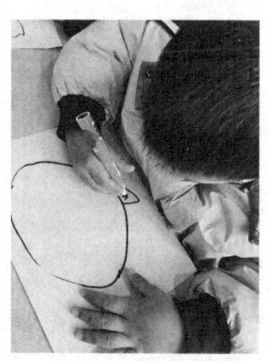 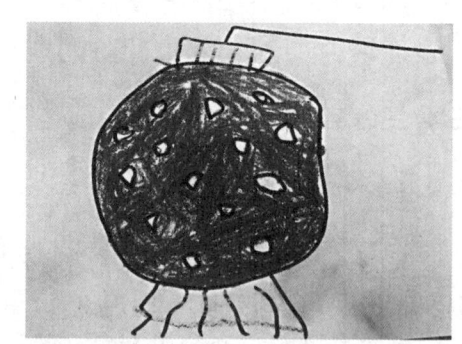

甜甜：应该要设计成一闪一闪、亮晶晶的样子，我们可以装饰一些珠子，这样在灯光下看起来就比较亮了。

二号小组以棉布为主材料。

芷萱：我们收集到的布有很多，看，这块布上有漂亮的图案，可以直接用来做灯笼的，这样还方便呢！

西西：我想在白布上画画，这样就可以自己画一些我喜欢的图案，再找彩带装饰。

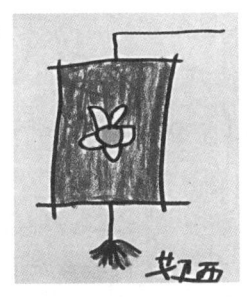 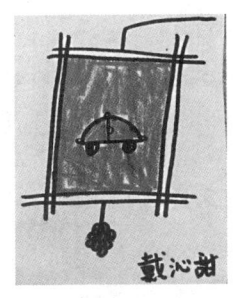

甜甜：我觉得我可以画四辆小汽车在上面，这样每一个面上都是小汽车，看起来每面就是一样的了，让我们开车的时候都安全。

### 环节三：制作花灯

有了这些图案的设计和不同的漂亮花布，孩子们就要开始制作花灯了。
首先是要建构花灯的骨架。

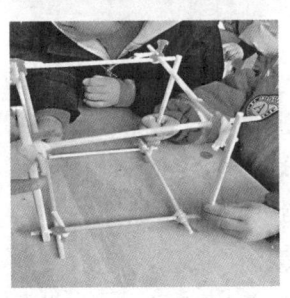 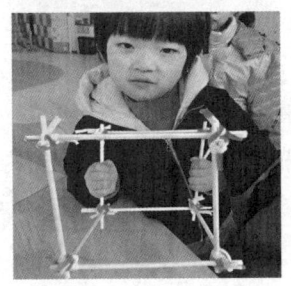

孩子们根据已有的经验找到了制作花灯骨架的一次性筷子。

萱萱还找来了线、剪刀，她把四根筷子两两交叉起来，变成一个"井"字，用线把交叉的地方捆起来，她做了两个这样的"井"。可是怎样才能把它们变成立体的呢？

子馨说："我帮你扶着，这样你就可以拿另外的四根筷子支撑起来了，这样就可以变成一个长方体了。"说完，两个人就开始合作，一个小朋友扶着，一个小朋友捆着。"哎呀，不行，怎么总是倒呢？还会松下来呢！"这对小伙伴走

【劳动经验链接】能通过对材料的探索将平面的图形捆绑成立体的。

过来问我:"老师,怎么办呀?我们捆不住,总是不行,你来帮帮我们吧!"经过我的一番讲解和示范,孩子们知道了要捆紧一点,这样就不容易松掉。

找到小技巧以后,他们一下子就来了感觉,很快就做好了第二个、第三个……

下一步是蒙面。睿睿先把自己准备好的布按照自己的方式剪裁成灯面,然后把布蒙在骨架上,这就需要用到针和线了——先把线拧一拧,形成一条没有毛边的直线,再把它穿进针眼儿里,很快线就穿好了。

【劳动经验链接】在穿针、定针、缝纫的过程中,提高幼儿的手眼协调能力和耐力。

接下来是固定灯面。

桭桭:为什么我已经缝了,布还是不能固定?

睿睿:可能你缝得太松了,所以没有办法一下子就把布固定住。

 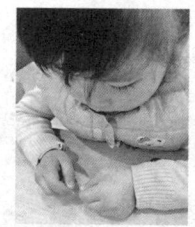

桭桭又试了一次,这次他把线收得紧一些,布也不再那么松动了,果然成功了。

开始缝纫了,孩子们动手做了起来。这两个孩子是怎么配合的呢?桭桭一只手扶着花灯的骨架,一只手帮睿睿拿住布,这样睿睿就能稳稳地一针一针缝。两个孩子配合得相当有默契,不一会儿,一个灯笼的面就固定好了。孩子们发现,一个人做花灯有点困难,如果两个人一起合作就比较容易。接下来,孩子们就用睿睿和桭桭的方法,两两结对,一起来缝灯面。

2. 装饰灯面

环节一:树叶染一染

孩子们把花灯做好了,但是大家都觉得有些单调,灯面上都是大家画的图案，有的灯面的颜色比较浅，几乎看不出来，还有的图案比较单一。于是，他们向中班和小班的弟弟妹妹发出了订单——装饰灯面。

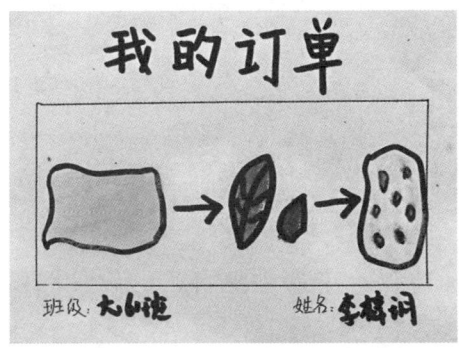 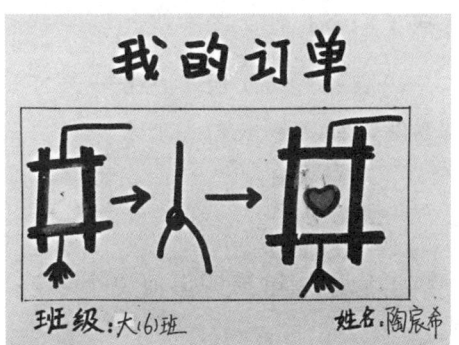

小（6）班的弟弟妹妹接到哥哥姐姐的订单之后，开始了他们的行动。

第一步：捡树叶、花瓣，收集各种自然物。

第二步：敲拓染。

　　星星：我敲得好累呀！会变成什么样子呢？

　　嘉嘉：应该会很好看的，是小树叶的颜色，绿绿的、红红的。

　　宁宁：我拿起小树叶看了，有点像小雨点，小小的，很可爱。

【劳动经验链接】能运用敲、拓等多样的印染手法，在白布上进行装饰。

 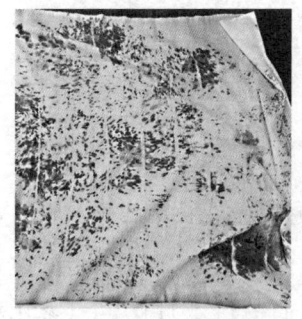

**环节二：设计图案**

中班的弟弟妹妹们需要在花灯上绣上好看的图案，那么有哪些漂亮的图案呢？孩子们喜欢什么图案呢？

辰辰：幼儿园里住着一只可爱的兔子，我可以绣一只小兔子，小兔子蹦蹦跳跳的，和我们小朋友一样快快乐乐的。

琦琦：还可以绣一个福字，表示福气满满，幸福快乐。

……

孩子们你一句我一句地说个不停，老师建议大家动手把自己的设计图纸画下来。

下面就是孩子们设计的花灯。

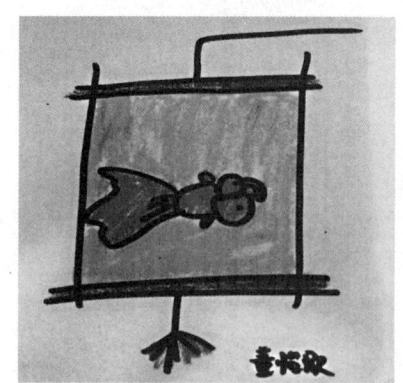

**环节三：动手绣一绣**

终于开始刺绣了，这是中（6）班孩子们第一次体验和爸爸妈妈一起刺绣，孩子们在成人的帮助下开始了刺绣之旅。

首先，他们进行了打样，大家用稚拙的笔触把自己设计的图样画在布上。

其次是穿针。

嘉嘉：哎呀，穿针好难，线是这么软，可是针眼又那么小，怎么穿过去呀？

嘉嘉妈妈：穿针考验的是你的眼力和专注力，只有最耐心、最有眼力的孩子才能快快地穿过。

嘉嘉：那我再试一次。

【劳动经验链接】能耐心地尝试穿针，有坚持不懈的精神。

经过多次尝试后，嘉嘉突然大叫起来："妈妈，快来看！我终于成功了！"在爸爸妈妈的帮助下，很快，一盏盏漂亮的花灯呈现在我们面前。

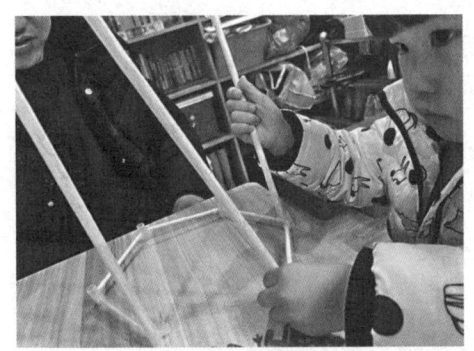

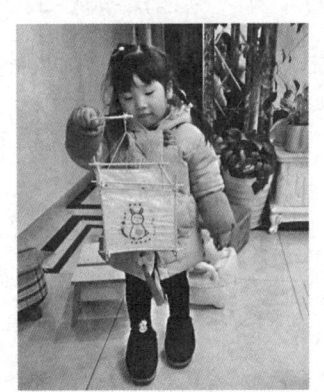

3. 制作小吊坠

**环节一：设计小吊坠**

语欣提出："我看见电视里的花灯都是有很多好看的小珠子小吊坠的，我觉得我们的花灯还可以装饰得更加好看一点。"

大家纷纷认同语欣的说法。

彤彤：我喜欢粉红色，我要做一串粉色的吊坠。

星星：我在玩穿珠游戏的时候学会了一隔一地排队，我想设计红黄红黄的样子，这样会更加好看。

欣怡：我觉得还可以设计成大小大小的，这样就是一个有大小变化的样子了。

丁丁：我看见妈妈编中国结时，这样绕来绕去的，还有线交叉在一起的，很好看。

> 【劳动经验链接】能从其他角度出发，知道利用吊坠装饰花灯，丰富花灯的样式。

欣欣：我看见奶奶用线编小球时，一个个小球圆圆的，穿在一起就好了。

孩子们有这么多的想法，要马上付诸行动，于是他们分成了穿珠组和编结组。

### 环节二：穿一穿

小（6）班的孩子在生活区中选择大大小小的珠子、纽扣等装饰品，将它们按照自己喜欢的方式来穿，他们发现粗粗的线要穿有大孔的珠子，细细的线穿有小孔的珠子，这样比较容易成功。

好好：你们看我穿的珠子，是彩色的。

彬彬：我的是一个蓝色一个白色的哦，好看吗？

好好：你的也好看，那我也来有规律地穿一条。

彬彬：嗯，你也试一试吧！

好好在彬彬的建议下，也用间隔排列的办法来穿珠子，也成功完成了。

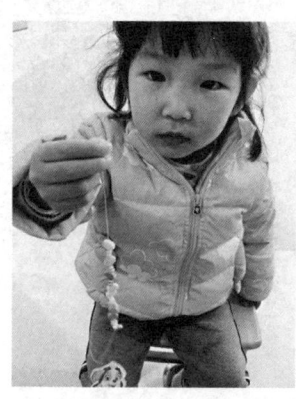 

孩子们发现穿珠子也有不同的挑战难度，因此每个孩子都根据自己的能力选择珠子与线的搭配，另外，还和自己的好朋友合作，加快速度，更快地完成订单。

【劳动经验链接】尝试利用不同的材料进行吊坠制作，提高审美能力，同时加深了对数的认识。

除了彩色珠子，孩子们还在教室里找到了松果。他们觉得松果像一棵棵小树一样，装饰一下也可以挂在灯笼上，会很好看。就这样，孩子们将生活中的自然物也利用起来，稍微进行一点修饰，把它们变成花灯的"花穗"。

**环节三：编一编**

接着，孩子们还找了许多不同质地的线，有粗毛线、细毛线，还有滑滑的线。毛线可以做小球，那种滑滑的线可以用来编一编，打打结。

形形：把毛线绕起来，卷得紧紧的，看起来就像个小球，再固定，就不会松掉了。

洋洋：我想用滑滑的线打结，打很多的结，应该也会很好看的。

4. 花灯展

**环节：花灯挂一挂**

漂亮的花灯完成了！花灯可以用来干什么呢？孩子们开始讨论了。

熙熙：花灯可以送给弟弟妹妹玩一玩、看一看。

琦琦：花灯可以挂在我们的教室里，还可以放在"娃娃家"里。

洋洋：把花灯挂在我们幼儿园的走廊里吧！这样，幼儿园的小朋友路过的时候都可以看见。

欣欣：那挂在幼儿园的哪个地方最合适呢？

阳阳：老师，我们一会儿去找一找吧！

甜甜：我们把找到的地方画下来吧！

【劳动经验链接】对花灯的悬挂位置进行一些思考，提出合理的方案。

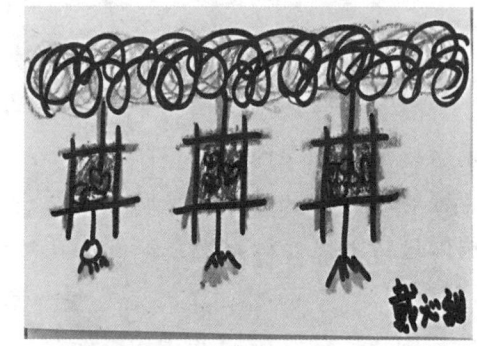
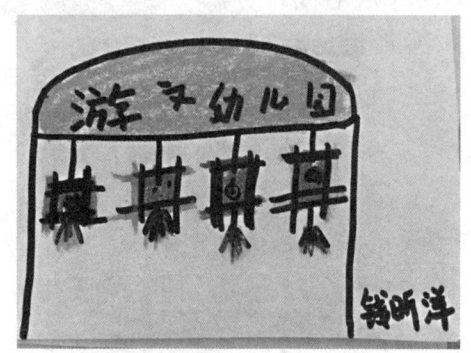

孩子们自由组合，带着纸和笔，在老师、阿姨的带领下，分成了 4 支队伍，他们把自己找到的适合挂花灯的地方画了下来，带回教室重新整理，再投票，最终选择最合适的地方。

挂花灯的时刻到来了，孩子们十分激动，手提花灯出发啦！他们让每一份祝福、每一份期许、每一份美好都在幼儿园的角角落落中绽放。

## (四)幼儿劳动能力评估检核表

班级:＿＿＿＿＿＿ 评价对象:＿＿＿＿＿＿ 实施时间:＿＿＿＿＿＿

| 活动内容 | | 花好月圆 | 评价等级 | | |
|---|---|---|---|---|---|
| | | | ★★★ | ★★ | ★ |
| 评价指标 | 劳动认知 | 1. 能发现事物简单的规律,并尝试创造新的规律。 | | | |
| | | 2. 能用常见的几何图形有创意地拼搭和画出物体的造型。 | | | |
| | | 3. 能按语言提示或根据简单示意图正确地完成作品。 | | | |
| | 劳动能力 | 1. 能沿轮廓剪出由直线构成的简单图形,边线吻合。 | | | |
| | | 2. 能使用针、线等简单的布艺劳动工具。 | | | |
| | | 3. 能用笔涂涂画画,设计自己的花灯。 | | | |
| | 劳动思维 | 1. 愿意与他人讨论问题,交流自己的想法。 | | | |
| | | 2. 愿意用图画和符号表现事物。 | | | |
| | | 3. 能经常动手动脑,运用多种方式,如对比试验等尝试解决问题。 | | | |
| | 劳动情感 | 1. 愿意用自己的作品装饰、美化生活环境。 | | | |
| | | 2. 通过劳动,对中华传统文化产生兴趣。 | | | |
| | | 3. 关注身边各类材料资源,注意节约资源。 | | | |

## (五)主题活动评估反馈表

幼儿的学习在哪里?——涉及哪些学习领域?

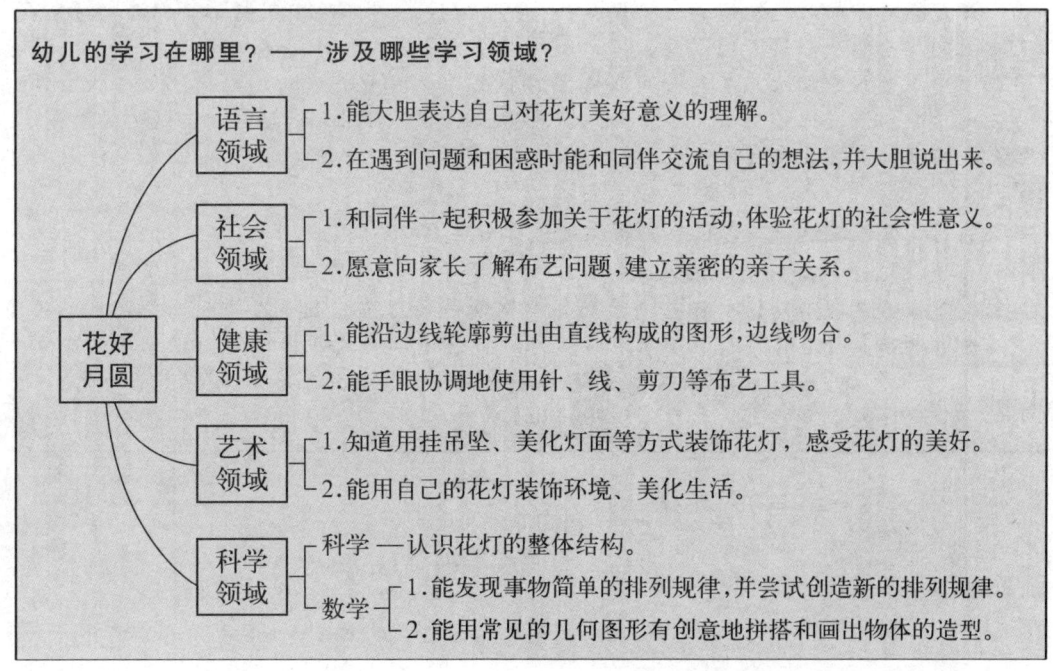

续表

**幼儿的经验在哪里？——获得了哪些具有挑战性的新经验？**

挑战1：怎样制作花灯骨架？
新经验1：找到适合的绳线进行骨架拼接。
新经验2：与同伴合作捆绑骨架。

挑战2：穿针、缝花灯时要注意什么？
新经验1：手和眼睛要配合好。
新经验2：要有耐心，专心地做好一件事。

挑战3：如何对花灯进行装饰？
新经验1：可以用各种自然物进行敲拓染。
新经验2：可以在白布上进行刺绣装饰。

**教师的反思与评价**

● 回顾课程，想一想：在主题选择上你学到了什么？这个主题为什么适合幼儿？

在"花灯"主题的选择上，教师给孩子一点点"小火花"，就产生了无穷的惊喜。可以说，在这一过程中，教师和孩子们一起领略了花灯世界的多彩多姿，体验了花灯的不同意义。幼儿在活动中，对花灯的制作、装饰，以及悬挂位置，都进行了一些思考，也提出了一些合理的方案。在整个过程中，发展了幼儿的社会交往能力，以及在艺术方面的美感体验能力。教师不断优化活动，为"花灯"主题活动的开展增加各方面的投入，使之成为一个有较完整体系的微课程活动。

● 主题活动过程中，你的支持策略在哪里？

在整个制作花灯的活动过程中，教师以活动的发现者、引导者和支持者的身份陪伴幼儿，鼓励幼儿积极参加活动，坚持完成各项小任务。在遇到一次又一次的小困难之后，教师又给幼儿提供适宜的帮助和鼓励，使他们重拾信心，坚持完成任务。

深度学习是幼儿主动探索、发现、产生认知冲突，进而采用策略解决问题的过程，比起被动接受的、灌输式的浅层学习，幼儿深度学习更需要时间的保障和支持。因此，在活动中教师给予幼儿充足的时间和恰当的引导，把问题留给幼儿，让他们体验主动学习的乐趣，诱发他们内在的学习动机，鼓励孩子积极地探索和思考，尝试通过协商、合作、调查、查阅资料等途径，找到解决问题的思路和方法，促进幼儿深度学习的开展。

● 你会给未来实施这一主题的教师提供哪些建设性意见？

鉴于"花好月圆"这一布艺活动中有一系列的宣传、展示活动，且效果较好，我建议接下来开展此活动的老师可以尝试每学期办一张"布艺教学"班报，将师、幼的优秀作品进行刊登宣传，将教师的教学心得进行展示和交流，同时可以请家长谈一谈对幼儿布艺劳动的感想。还可以每学期开展布贴装饰作品比赛，以及"布艺时装秀"等活动，并邀请教师、家长和专家现场评比。

# 2 第二章 纸艺劳动

# 第一节
# 纸艺劳动操作指南

## 一、定义阐释

纸艺劳动是一种综合的活动,教师根据幼儿的已有经验,向幼儿提供各种纸艺材料,供他们进行多种形式的艺术表现,在给幼儿提供全方位支持的同时,激发幼儿的想象力,提高他们思维的灵活性,促进其空间思维能力的发展,提高他们的审美水平,鼓励他们充分发挥创造力,在表现美和创造美的过程中获得美好的情感体验。

## 二、关键经验

### (一)健康领域

1. 尝试用多种工具、材料或不同的表现手法表达自己的感受和想象,掌握撕、贴、搓、揉、卷等纸工技巧。
2. 活动结束后能归类整理工具材料,具有一定的劳动意识。

### (二)语言领域

对纸的来源感兴趣,能够通过观察、比较和分析发现不同的纸的特征,能用一定的方法验证自己的猜测,并能大胆与同伴交流、分享自己的猜测和发现。

### (三)社会领域

1. 在欣赏水墨画、剪纸等作品的过程中感受民间纸艺的高超技巧,对中国民俗纸艺文化有浓厚的兴趣,喜爱中国传统文化,并产生自豪感、荣誉感。
2. 在制作中能与同伴分工合作,遇到困难能相互协商,寻找解决办法。

### (四)科学领域

1. 认识生活中各种各样的纸,能够区分纸在肌理、质地、颜色等方面的不同特性，感受纸的不同表现形式。

2. 在纸艺创作过程中，能尝试用数字、图画等符号进行设计和创作，并运用各种材料创造新的排列规律，感受解决问题的乐趣。

（五）艺术领域

1. 通过欣赏自然界和生活环境中的纸艺作品，关注纸的色彩、形态等特征，能够通过自己喜欢的方式进行纸艺创作并乐在其中。

2. 了解古法造纸的过程，尝试制作花草纸，感受纸的历史与文化内涵，对纸艺创作感兴趣。

## 三、环境设计

（一）整体构思

纸艺坊位于幼儿园四号楼二楼北走廊，在空间布局上，巧妙运用地面、桌面、墙面的空间，分成了收纳区、操作区、展示区三大区域，从不同角度全面地支持幼儿的纸艺劳动活动。

纸艺坊的整条长廊作为幼儿的操作区，呈条线状，分为造纸区、彩绘区、雕刻区、剪贴区。每个区域都为幼儿提供了充足的空间和材料，促使幼儿个性化的探究和创造。将彩绘区设置在临近造纸区的地方，既能有效满足幼儿分区域开展纸艺劳动的需要，又能相互联通，形成"造纸""制作花草纸""做纸扇"等一系列主题的活动链。收纳区设置于操作区对面，分为造纸、彩绘收纳区和雕刻、剪贴收纳区两部分，主要放置藤编收纳柜、可移动置物架、木质收纳筐，用于收纳幼儿纸艺劳动所需的各种材料。收纳区的布置不仅使走廊的环境显得整洁大方，而且能够培养幼儿的劳动意识，鼓励幼儿根据收纳区的图标自主取用材料，活动后坚持有序归类整理工具。纸艺坊充分利用橱柜、墙面、屏风等空间作为展示区，布置幼儿的平面、立体作品，让幼儿充分感受到从纸到成品展示的完整体验。同时，利用文化介绍墙和各种纸张的陈列板，将纸的历史和造纸术用图文结合的方式展现出来，幼儿通过观察、触摸，了解不同纸的特性，从而激发幼儿进行纸艺活动的兴趣。

## （二）区域划分及材料

### 1. 雕刻区

中国剪纸是一种用剪刀或刻刀在纸上剪、刻花纹，作品用于装点生活或配合其他民俗活动的民间艺术。雕刻区的活动，将传统文化融入纸艺活动中，幼儿在这里，运用雕刻的方式表达自己的想法，通过对不同纸类产品的个性化雕刻感受民间剪纸的美好寓意。

在雕刻区中，幼儿可以进行剪窗花活动，运用折、画、剪、刻等形式，由易到难地雕刻出对称的窗花图形。此外，硬纸板也是纸艺创作的常见材料，幼儿可以先在硬纸板上进行图案设计，视觉感受其肌理，再用刻刀在纸板上进行创作。在对纸的探索中，幼儿感受不同纸张的特性，形成全面、系统、多样的雕刻认知，感受剪纸文化的博大精深。

**雕刻区工具材料表**

| 类别 | 序号 | 名称 | 使用说明 |
| --- | --- | --- | --- |
| 主材类 | 1 | 蜡光纸 | 进行纸艺雕刻。 |
| | 2 | 硬纸板 | |
| 辅材类 | 1 | 记号笔 | 用于设计雕刻图案。 |
| | 2 | 固体胶 | 用于粘贴作品。 |
| 工具类 | 1 | 刻刀 | 在纸类材料上进行精细雕刻。 |
| | 2 | 刻板 | 保护桌面，同时便于雕刻。 |
| | 3 | 剪刀 | 在纸类材料上剪出各种形状的图形。 |

### 2. 剪贴区

剪贴是最常见的纸艺活动，剪贴区鼓励幼儿在画面中把不同材质、肌理的纸，用剪、撕等方法进行排列、组合，变化成新的画面。在幼儿的想象下，几张纸片、几丝纸条就能够组合出不同的富有个性的画面，当很多作品摆放在一起时，便会给人带来强烈的视觉冲击。

此外，在活动设置上，充分尊重幼儿身心发展的规律和学习特点，遵循多层次的原则。例如，小班幼儿可以尝试用纸条剪出块状纸片，并用块状纸片拼贴出各种马赛克图案。中班幼儿可以将各种纸撕、剪出不同的形状，并尝试组合、拼贴，制作出不同的运动造型。大班幼儿可以用皱纹纸拧、卷、搓成纸绳，再用纸绳进行个性化拼贴，表现运动中的人物造型。

**剪贴区工具材料表**

| 类别 | 序号 | 名称 | 使用说明 |
|---|---|---|---|
| 主材类 | 1 | 各色彩纸 | 进行各类纸艺活动。 |
| | 2 | 各色卡纸 | |
| | 3 | 各色皱纹纸 | |
| 辅材类 | 1 | 记号笔 | 用于设计剪贴图案。 |
| | 2 | 固体胶 | 用于纸作品的粘贴和固定。 |
| | 3 | 双面胶 | |
| | 4 | 白乳胶 | |
| 工具类 | 1 | 剪刀 | 剪出所需的图案造型。 |

3. 彩绘区

每个孩子都有创造力。在纸艺劳动中，幼儿的创作包含两个方面：创造实际的视觉形象和创造美学心理形象。因此，彩绘区活动的创设不仅要鼓励孩子以不同艺术形式大胆表达他们的感情、理解和想象，还要支持孩子们富有个性和创造性的表达。

在这一区域中，幼儿可以选用不同颜色的纸浆进行作画，用镊子替代画笔，通过观察、比较、操作、实验、思考，尝试将红、黄、蓝两两混合，进行颜色的二次创造，通过相邻色和对比色的有序填充，进行个性化创作。也可以用墨汁、国画颜料进行纸糊画创作，感受中国画的韵味。还可以选用不同的材料进行制作纸扇的劳动，在思维的碰撞中设计独一无二的图案，展现出色彩丰富、独特而富有美感的纸艺作品。

**彩绘区工具材料表**

| 类别 | 序号 | 名称 | 使用说明 |
|---|---|---|---|
| 主材类 | 1 | 制作好的各色纸浆 | 用于创意彩绘。 |
| 辅材类 | 1 | 扇子骨 | 将其展开后用于制作纸扇的支撑骨架。 |
| | 2 | 记号笔 | 用于设计装饰图案。 |
| | 3 | 纸盘 | 作为纸浆画的底板。 |
| | 4 | 彩笔 | 用于绘制装饰图案。 |
| | 5 | 蜡笔 | |
| | 6 | 颜料 | |
| 工具类 | 1 | 镊子 | 用于夹取纸浆进行绘画。 |

4. 造纸区

造纸术是中国的"四大发明"之一,古法造纸技艺蕴含着先人们的智慧。造纸工艺劳动兼具生活功用性和艺术审美性两大特点,因此,在本区域的活动中,幼儿一方面可以对纸进行观察、分类,深度探索纸浆的"凝固""塑形"特性,制作出不同颜色、大小、厚度、材质的纸,感知纸类产品的多种多样;另一方面,幼儿可以利用身边的花草制作花草纸,用以装饰书本、灯笼等手工艺品,在劳动中感受纸艺作品的精美。

**造纸区工具材料表**

| 类别 | 序号 | 名称 | 使用说明 |
|---|---|---|---|
| 主材类 | 1 | 餐巾纸 | 作为纸浆的主材料。 |
| | 2 | 白纸 | |
| 辅材类 | 1 | 各种花草 | 装饰在纸浆上制成花草纸。 |
| | 2 | 可食用色素 | 将纸浆染色,制成各色纸浆。 |
| | 3 | 植物造纸剂 | 用于制作纸浆。 |
| 工具类 | 1 | 造纸机 | 用来碾压平铺好的纸浆。 |
| | 2 | 搅碎器 | 将纸搅碎制作成纸浆。 |
| | 3 | 造纸框 | 造纸时用来盛放纸浆的带框网纱。 |
| | 4 | 搅拌器 | 用于搅拌纸浆。 |
| | 5 | 勺子 | 用于捞取纸浆。 |

## 四、活动内容

**主题1. 纸板畅想**

| 年龄班 | 活动内容 | 材料准备 | 核心经验 | 作品用途 |
|---|---|---|---|---|
| 小班 | 纸板小人儿 | 主料:纸板<br>辅料:超轻黏土、毛根、颜料、白乳胶等<br>工具:剪刀、画笔 | 1. 用拼贴、组合的方式制作小人儿的五官。<br>2. 尝试个性化地进行装饰。 | • 区域游戏<br>• 环境布置 |
| 中班 | 纸板DIY | 主料:纸板<br>辅料:牛皮纸、彩纸、卡纸、毛根等<br>工具:画笔、固体胶、剪刀 | 1. 能用拼贴、雕刻等方式进行纸板创作。<br>2. 尝试用各种不同的线描画方式在造型中进行装饰填充。 | |
| 大班 | 纸板浮雕 | 主料:纸板<br>辅料:彩纸、衍纸、胶水<br>工具:剪刀、画笔 | 1. 能用剪彩纸、卷衍纸等方式制作立体纸艺造型。<br>2. 尝试个性化地装饰、拼贴。 | |

| 主题 2. 江南小镇 ||||| 
|---|---|---|---|---|
| 年龄班 | 活动内容 | 材料准备 | 核心经验 | 作品用途 |
| 小班 | 纸袋房屋 | 主料：收集的原色纸袋<br>辅料：颜料、彩纸、胶水<br>工具：刷子、剪刀等 | 1. 给每块纸板刷色。<br>2. 在老师的帮助下开卡口。 | • 区域游戏<br>• 环境布置 |
| 中班 | 水墨人家 | 主料：纸盒、宣纸<br>辅料：颜料、彩纸、墨汁<br>工具：剪刀、毛笔、排笔 | 1. 尝试用水墨的方式在纸盒上画房屋。<br>2. 创造性地装饰房屋。 | |
| 大班 | 纸箱小区 | 主料：大小不同的纸盒<br>辅料：颜料、自制的树木和小桥<br>工具：剪刀、美工刀、画笔 | 1. 用挖空、雕刻、对称等技能制作房屋的门窗。<br>2. 能和同伴合作组合房屋，并用辅材进行装饰。 | |

| 主题 3. 玩转纸浆 |||||
|---|---|---|---|---|
| 年龄班 | 活动内容 | 材料准备 | 核心经验 | 作品用途 |
| 小班 | 彩色纸浆 | 主料：卫生纸、报纸<br>辅料：颜料、白胶<br>工具：塑料盆、护衣 | 1. 将纸撕碎、捣烂，做成纸浆。<br>2. 发展手部肌肉精细动作。 | • 区域游戏<br>• 环境布置 |
| 中班 | 创意花草纸 | 主料：纸浆<br>辅料：各种花草、扇子骨架、纸吸管、白乳胶、颜料<br>工具：造纸机、镊子、造纸网框、勺子、搅拌器 | 1. 探索纸浆的"凝固""塑形"特性，尝试解决问题。<br>2. 能用花草纸浆在骨架上制作出扇子。<br>3. 能用花草纸和纸吸管制作出灯笼。 | |
| 大班 | 纸浆创意画 | 主料：做好的各色纸浆<br>辅料：颜料、纸板、纸盘<br>工具：水彩笔、蜡笔、排笔、镊子 | 1. 能自己设计创作图纸。<br>2. 根据设计好的造型填色，进行纸浆画创作。 | |

## 主题4. 百变的纸

| 年龄班 | 活动内容 | 材料准备 | 核心经验 | 作品用途 |
|---|---|---|---|---|
| 小班 | 奇妙马赛克 | 主料：彩纸<br>辅料：卡纸、固体胶<br>工具：剪刀 | 1. 能用纸条剪出块状纸片。<br>2. 用块状图片拼贴各种造型。 | • 区域游戏<br>• 环境装饰 |
| 中班 | 多彩三角插 | 主料：三角插纸<br>辅料：白乳胶<br>工具：剪刀 | 1. 能根据步骤图折出三角插基本造型。<br>2. 能用折好的零件拼插出笔筒、花瓶等饰品。 | |
| 大班 | 创意纸绳 | 主料：皱纹纸<br>辅料：乳胶、卡纸<br>工具：剪刀 | 1. 能用皱纹纸拧、卷、搓成纸绳。<br>2. 用纸绳进行个性化拼贴，设计出各种造型的人和景。 | |

## 主题5. 报纸大改造

| 年龄班 | 活动内容 | 材料准备 | 核心经验 | 作品用途 |
|---|---|---|---|---|
| 小班 | 报纸花 | 主料：报纸<br>辅料：毛根、小木棒、固体胶<br>工具：剪刀 | 1. 能用团、拧的方式制作报纸花。<br>2. 尝试用剪刀沿螺旋线剪成纸条，并卷贴成报纸花。 | • 区域游戏<br>• 角色扮演<br>• 环境装饰 |
| 中班 | 纸花篮 | 主料：报纸<br>辅料：铁丝、白乳胶、颜料<br>工具：剪刀 | 1. 学会用卷的方法制作报纸条。<br>2. 能用一上一下穿插纸条的方法编织花篮。 | |
| 大班 | 报纸船 | 主料：报纸<br>辅料：乳胶、麻绳<br>工具：剪刀 | 1. 能用拧、卷、搓等技能将报纸变成长条形材料。<br>2. 能用不同的长条报纸拼接成不同类型的纸船，并用绕绳的方式进行装饰。 | |

| \multicolumn{5}{c}{主题6. 传统剪纸} |

| 年龄班 | 活动内容 | 材料准备 | 核心经验 | 作品用途 |
|---|---|---|---|---|
| 小班 | 洞洞里的奇妙世界 | 主料：各色卡纸<br>辅料：泡沫双面胶<br>工具：剪刀 | 1. 学习用剪刀沿曲线剪出造型轮廓。<br>2. 用组合拼贴的方式表现出造型的层次感。 | • 区域游戏<br>• 环境装饰 |
| 中班 | 窗花大世界 | 主料：红纸、蜡光纸<br>辅料：笔、固体胶<br>工具：剪刀 | 1. 能按步骤图折出窗花的对称造型。<br>2. 用对称的方法设计图案并剪出窗花。 | |
| 大班 | 民间剪纸 | 主料：红纸、蜡光纸<br>辅料：笔、固体胶<br>工具：剪刀、刻刀、刻板 | 1. 能用对称剪的方式剪出造型轮廓。<br>2. 尝试个性化的图案设计，并进行精细化雕刻。 | |

## 五、活动建议

### （一）感受与欣赏

1. 和幼儿一起感受、发现纸的文化与历史，欣赏生活中美丽的纸艺创意作品。

（1）带领幼儿通过调查、收集、讲述等方式，了解关于纸的历史与发明故事，了解造纸术。

（2）与幼儿一起讨论和交流对纸艺美的感受。

2. 和幼儿一起发现生活中各种各样的纸，感受纸的多样性和多变性。

（1）通过触摸和观察了解不同的纸，如铅画纸、宣纸、报纸、纸板等的肌理、颜色、厚薄等特性。

（2）支持幼儿收集生活中的纸张并和他们一起欣赏。

3. 创造条件让幼儿接触多种纸艺作品，如：

（1）通过网络、电视媒体等方式让幼儿接触纸艺作品，丰富幼儿对纸艺创作的感受与体验。

（2）和幼儿一起用绘画、手工作品等装饰和美化环境。

（3）带领幼儿共同观看或参与纸艺文化和民间纸艺活动，如剪纸、造纸等。有条件的情况下，带领幼儿参观美术馆、博物馆，欣赏纸艺作品。

4. 尊重幼儿的兴趣和独特感受,理解他们欣赏时的行为。

(1) 理解和尊重幼儿在欣赏纸艺作品时的行为表现。

(2) 当幼儿主动介绍自己喜爱的纸艺作品时,要耐心倾听,并给予积极的回应和鼓励。

(二) 表现与创造

1. 支持幼儿自发的艺术表现和创造,让幼儿敢于并乐于表达表现。

(1) 提供丰富的便于幼儿取放的各类纸质材料、工具和辅助材料,支持幼儿进行自主探索、制作、绘画等纸艺活动。

(2) 在幼儿自主表达、创作的过程中,当幼儿遇到困难时,教师鼓励幼儿寻找方法解决,在幼儿需要时再给予帮助。

(3) 展示幼儿的作品,鼓励幼儿利用自己的作品。

2. 尊重幼儿的创作,同时引导幼儿积累基本的纸艺创作技巧。

(1) 在纸艺作品创作过程中,引导幼儿利用材料、工具,掌握撕、贴、折、剪、刻、拧、揉等技能。

(2) 幼儿创作时,前期为其提供一些作品欣赏,不提供标准范例,鼓励幼儿富有个性化的手工创作,并肯定每一份幼儿作品的优点,给予展示的机会。

## 第二节
## 纸艺劳动课程故事

### 一、"纸"趣横生

#### （一）主题活动由来

世界上没有垃圾，只有放错地方的宝藏。垃圾分类的观念早已深入小朋友的心。一日，我整理出许多没有用的纸张，请小朋友帮忙扔掉。洋洋和萌萌把它们扔到了"可回收垃圾"桶，我看到后问："为什么扔到这个垃圾桶呢？"萌萌说："因为我看见小区里收废品的爷爷会收集报纸之类的纸张。"这时边上的珺珺说："上次园长老师来检查时说过，画过画的纸是其他垃圾，因为已经被蜡笔污染过了，不能扔进'可回收垃圾'桶里，要撕碎了扔进'其他垃圾'箱中。"于是两个小朋友把一叠纸重新拾起来，撕碎，然后扔进"其他垃圾"箱。撕着撕着，洋洋说道："这么多纸都要撕碎扔掉，好可惜呀。"于是我问："那有没有什么办法再利用呢？""可以折纸。""可以做纸浆，上个学期小班的弟弟妹妹就做过。"顺应幼儿的想法，我们生成了系列活动——"'纸'趣横生"。

#### （二）主题活动脉络

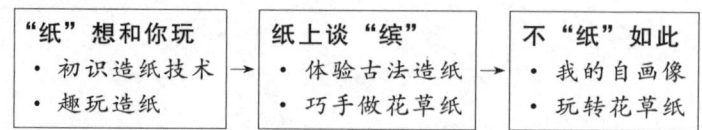

#### （三）主题活动实录

1. "纸"想和你玩

**环节一：初识造纸技术**

纸到底是怎么来的呢？古时候的人们是怎么造纸的呢？带着好奇，我们和幼儿一起开始了探索。通过观看纪录片，幼儿了解了造纸技术的起源、发展历史以及造纸工序，在回家与爸爸妈妈一起找资料图片后，幼儿掌握了纸张的制作步骤，并和同伴进行分享交流。

涵涵：原来造纸需要这么多竹子！

铭铭：而且还要经过好多好多步骤。

文文：造出一张纸需要好久啊，我看见视频里说浸泡竹子就要100天，还要煮八天八夜。

琯琯：我们自己造纸也需要这么久吗？难道我们也要先把竹子浸泡100天吗？

珺珺：我觉得不需要这么久，古时候的人是用竹子做纸的，我们现在用的是废旧纸。

泓宇：纸艺坊里有造纸步骤图，我们可以去看看。

在大家热烈的讨论中，孩子们对古法造纸有了进一步的了解，对造纸活动跃跃欲试。

### 环节二：趣玩造纸

 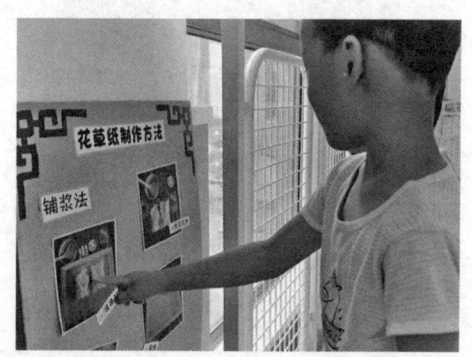

造纸的具体步骤是怎样的呢？孩子们来到纸艺坊探寻答案。

蓝蓝：我发现造纸有两种方法，一个是抄纸法，一个是铺浆法。

珺珺：我们需要先把工具准备好，有木框、勺子、搅拌器。

泓宇：这个铺浆法就是用勺子一勺一勺舀着铺上去。

文文：我发现造纸还需要一瓶东西，它能让纸浆变得黏黏的。

瑞瑞：看着好像没有那么难，我们一起来试试吧，你来舀，我来帮你拿好木框。

孩子们从步骤图中了解了制作纸张的方法，一个个都迫不及待想要进行尝试。他们根据步骤图的提示准备好了材料，自己讨论进行分工合作，一切准备就绪，古法造纸体验拉开序幕。

2. 纸上谈"缤"

**环节一：体验古法造纸**

（1）造纸机造纸

孩子们将废旧纸张撕碎放入水中，进行搅拌，倒入纸张黏合剂，再次搅拌，然后开始使用造纸机进行造纸。

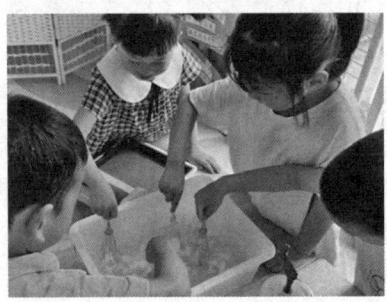

【劳动经验链接】幼儿在初次进行纸浆制作的过程中，撕、搅、舀等基础的手部动作得到了练习。

瑞瑞：纸浆看起来像白白的米粥，搅拌时感觉稠稠黏黏的，像在搅拌蜂蜜。

泓宇：纸浆感觉凉凉的，像凉席一样。

蓝蓝：做纸浆好有趣，就像在做棉花一样，好好玩。

瑞瑞：我发现造纸机造纸用的是铺浆法。

珺珺：用造纸机的滚轮来回多滚几次，这样纸浆里的水分就少了，容易晒干。

瑞瑞：你来拿住纸，我来转这个滚轮，这样是不是快一点？

珺珺：一张纸做好啦，要轻轻地把纱布拿掉，然后去晒一晒。

泓宇：造纸机造出来的纸太小了，我想要做大一点的纸。

【劳动经验链接】幼儿通过舀、铺、滚压等方式，进行造纸机造纸活动。

(2) 木框造纸

怎么做出更大的纸呢？孩子们在纸艺坊材料区发现了长方形的木框，觉得和造纸机的形状很相似，面积却更大，符合做大纸的要求，于是，他们开始尝试木框造纸。

诚诚：这个木框好大，铺浆法用勺子一勺一勺舀，需要很多次。

泓宇：是呀，而且感觉有的地方厚厚的，有的地方太薄了，舀上去的纸浆一直滑到其他地方去。

老师：有没有什么好方法呢？上次我们说过，除了铺浆法，还有一种什么方法？

蓝蓝：我们可以试试抄纸法。

洋洋：我知道，抄纸法就是把整个木框放进纸浆里，轻轻拿起来，上面就有一层薄薄的纸了。

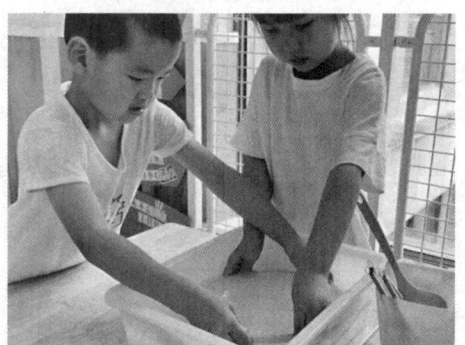 

泓宇：抄纸用的木框太神奇了，可以把纸浆牢牢粘住。

诚诚：把木框放在纸浆盆里要轻轻地左右摇晃，这样纸浆才能均匀地落在上面。

蓝蓝：感觉像下海捞鱼一样。

当孩子们制作出更大的纸张后,又面临新的难题:梅雨季,造纸的时候总是在下雨,怎么把纸晒干呢?孩子们围绕这个问题开始了新的讨论和探索。

泓宇:木框造纸就不能像造纸机一样把水挤干了,这样晒得好慢呀。

蓝蓝:我们上午做的纸,现在一觉醒来还是没有干。

老师:能不能也像造纸机一样把它的水挤干呢?我们一起来看看造纸机是怎么把水挤干的。

珺珺:是上面那个圆柱形的滚轮来回按压。

瑞瑞:那我们也来找个滚轮吧。

教师:请你们去班级里找找有什么东西是圆柱体的,然后拿来我们一起来试一试。

孩子们在对造纸机进行观察后,去教室里找到了一些圆柱体的物品,他们逐一进行尝试,在交流讨论中寻找可以替代滚轮的工具。

诚诚:我找到了固体胶,不过好像太短了,要来回滚很多次才能全部滚到。

泓宇:我拿的是画画的笔,它的长度正好,但是太细了,只能用手指像搓细长条橡皮泥一样去滚它。

瑞瑞:我找到橡皮泥盒,用起来粗细正好,但是盖子的地方突出来,纸浆上会留下印子。

【劳动经验链接】幼儿寻找幼儿园中的圆柱体,并通过用多种工具滚压操作、实验,探索合适的工具,他们的观察能力和探究能力随之提高了。

珺珺:我在建筑工地找到了圆柱体的积木,它的长度、粗细都刚刚好。

替代滚轮的工具找到了,孩子们马上开始给木框里的纸浆压水分,但是新的问题又产生了。

珺珺:我发现我一用力,纸浆就会被积木粘起来。

瑞瑞:我也是,纸浆老是不听话,粘在积木上面,我试着(把纸浆)放回去，但是有些地方已经有个小洞，补不完整了。

老师：我们再去看看造纸机里还需要什么东西。

泓宇：原来上下都要盖一层纱布，这样就能确保纸浆不逃跑了。

蓝蓝：可是造纸机里的纱布好小，放在木框上，大小不够呀，怎么办呢？

诚诚：我们可以去布艺坊，里面有好多白色的布，感觉和纱布差不多。

老师：那我们带着木框去量一量，剪一些合适的布。

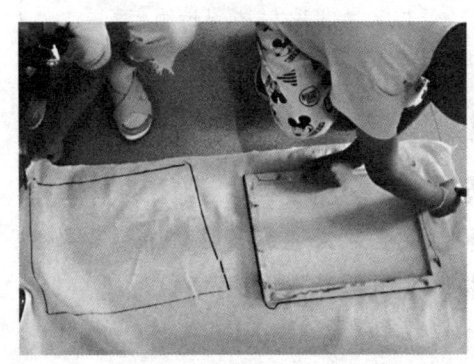

【劳动经验链接】在活动中，幼儿进行量、画、剪，手部精细动作水平不断提高。

终于，在智慧的指引和不断的努力下，大家找到了快速弄干纸浆的好方法，一张张崭新的白纸在阳光的照耀下即将诞生。

### 环节二：巧手做花草纸

看着这些薄薄的纸，小朋友们发现纸的颜色太少了——除了造出普通的纸，我们还可以造出其他什么样的特别的纸呢？围绕这个问题，孩子们在回家搜集、寻找相关办法后，又进行了交流讨论。

萌萌：我们折纸用的纸有好多颜色，我们能不能也做出彩色的纸？

恒宇：我看见爷爷写毛笔字用的纸上还有图案。

铭铭：我也见过，我还知道那个叫宣纸，里面有好多的小花小草，感觉特别好看。

诚诚：听着好厉害，我们能不能也来做一做？

老师：我们一起来看看花草纸是什么样的，需要找哪些材料。

梓月：花朵、果子、叶子都可以用来装饰。

菲菲：幼儿园里开了好多花，可以去捡一点。

涵涵：我想用向日葵黄黄的花瓣拼太阳，因为向日葵也叫太阳花。

孩子们搜集到了特别的纸——花草纸，于是我出示相关图片给幼儿欣赏，引导幼儿思考需要的材料，鼓励他们设计自己喜欢的图案进行装饰。就这样，我们又开始探索花草纸的做法。

【劳动经验链接】幼儿通过讨论、设计、拼贴等，提高了艺术想象力和创造力。

珺珺：我们先做好纸浆，然后在纸浆上拼图案。

诚诚：我的这片花瓣太翘了，木框一竖起来它就掉了下来。

老师：有没有什么办法？怎样做出牢固的花草纸呢？

瑞瑞：也拿积木滚一滚，把它压平就好了。

泓宇：我们以前做树叶拼贴的时候需要用到固体胶和白乳胶，做花草纸应该也要用它们来粘住花草。

珺珺：可是纸浆是湿湿的，粘不住。

诚诚：我们制作纸浆的时候往水里倒了造纸剂，它的作用是让水变得黏黏的，可以在花草纸上面再浇一层纸浆粘住它们。

瑞瑞：我发现浇的时候要注意用量，洒少了盖不牢，洒多了看不清。

蓝蓝：虽然我想马上看到花草纸干了的样子，但我还是愿意慢慢地等待。

在孩子们集体的努力下，一张张美丽的花草纸制作成了，看着它们，孩子们一个个欢呼雀跃，对自己的劳动成果十分喜爱，每次经过时总会向自己的小伙伴进行介绍。

蓝蓝：我们每个人都用花瓣拼了不一样的花草图。

珺珺：我用花瓣装饰时，都会把我的好心情也放在里面。

瑞瑞：我感觉在做花草点缀的时候要有耐心，因为一用力小植物就会把纸弄碎。

泓宇：我觉得装饰花草这一步太神奇了，花和树叶在上面，纸一下子就变漂亮了。

3. 不"纸"如此

**环节一：我的自画像**

孩子们经过一个多月的劳动，制作出了很多大大小小的纸。这些纸可以用来干什么呢？孩子们想到可以在白色的纸上画画，于是一个个生动的自画像在他们的笔下诞生。

【劳动经验链接】幼儿通过撕、粘、贴等方式，提高了手眼协调能力。

诚诚：老师，我的纸破了一个大洞！

瑞瑞：明明这张纸比我们平常用的纸厚好多，怎么一用力就烂了呢？

蓝蓝：我都快画完了，怎么办呀？

诚诚：可以拿胶带在背面粘一粘，这样就像给它做了一个保护膜一样。

### 环节二：玩转花草纸

那么，彩色的花草纸又可以用来干什么呢？孩子们集思广益，最后，经过大家举手投票，我们决定做花草纸扇和花草纸灯笼。

（1）花草纸扇

珺珺：先要画出扇面的形状，然后按照轮廓剪出来。

文文：扇子边上要贴一条边包住。

珺珺：我知道，这个叫锁边，我来帮你贴。

【劳动经验链接】幼儿通过画、剪、折、贴等方式，提高了手部精细动作的水平。

文文：两边角上也要包边，我来先画一个椭圆形，你来帮我粘一粘。

珺珺：看，我们的花草纸扇完成啦！

（2）花草纸灯笼

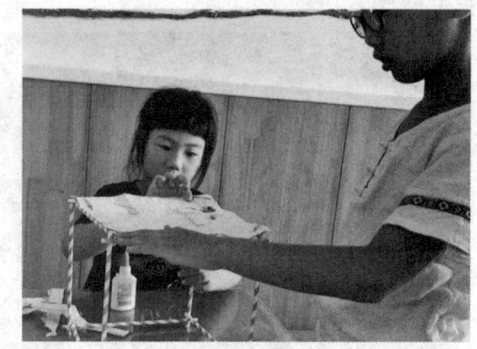

萌萌：灯笼的形状是正方体。我们要怎么做呢？

恒宇：可以先做正方形，我来用纸吸管摆好形状，你帮我粘。

萌萌：竖起来时有点难，我们要小心一点，要等白乳胶干了才能松手哦。

恒宇：骨架做好啦，灯笼纸的大小就按照它来画。

萌萌：每一根纸吸管我都涂好了白乳胶，我们一起来把它们粘好吧。

（3）花草纸书签

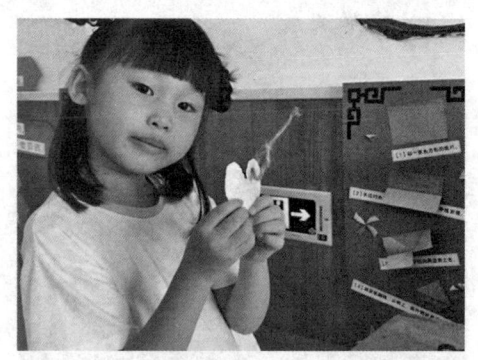

萌萌：做剩下的这些花草纸怎么办呢？我不舍得扔掉。

老师：这些花草纸还能做成什么小东西呢？

珺珺：我想把花草纸做成书签，这样我们的书都会有花草的香味。

老师：那做书签需要什么材料呢？

文文：只要一个打洞器和一些绳子就可以了。

恒宇：我会打结，我们一起来做书签吧。

就这样，孩子们将剩下的花草纸边角料做成了一个个形状各异的书签，并将其投放到图书角，给小朋友阅读时使用。

## （四）幼儿劳动能力评估检核表

班级：_____  评价对象：_____  实施时间：_____

| 活动内容 | | "纸"趣横生 | 评价等级 | | |
|---|---|---|---|---|---|
| | | | ★★★ | ★★ | ★ |
| 评价指标 | 劳动认知 | 1. 了解古法造纸的历史和制作流程。 | | | |
| | | 2. 知道铺浆法和抄纸法的步骤，并了解两种方法的异同。 | | | |
| | | 3. 知道花草纸扇、纸灯笼、纸书签的制作方法。 | | | |
| | 劳动能力 | 1. 能用撕、搅、舀、铺、滚压等基础手部动作制作纸浆。 | | | |
| | | 2. 能用花瓣、树叶等自然材料装饰纸浆，制作花草纸。 | | | |
| | | 3. 能通过撕、剪、粘、贴等方式制作花草纸物品。 | | | |
| | 劳动思维 | 1. 寻找幼儿园中的圆柱体，并通过滚压方式操作、实验，探索合适的工具。 | | | |
| | | 2. 能通过观察、比较和分析发现不同造纸方法的区别和适用性。 | | | |
| | | 3. 善于观察发现，并能按照一定的规律排列装饰物，装饰花草纸。 | | | |

续表

| 活动内容 | | "纸"趣横生 | 评价等级 | | |
|---|---|---|---|---|---|
| | | | ★★★ | ★★ | ★ |
| 评价指标 | 劳动情感 | 1. 学会与同伴进行分工，能合作完成花草纸扇、纸灯笼。 | | | |
| | | 2. 遇到问题能积极思考，共同探索，不怕困难。 | | | |
| | | 3. 经历废纸再造活动，萌发初步的环保意识，懂得节约生活中的纸张。 | | | |

## （五）主题活动评估反馈表

幼儿的学习在哪里？——涉及哪些学习领域？

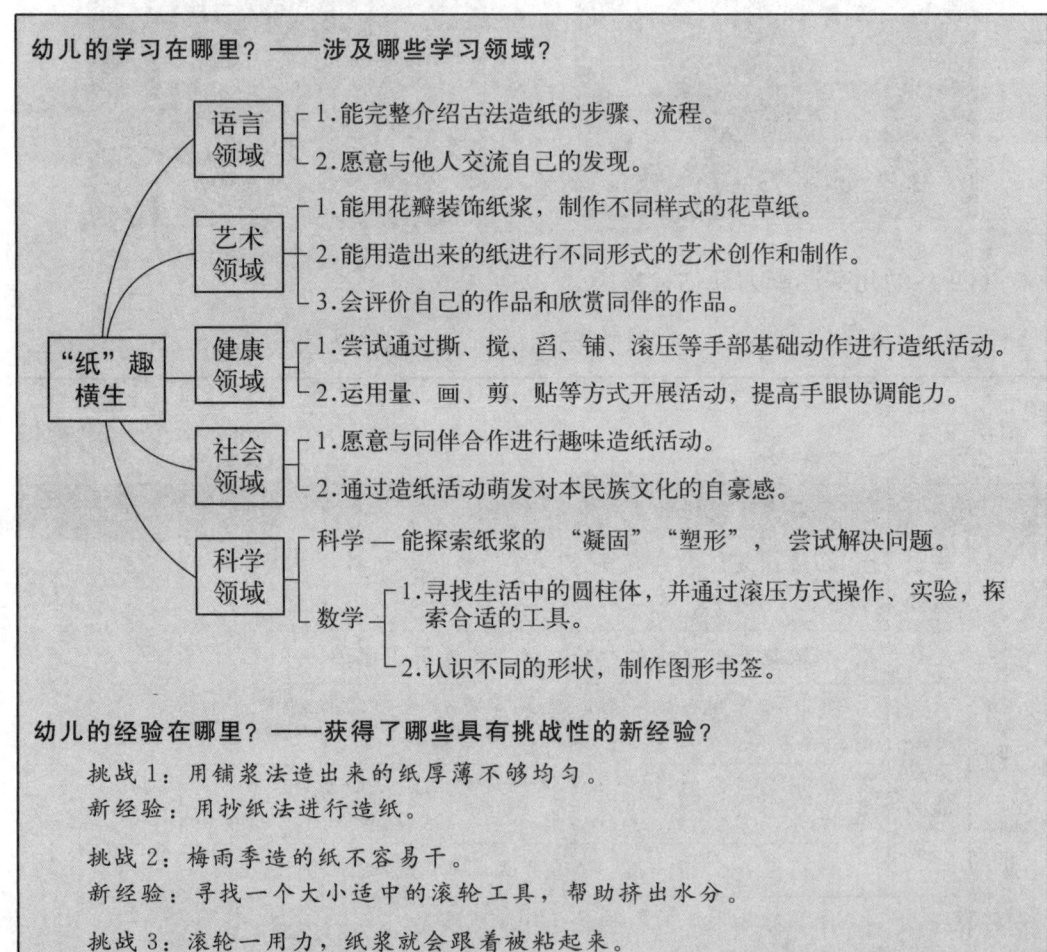

幼儿的经验在哪里？——获得了哪些具有挑战性的新经验？

挑战1：用铺浆法造出来的纸厚薄不够均匀。
新经验：用抄纸法进行造纸。

挑战2：梅雨季造的纸不容易干。
新经验：寻找一个大小适中的滚轮工具，帮助挤出水分。

挑战3：滚轮一用力，纸浆就会跟着被粘起来。
新经验1：木框上下都要盖一层纱布。
新经验2：带着木框去量一量，剪一些大小合适的布铺在纸浆的上下。

挑战4：做花草纸时花瓣太翘了，木框一竖起来它就掉下去。
新经验1：用白乳胶粘住花草。

新经验2：在花草上面再浇一层纸浆，但浇的时候要注意用量。

挑战5：制作出来的纸可以用来干什么。

新经验1：用胶带给纸做一个保护膜，在纸上画画。

新经验2：做花草纸灯笼、花草纸扇、花草纸书签等。

**教师的反思与评价**

● 回顾课程，想一想：在主题选择上你学到了什么？这个主题为什么适合幼儿？

每个孩子心中都有一颗美的种子。在"'纸'趣横生"系列活动中，孩子们所呈现出的探究能力、表现力、想象力、觉察力等，让我们为之惊叹！幼儿的创作让我们看到了孩子们从主动学习迈向深度学习的过程，感受到活动不断生发、延续的生命力。活动中，不同的儿童视角让我们体会到孩子们对自己所创作作品的珍视和爱惜，他们执着的探究精神、独特的审美感受以及历经辛苦所收获的成功感与自豪感，都值得我们去细细品味与思考。那些在大自然里捡拾树叶花草、快乐造纸的小小身影，将永远镌刻在我们的记忆深处。

● 主题活动过程中，你的支持策略在哪里？

幼儿纸艺活动的目的不是让儿童机械地获得一些艺术技能，而是关注"劳动"的整个过程，根据儿童的已有经验，为他们提供全方位的支持，鼓励他们充分发挥创造力，并利用各种纸艺材料进行多种形式的艺术表现，在表现美和创造美的过程中获得美的情感体验。

纸艺劳动是一种综合的活动，需要教师不断提高自身专业素养和专业技能，要不断探索、实践、反思，引导孩子们在与生活的碰撞中观察、比较、操作、实验、思考，循序渐进，从而促进幼儿各方面能力的发展。

● 你会给未来实施这一主题的教师提供哪些建设性意见？

在一系列活动中，教师可以根据本班幼儿的兴趣，围绕某一环节进行深入探究，如探索用不同类型的纸浆造纸，观察制作出的纸张的区别；将造纸活动与农艺活动相链接，用天然染料探究彩色纸的制造方法；探究制作更多形式、更多造型的纸，并将纸运用到生活中去……

# 二、中国剪纸

## （一）主题活动由来

主题活动"中国娃"正如火如荼地开展，每天都有孩子互相讨论关于中国的一些信息，北京天安门、长城、故宫、国旗，等等。有一天，珺珺带来了一面小国旗，我把这面国旗挂在教室前面，孩子们纷纷围过来欣赏。"五星红旗真漂亮，上面有五颗星星。""有一颗大星星，四颗小星星。""老师，我们想用纸做一面五星红旗，挂在教室里。"大家萌生了制作红旗的想法。但是用纸剪五角星还没有尝试过，这个工作对大部分幼儿来说还有一定难度。为了满足幼儿的愿望，也为了提高每个幼儿的动手能力，我提供了许多废旧纸，在班级的美工区里，孩子们开始了剪五角星的尝试。

## （二）主题活动脉络

趣味剪纸
- 制作五星红旗
- 二方连续剪纸
- 剪纸小达人

→

中国民间剪纸
- 剪纸亲子活动
- 中国剪纸知多少

→

红彤彤的年
- 年年有鱼
- 窗花朵朵
- 大红灯笼高高挂

## （三）主题活动实录

1. 趣味剪纸

### 环节一：制作五星红旗

在制作之前，我们再次对五星红旗进行了解。

　　珺珺：红旗是长方形的，红色的，上面有五颗星星。

　　蓝蓝：这五颗星星的大小不一样，四颗小星星围着一颗大星星。

　　老师：你们说的都对，四颗小星星围绕在大星星身边。那你们知道五角星要怎么剪吗？

　　诚诚：要一张黄色正方形纸折一折，再剪一剪。可是五角怎么折呢？

　　老师：那我们一起去电脑上查一查、学一学吧！

从网上我们看到了两种折五角的方法，小朋友们都跃跃欲试了。为了让孩子们清楚地了解折五角的方法，我制作了一张步骤图。大家找来了裁好的红纸、黄纸、剪刀，开始探索尝试。

　　文文：老师，这里这个角要折多少？我看不懂步骤图。

　　老师：这里有两个步骤图，这个图看不懂的话，你可以试一试去看另外一个。

一旁的诚诚很快地折了几下，然后就拿起剪刀剪了，剪完后他一脸无奈地看着我。

　　诚诚：老师，你看我的五角星怎么变成这样了？

　　文文：我的好像也不对。

　　老师：你做的怎么那么多角呢？问题出在哪里呀？我们一起来看看。

尝试多次后，大家都觉得第一种方法太难了，角的大小不好调整。在我的引导下，大家开始探索两种折法的不同，发现长方形折法比三角形折法更加易懂、好掌握。于是我们又一次进行了尝试，这一次大家信心满满。

蓝蓝：看，我成功了！我用第二种方法剪出来的。

诚诚：我也成功了，第二种方法比较简单，只要对准中心点就可以了。

子涵：还是这个方法好，我之前用第一种方法剪出来的五角星是歪的。

【劳动经验链接】在多次制作五角星的探索中，幼儿折、剪等基础手部动作得到了练习。

几名幼儿开心地把自己剪好的五角星给其他小朋友看，还主动去教别人剪。经过一个多星期的练习，我班选拔出3名幼儿参加年级组的五星红旗制作比赛，泓宇、诚诚、恒宇用能干的双手制作出鲜艳美丽的五星红旗，受到老师们的赞赏。

### 环节二：二方连续剪纸

在一次"青花瓷盘"美术活动中，孩子们欣赏到青花这种清新、雅致的花纹，非常喜欢。在盘子周围有一圈特殊的花纹，引起了大家的好奇。

萌萌：这一圈花纹看上去都一样，它们连在一起了。

老师：这个瓷盘边上是什么花纹呢？

浩浩：这是脚印图案，很多脚印连起来。

老师：像这样，由一个或一组单位纹样，向上下或左右方向反复连续而形成的纹样，就叫二方连续纹样。你们在装饰盘子的时候可以试一试。

第二天，美工区的小朋友在装饰青花瓷盘时，请我帮他们从网上查一些二方连续纹样，无意间小朋友们发现了二方连续剪纸。

浩浩：这个二方连续图案还能剪出来，真有趣！我也想来试一试。

月月：一个图案连在一起应该怎么剪呢？

恒宇：我觉得也要折一下再剪。

看到小朋友们认真研究，兴趣很浓厚，我就从网上找了二方连续图案剪纸的步骤，引导大家继续探究折、剪的方法。

泓宇：我看到要把纸折得像扇子一样，然后画出花纹，最后剪。

浩浩：我会折扇子，我来试一试。（试了一下发现折得并不平整）

蓝蓝：每一条都要一样粗细，我们可以先用对折的方法让每一条变得一样粗，然后再折扇子。（显然蓝蓝的方法更合适）

老师：那请你们自己试一试。想一想，怎样使图案手拉手连接在一起呢？

学会方法后大家开始尝试，浩浩很快画好了一棵树，并毫不犹豫地剪了下来，结果发现四棵树都是单独的，没有连在一起。浩浩一脸惋惜地看着四棵树。一旁的函函，剪的东西也发生了同样的问题，她赶紧拿起纸准备重新做。

老师：这是什么原因呢？你看看剩下的纸条，有什么新发现？

浩浩：本来树的尖角要连在一起的，可是这里画断了。

老师：仔细看看示意图，连在一起的地方画的时候要怎么样？

【劳动经验链接】劳动过程伴随着失败，幼儿通过多次操作，能总结同伴的成功经验，并再次进行尝试，折、画、剪等手部精细动作也得到了锻炼，动作水平提高了。

诚诚：那一段要空开来，不能剪断。

小朋友们一起发现、探索、尝试，初步总结出制作的方法：1. 将纸对折几次后再折扇子。2. 画图案的时候要注意左右碰边线，空开一段做连接点。3. 剪的时候手要捏住，不能松。在区域游戏中，浩浩、诚诚、蓝蓝等几位小朋友又开始尝试，这一次他们互相学习、互相检查。浩浩还是画了一棵树，这次他把树最下面的三角画到最边上，然后空了一段，再画树根。他小心地剪下树，轻轻地打开纸，脸上瞬间展开了笑容，拿起作品向大家展示。

二方连续剪纸激起了孩子们对剪纸的热情，每当餐后空余时间，他们总喜欢问老师要来废旧纸进行探索、练习，我也给他们提供了很多不同的花纹，让孩子们兴奋不已。

### 环节三：剪纸小达人

孩子们对剪纸的热情日益浓厚。一天，铭铭带来一本《剪纸大全》，里面有很多剪纸花纹，顿时引来小朋友的围观。

铭铭：这本书是我妈妈刚给我买的，因为我发现里面有许多剪纸花纹，非常漂亮，我想自己学一学。

蓝蓝：能不能让我也看看，我也想学。

泓宇：我也要，看看里面有些什么花纹。

铭铭：你们看，这里有步骤图，可以照着自己试一试。

于是很多小朋友都拿来纸，跟着铭铭一起学剪纸。每天午饭后的时光变成了剪纸时间，大家围坐在桌子边，抱着一本书边看边学，对称剪、三角剪、四角剪，以及更难的五角剪，都被他们慢慢地琢磨出来了。他们还知道了纸太厚的时候需要用剪刀的根部剪。

萌萌：我喜欢花朵，里面剪一些爱心！

铭铭：老师，我会五角剪，就是在五角星里面剪点形状就行了。

泓宇：我用六角剪做了一朵花。

芊芊：我喜欢星星图案。

孩子们的手越来越灵巧，为了满足幼儿对剪纸的喜爱之情，我们特意组织了一次班级"剪纸小达人"活动，幼儿每人领一张正方形纸，按照自己的能力水平剪出自己喜欢的作品。最后很多小朋友都剪出了花样各异的作品，我把一些作品展示在美工区的墙面上，还有一些投放到角色游戏中。

2. 中国民间剪纸

**环节一：剪纸亲子活动**

重阳节就要到了，我们班举行了一次登高活动，很多孩子报名参加。除了节日登高，还有一项亲子剪纸活动，鼓励家长积极参与到课程实施中，感受中国民间剪纸的魅力。

老师：今天老师带来了一样特殊的礼物，请你们来看看。这是什么？

萌萌：这是剪纸，上次我在商店里见过。

珺珺：太好了，又可以剪纸了！今天我要和妈妈一起剪！

老师：剪纸是中国古老的民间艺术之一，现被列为非物质文化遗产。今天请小朋友带着爸爸妈妈们一起动手剪一剪，感受中国的传统文化和工艺吧！

我简单说了一下剪纸的方法，引导家长注意不同的折纸方式，最后将一幅剪好的作品贴在白纸上。孩子们争先恐后地来拿纸，开始和爸爸妈妈探索剪纸的方法。有的对称剪，有的三角剪、五角剪，还有的六角剪，挑战难度不一。

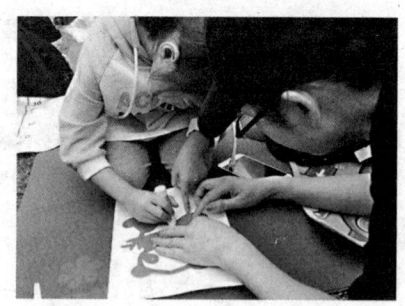

【劳动经验链接】通过欣赏手工艺者的智慧结晶，进一步激发幼儿的剪纸欲望。

**环节二：中国剪纸知多少**

上次的亲子剪纸作品被展示在班级环境中，孩子们对剪纸作品中的图案议论纷纷。为了让幼儿了解更多关于中国民间剪纸的知识，我们发放了一张亲子调查表，引导家长和幼儿一起去查阅资料，了解这些图案背后蕴藏的美好寓意。

皓皓：福字就代表福气、福到的意思，花代表花开富贵。

洋洋：喜字是结婚时候用的，表示有喜事。

泓宇：鱼代表年年有余，牛代表牛年大吉。

月月：牛代表牛气冲天。

老师：原来每个剪纸作品中都有图案，这些图案有着不同的含义，代表了人们对美好生活的向往，对未来的期许。那如果请你设计花纹，你想设计什么图案呢？

妍妍：我想画一条鱼。

珺珺：我想剪喜字。

蓝蓝：我想剪花朵。

一阵热烈的讨论后，孩子们兴奋不已，都想要自己来剪一剪美丽的图案。利用晨间区域游戏、餐后休息时间，大家又开始了各种尝试。

3. 红彤彤的年

**环节一：年年有鱼**

不平凡的一年即将过去，我们就要迎来充满希望的新年。班里正在开展"喜洋洋"主题活动，为了装扮新年的教室，小朋友们收集了很多新年装饰物，要把教室打扮起来。经过小朋友们的商讨，大家决定先做"年年有鱼"来迎接新的一年。

老师："年年有鱼"作品中有几条鱼？它们是怎样剪出来的？

恒宇：两条靠在一起的鱼。

珺珺：先把纸对折，然后画一条鱼，剪出来就变成两条了。

子涵：要画在闭口边，鱼肚子要连在一起。

一切准备就绪，孩子们每人拿着红纸，开始用对称剪的方式创作了。为了让鱼看上去更加漂亮，妍妍用线描画的方法进行装饰，两条鱼马上灵动起来，这个方法被大家效仿。剪好后，我们一起拍了一张合影，在一年的最后一天，大家用灿烂的笑容挥别过去。

### 环节二：窗花朵朵

在集体活动"窗花朵朵"中，孩子们又一次学习窗花的制作。与中班时候不同，因为有了一定的剪纸经验，所以这次活动的难度加深了，我们分别从折法、图案上鼓励幼儿发挥创意。

老师：我们先来看看民间剪纸窗花的样子，找一找，哪些图案你喜欢。

蓝蓝：我喜欢中间的花朵，里面有锯齿线。

诚诚：我喜欢里面弯弯的蜗牛线。

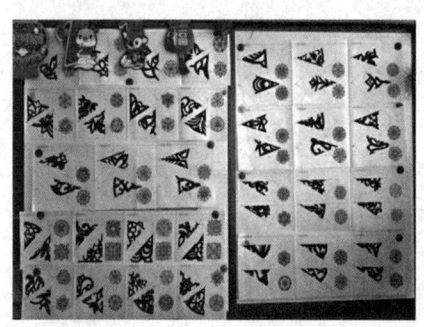

铭铭最喜欢锯齿线、牛角线，还设计了一条弯弯的边，他小心地将剪好的窗花展开来，却发现六角形的窗花有两个角不见了，他一脸无奈地看着自己的作品。

老师：你剪的花纹非常美丽，可是为什么这两个角没有了呢？你把它折回去看看。

铭铭：我发现这里面没有纸的边缘，我应该往里面剪一些。

老师：对了，在画边缘线的时候要看一下边，适当缩小一点。浩浩，你的问题是什么呢？

【劳动经验链接】窗花的设计、造型的呈现等，都展现了幼儿的劳动思维。在同伴之间交流和欣赏的过程中，孩子们的表达欲望得到了满足，同时体会到劳动成果所带来的喜悦，获得了成就感。

浩浩：我剪的洞太大了，中间剪掉了很多。

老师：所以在设计的时候图形不能太大，那样洞就会很大；也不能太小，那样也不好剪。你再试一试。

在老师和同伴的引导下，铭铭、浩浩重新开始设计。其他几位小朋友都成功地剪出了自己喜欢的窗花，有的把窗花贴在窗户上，有的贴在纸板上挂起来，展示在教室里。教室里一片红彤彤的景象，顿时给人以新年的气息。

**环节三：大红灯笼高高挂**

为了迎接新年，教室里张灯结彩，挂起了中国结、福字、红辣椒、红鲤鱼，窗户上的窗花在阳光的照射下显得异常夺目，孩子们的心中充满了对过新年的渴望。

老师：我们教室里还没有红红的灯笼，要不，把这些剪纸贴起来，做一个剪纸灯笼吧！

铭铭：好呀，做出来肯定很好看。那我们用什么做灯笼呢？

萌萌：可以用筷子、木棒来扎一个，再把窗花贴上去。

老师：这个方法有点难，你们会做吗？有没有简单一点的材料？什么东西是方方的？

大家开始在教室里面找材料，他们也尝试用筷子来扎，可是觉得非常困难。瑞瑞发现柜子上有一个饼干盒子看起来方方的，就来询问我能不能用它做灯笼。我仔细研究了一下，决定做个尝试。首先在饼干盒子几个面的中间挖出正方形的洞，留下一个框架。

铭铭：中间都空了，这个窗花怎么贴上去？

诚诚：要不我们把窗花贴在白纸上，然后再贴上去。

铭铭：白纸不行，会坏掉的。我想用布比较好，布艺坊里面有白布。

瑞瑞：上次我剪的几个贴在卡纸上，那个比较牢固。

诚诚：我们再找一个箱子来，这次不要镂空。

 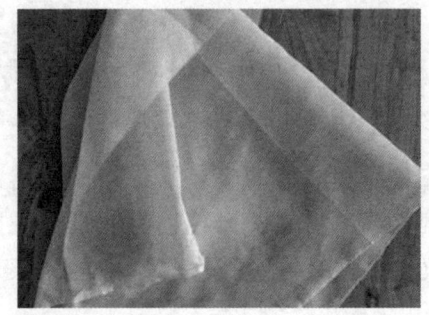

孩子们你一言我一语地讨论着,然后分成两组分别尝试两种不同的方法。铭铭和芊芊找来白布做灯笼,瑞瑞和诚诚把做好的剪纸直接贴在箱子上,然后用颜料把其余部分遮盖住。最后两组小朋友找来之前收集的中国结当穗子,在纸箱上方系上几根绳子后,两个漂亮的灯笼就做好了。

诚诚:灯笼真漂亮,我们把它挂在教室中间好不好?
铭铭:上面太高了,要用桌子、椅子叠起来。
老师:太危险了,这个任务还是交给我吧!
诚诚、铭铭、泓宇、瑞瑞:我们一起来帮老师搬桌子,用手扶好。

在大家的共同努力下,两盏美丽的剪纸灯笼挂在教室里,孩子们拍手叫好,一起在灯笼下载歌载舞。

### (四)幼儿劳动能力评估检核表

班级:_____ 评价对象:_____ 实施时间:_____

| 活动内容 | | 中国剪纸 | 评价等级 | | |
|---|---|---|---|---|---|
| | | | ★★★ | ★★ | ★ |
| 评价指标 | 劳动认知 | 1. 了解制作五角星的方法。 | | | |
| | | 2. 知道对角折、对边折、中心折等折纸技巧。 | | | |
| | | 3. 了解关于中国民间剪纸的知识,通过查阅资料知道图案中蕴藏的美好寓意。 | | | |

续表

| 活动内容 | | 中国剪纸 | 评价等级 | | |
|---|---|---|---|---|---|
| | | | ★★★ | ★★ | ★ |
| 评价指标 | 劳动能力 | 1. 用对角折、对边折、中心折等折纸技巧制作五星红旗。 | | | |
| | | 2. 能用对称剪、二方连续、三角剪、五角剪、六角剪的剪纸方法进行窗花制作。 | | | |
| | | 3. 能合作设计灯笼，能用对称、添加辅助材料的方法装饰大红灯笼，布置过年环境。 | | | |
| | 劳动思维 | 1. 尝试根据示意图研究剪纸方法，进行二方连续剪纸。 | | | |
| | | 2. 对中国民间剪纸进行调查，知道不同图案背后蕴藏的美好寓意。 | | | |
| | | 3. 能注意事物的形状特征，尝试用表示形状的词描述事物。 | | | |
| | 劳动情感 | 1. 初步感受剪纸劳动带来的快乐和成功喜悦。 | | | |
| | | 2. 积极并乐于参与剪纸活动，能主动和同伴合作。 | | | |
| | | 3. 感受中国民间剪纸的魅力，有初步的民族自豪感。 | | | |

## （五）主题活动评估反馈表

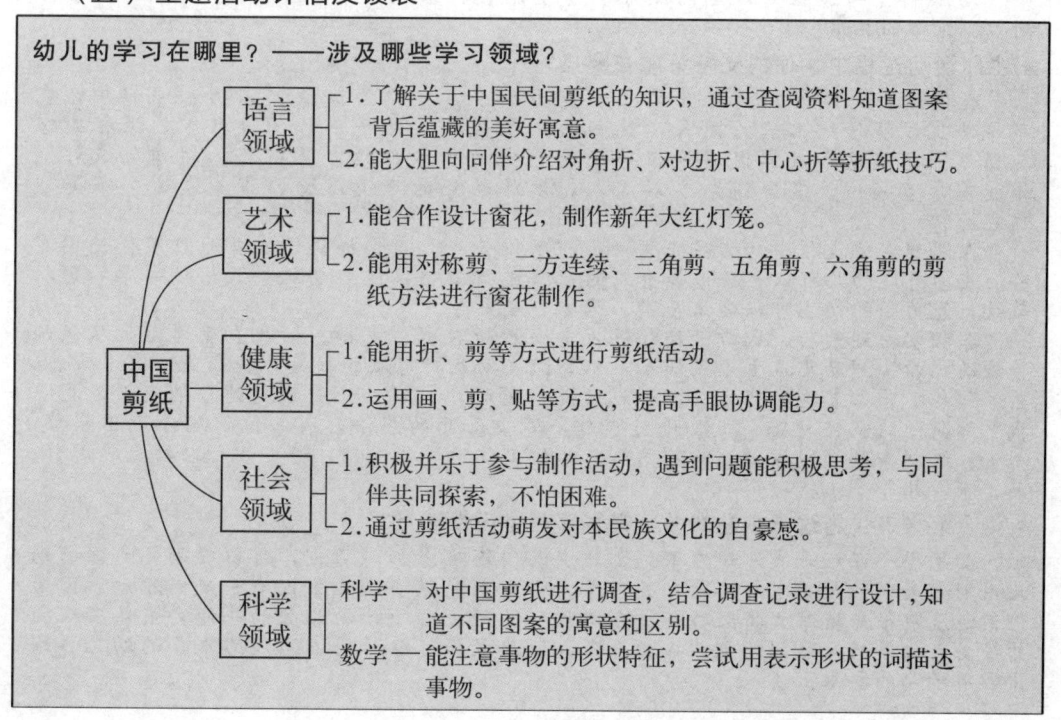

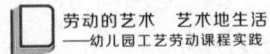

续表

**幼儿的经验在哪里？——获得了哪些具有挑战性的新经验？**

挑战1：剪出来的"五角星"有很多角，怎么办？
新经验：用长方形折法，对准中心点剪五角星。

挑战2：剪出来的图案都是单独的，没有手拉手连接在一起，怎么办？
新经验1：把纸对折几次后再折扇子。
新经验2：画图案的时候要注意左右碰边线，空开一段做连接点。
新经验3：剪的时候要捏住，不能松手。

挑战3：剪出来的窗花缺两个角，中间还被剪掉了很多，怎么办？
新经验1：画边缘线的时候要看一下边，适当缩小一点图案。
新经验2：设计的图形不能太大，也不能太小。

挑战4：箱子中间都空了，怎么把窗花贴上去？
新经验1：找白布来做底衬。
新经验2：把剪纸作品贴在箱子上，用颜料把其余的部分遮盖住。

**教师的反思与评价**

● **回顾课程，想一想：在主题选择上你学到了什么？这个主题为什么适合幼儿？**

民间剪纸现在很多人接触得不多，特别是南方地区，过年的氛围越来越淡。本课程以"中国剪纸"为主线，围绕"趣味剪纸""中国民间剪纸""红彤彤的年"，以"做中研、研中做"的方式，形成了若干个小活动。我们始终遵循儿童本位的逻辑点，关注班级幼儿的学习特点和关键经验，促进幼儿认知经验和能力水平的生长，引导幼儿初步感受中国民间剪纸艺术的魅力与文化底蕴。

通过此次剪纸工艺活动，中国传统文化、传统工艺在幼儿的心中得以传播、萌芽，使幼儿萌发了爱祖国、爱家乡的情感。经过这段时间的练习，我们发现孩子们对剪纸十分喜欢，当自己成功剪出漂亮的剪纸作品后，很开心，也很自豪。剪纸不单单给孩子们带来艺术美的熏陶，也让他们了解民间工艺的文化内涵，在动手、动脑制作的过程中，他们锻炼了动手能力、语言能力，提升了专注力，培养了耐心、细心的品质。

● **主题活动过程中，你的支持策略在哪里？**

我们结合大班幼儿的年龄特点和能力水平，将中国剪纸工艺纳入课程中，在引导幼儿了解传统工艺的同时，鼓励幼儿积极投入动手创作的过程中。课程内容从制作五角星这个点出发，挖掘剪纸领域中的二方连续、剪窗花、制作剪纸灯笼等技艺，多领域、多渠道，层层深入，发展幼儿的审美感知、审美表达、审美创作能力。

在课程实施过程中，为了照顾幼儿的个体差异，我们提供了一些难度不同的图案给幼儿参考，幼儿可以自己选择喜欢的花纹进行模仿，能力弱的幼儿设计简单的形状花纹，能力强的幼儿可以尝试花瓣、藤蔓、星月等图案。

课程实施到最后，从教师指导逐步走向教师观察、支持，幼儿自主学习，从教师带着幼儿学，到幼儿自主生成活动，不断激发幼儿对剪纸的兴趣，提高他们艺术审美、艺术创作、艺术表达的能力。当幼儿想做灯笼时，启发幼儿先商讨适合的材料，再寻找更加简便的制作材料、工具进行创作，尊重幼儿的想法，引导他们综合运用裁剪、测量、绘制等多领域核心经验，同时与其他工作坊进行互动，进一步帮助幼儿巩固剪、贴、穿、扎等手工技巧。

● **你会给未来实施这一主题的教师提供哪些建设性意见？**

反思整个课程，我发现在剪纸创作中其实还可以加入雕刻，可以鼓励能力强的幼儿用刻刀表现精细图案。其次，五角剪、六角剪对很多幼儿来说有一定的难度，因为他们还没有很好地掌握折纸技巧。在课程实施的过程中，幼儿的动手能力虽然有很大的提高，但是幼儿之间的差距也拉开了，因此教师可以针对不同能力水平的幼儿再细化各项活动的要求。

## 三、缤纷纸屋

### （一）主题活动由来

大（4）班的"森林快递"即将开业，我收集了一些快递盒子带到班级。孩子们好奇地看着快递盒子，还没等我说话，皓皓就说："这么多纸箱呢，我们可以做纸箱超人！"孩子们一下子就激动起来，开始七嘴八舌地议论。这时候妃妃指着我们教室窗外林立的一栋栋商品房，说："我们造房子吧，造一个中南锦城！"班级里一下子就沸腾起来。无心插柳柳成荫，本来是"森林快递"的纸箱，却意外地变成了大（4）班小朋友造纸屋的一块块"砖"。由此，"缤纷纸屋"之旅拉开了帷幕。

### （二）主题活动脉络

| 参观纸箱厂 | 设计"小区" | 雕刻纸屋 |
|---|---|---|
| • 参观前——关于纸箱你想知道什么<br>• 参观中——走进纸箱厂，探索纸箱的秘密<br>• 参观后——交流分享参观见闻 | • 调查表——小区里有什么<br>• 设计表——我设计的小区 | • 劳动制作——造"小区"<br>• 亲子活动——造"别墅" |

### （三）主题活动实录

1. 参观纸箱厂

**环节一：参观前——关于纸箱你想知道什么**

为了让娃娃家的"森林快递"顺利开业，我们请家长一起收集了很多快递盒子，成堆的快递盒子吸引了小朋友们的注意力。孩子们进行了天马行空的思维碰撞，决定要拿纸箱来造纸屋。那关于造房子的这些"砖"——纸箱，孩子们有什么想知道的呢？

宸宸：这些纸箱是怎么做出来的呢？

阳阳：纸箱子上不同的图案是怎么来的？

洋洋：纸箱为什么那么厚？

语语：纸箱可以用来干什么？

关于纸箱，孩子们展开了热烈的讨论，提出了各种各样的问题。

**环节二：参观中——走进纸箱厂，探索纸箱的秘密**

带着一系列问题，我们来到了常熟市一家彩印包装公司。小朋友们兴高采烈地和爸爸妈妈一起拿着调查表走进生产车间，探索纸箱的秘密。

在范叔叔的介绍下，孩子们了解到瓦楞纸箱的起源，通过看一看、摸一摸、数一数的方式，感受、了解不同种类的瓦楞纸板。

范叔叔：小朋友们看看，这里有几种不同的纸板？

润润：四种。有的有两层，有的有三层，还有四层的呢！你看这块纸板有四层……

润润爸爸：你看这块更厉害，有五层，你来数数看。

润润：1，2，3，4，5，还真的有五层。

润润妈妈：你看每一层的形状还不一样呢！

润润：有的是直线，有的是波浪线！

【劳动经验链接】孩子亲自参观纸箱厂，对纸板、纸箱来源和基本特性的认知得到了丰富。

那这些纸板是怎么做出来的呢？我们跟着纸箱厂的张阿姨走到了生产车间。在参观过程中，小朋友们对车间里的材料、机器都充满了好奇。

张阿姨：这些就是纸箱的原材料——废纸。废纸被运到打浆池，打成纸浆，再做成崭新的纸张。你们可以来摸一摸。

润润：这个纸摸上去好滑啊！

晨晨：这个纸筒可真高，我都够不到它的上边。

阳阳：真的好滑呀！

制作纸箱的原材料准备好了，还需要经过哪些制作工序呢？

润润：纸要先经过这个神奇的机器染上颜色。我们赶紧画下来呀！

润润爸爸：接下来要贴上膜，贴上膜会变

得光滑。

飞飞：接下来要用到我们的好朋友胶水，把这些纸一起粘起来。

飞飞妈妈：没错，接下来再压制折痕，最后钉箱固定，好看、牢固的纸箱就完成啦！

随着调查表上一个个问题被解决，孩子们逐渐揭开了纸箱的神秘面纱。通过参观，孩子们了解到制作纸箱不同工序中每个工人的操作过程，知道了一个纸箱从制作到成品需要经过多道工序，工人们要为之付出辛苦的劳动。

### 环节三：参观后——交流分享参观见闻

有的小朋友因为周六有事没能参加参观纸箱厂的活动，于是我们请润润小朋友当小小讲解员介绍本次参观的所见所闻。小朋友们听了润润的介绍，一连发出好多惊叹，对神奇的造纸厂有着无限向往。

润润：你们看，这是造纸箱的原材料——废纸。

妃妃：这个我知道，我们平时在区域里也会拿废纸做纸浆来造纸。

润润：这个是造纸箱的机器，超级大，比我的人还要大。

博博：看上去是挺大的，直接把纸塞进去就能出来一个纸箱吗？

润润：不是的！哪有那么简单！有好多步骤，你听我慢慢说呀！

润润：有好多大机器，叔叔阿姨把纸塞进去，涂上油贴上滑滑的膜，再拿胶水把好几层纸粘起来，就是厚厚的纸板啦！

晨晨：肯定还要人把它们折起来，变成一个箱子。

润润：对的！上面有痕迹的，我们可以沿着那个凹痕把纸板折成纸箱。

心心：哇，原来纸箱是这样子做出来的！好神奇啊！

近距离的观察不仅使孩子们加深了对纸箱制作整个流程的了解，也让孩子们深刻地体会到劳动的真正内涵，萌发了尊重劳动人民、热爱劳动的情感。

带着对美的欣赏和纸箱的好奇，孩子们"玩纸"的工艺劳动故事即将开始。

## 2. 设计"小区"

### 环节一：调查表——小区里有什么

大（4）班的小朋友已经对纸箱有了初步的了解，那么接下来要干什么呢？大家来讨论。在讨论之前，教师设计了调查表，内容为"小区里有什么"和"我设计的小区"，让小朋友和家长在周末完成，为交流活动奠定经验基础。

老师：小区，是我们爱的港湾。我们在小区里快乐生活，茁壮成长。那小朋友们，你留意过自己居住的小区吗？你知道小区里都有些什么吗？

【劳动经验链接】对社区进行调查，结合调查记录合理规划社区场地。

妃妃：我们家住在龙畔家园，这个小区里有好多房子，还有给人们锻炼身体的器材，屋后面有小河。

湉湉：我们家那个小区里有漂亮的小楼房，有带着烟囱的小房子，有围栏围起来的小花园，小鱼儿在池塘里游来游去。

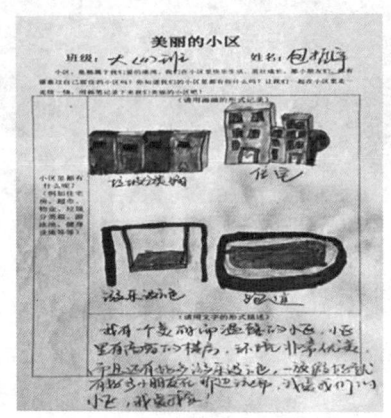
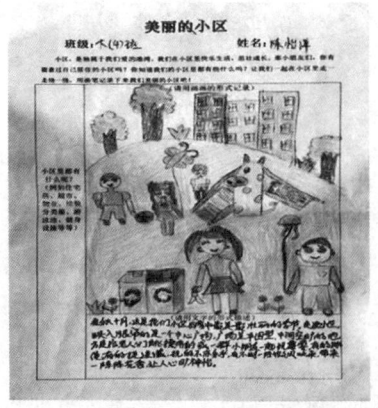

叶叶：我家在一个漂亮的小区，里面有操场，有游泳池，还有美丽的小楼房。当我想吃零食的时候，我就会去超市买！

　　涵涵：你们说的这些我们小区里也有，我家小区还有快递柜和垃圾分类箱呢！

　　老师：原来，我们美丽的小区里有住宅房、超市、快递柜、物业管理处、游泳池、健身设施、宣传栏、分类垃圾箱，等等。

### 环节二：设计表——我设计的小区

　　了解了小区的基本组成部分，孩子们迫不及待地想要设计属于自己的小区。很快，小区设计图新鲜出炉！

　　　　老师：现在谁能来介绍一下自己设计的小区呢？

　　　　廷廷：我这个小区里有很高的房子，有矮矮的别墅，还有很多超市、小吃店，我最喜欢吃东西了！我还要在小区里打造一个游乐园！

　　　　桐桐：我设计的小区里有各种不一样的房子，有的尖顶，有的圆顶。窗户也是不一样的，有的圆，有的方，还有的像梯形。

　　　　洋洋：我的小区里全是大别墅！可好看啦！每个别墅里都有大草坪、大游泳池！

　　　　一一：我设计的这个小区也有很多房子，我想和我的好朋友住在一起。我的小区里还有飞机场呢，我们可以想到哪里玩就到哪里玩。

　　小朋友们天马行空的想象令我感到惊喜。经过讨论，我们决定分工合作，有的造小房子，造好后拼搭在一起，组成一栋栋高楼；有的造功能性建筑，例如超市；有的造基础性设施，例如快递柜和垃圾箱等。

　　3. 雕刻纸屋

### 环节一：劳动制作——造"小区"

（1）设计窗户和门

　　终于到了把图纸变成现实的这一步，小朋友们都欢呼雀跃起来。那我们应该做什么呢？

　　　　雅雅：我们先选个纸箱吧！然后把房子的窗户画出来吧！

　　　　晨晨：哎呀，你这样画得歪歪扭扭的，太丑了！

　　　　睿睿：美工车里有尺子啊，我去拿过来，我们沿着尺子画。

　　　　雅雅：你看，我画的窗户有 7 米长！

　　　　睿睿：不是 7 米，是 7 厘米！厘米，不是米！

悦悦：我们再画一些圆形的窗户吧，我喜欢圆的，像眼睛一样。

雅雅：那圆形怎么画呀？

悦悦：娃娃家里面有薯片罐子，我们沿着罐子画一圈吧！

恩恩：你们画的窗户都不好看啊！瞧我画的，是对称的，左边右边全一样！

阳阳：是的哎，你画的是对称的，整齐的好看，那我们画得对称一点吧！

宇宇：可是我觉得我的房子就该这样，不对称也很好看！

小朋友们都有自己的想法，对称的窗户整齐，不对称的窗户别具一格。我们遵从幼儿的想法，让他们自己来设计。

【劳动经验链接】在建构"房子"的过程中，幼儿能注意空间方位，能将窗户、门统一布置在一个方向。

窗户画好了，接下来要画门啦。

爱爱：我们家的门是长方形的，我要画一个长方形的直直的门！

怡怡：我们家的门也是长方形的，不过我更喜欢圆形的！动画片里的门就是圆形的！

博博：我要做梯形的大门！跟你们都不一样！

小朋友们一边说一边画了起来，有了画窗户的基础之后，他们已经知道可以借助一些辅助材料，例如尺子、积木、薯片罐子等来做设计。

（2）雕刻窗户和门

在纸箱上画好窗户、门之后，按照进程，我们要开始进行"造房大业"。

蔡蔡：唉，这个窗户怎么刻呢？

鑫鑫：门怎么弄呢？

晨晨：拿剪刀试试吧！

妃妃：剪刀那么小，纸箱这么厚，这怎么可以啊！

欣欣：我知道！我以前见过我爷爷拿刻刀做东西，拿刻刀肯定可以。

究竟选择什么样的工具合适呢？大（4）班的小朋友来到木工间，看了很多工具：木工锯、木工刨、螺丝刀、电钻，发现都不合适。这时，小雨在工具箱里发现了一把刻刀，他兴高采烈地拿给我。小朋友们一致同意用刻刀来"造房"。

老师：用刻刀雕刻需要注意些什么呢？

鑫鑫：我们要注意安全，戴好防割手套，保护我们的手，不被刻刀弄伤。

语语：我觉得我们要先练习一下雕刻，不能一下子就在我们的纸箱上刻，万一刻坏了，房子就坏了！

小朋友们之前都没有接触过刻刀，一下子让他们进行精细的雕刻是很难的，于是我们给"小建筑师"们进行了培训。

首先是拿刀姿势的培训。我们播放了一段刻刀师傅进行雕刻的视频，小朋友们一边认真观看，一边发出了惊叹。

妃妃：哇！真厉害！好漂亮啊！

心心：你看他拿刀的姿势，像我们写数字握笔的姿势一样！我发现他刻的时候另外一只手按住了纸箱，这样纸箱就不会移动。

陈陈：而且他还戴好了手套，不戴的话，肯定会受伤的！

通过观看视频，小朋友们了解到雕刻的时候要戴好手套防止受伤，一只手用握笔的姿势雕刻，另外一只手要按住纸箱防止纸箱移动，整个过程都要集中注意力。

在掌握了雕刻姿势等注意点之后，接着就进行简单的直线雕刻练习，我们把收集的废旧快递盒子放到了雕刻练习区，小朋友们利用尺子画了一些直线，很快投入练习。

随后是曲线雕刻练习，最后是几何图形的雕刻练习。我们发现，小朋友们上手练习了几次后就很熟练了。刚开始，由于他们没有接触过刻刀，雕刻动作会很慢，但是熟能生巧，很快他们俨然成了生产线上的熟练"工人"。掌握技能之后，没多久"房子"就雕刻完成了。

【劳动经验链接】幼儿在初次进行雕刻操作的过程中，手部小肌肉得到了发展，雕刻的技能有了提高。

(3) 装饰房子

房子全部"造"好了，那接下来要干什么呢？

涵涵：我们给小房子刷上漂亮的颜色吧！

小雨：我喜欢黄色，那是温暖的颜色。

小爱：那我要刷红色，我喜欢红色！我还喜欢橙色，我要涂上渐变色！

雅雅：这个窗户涂上白色吧！这样看上去很干净！

晨晨：那我们行动起来吧！

小朋友们迅速分工，有的负责洗笔，有的负责涂颜色，有的负责拿颜料，刷刷刷，小房子都被刷上了漂亮的"油漆"。小朋友们对着自己的"精装房"，露出了开心的笑容。

大（4）班的"商品房"建造完毕，那美丽的小区还需要些什么呢？

宥宥：垃圾分类站还没有弄呀！我们再做些垃圾桶吧！

小语：还有我最爱的超市！我们赶紧造一个！

歆歆：还有快递驿站，我们也要造！

小朋友们行动起来，查漏补缺，慢慢地，"小区"的样子就形成了。

**环节二：亲子活动——造"别墅"**

彤彤：我们家住的是小别墅，我想造小别墅！

陈陈：那别墅怎么造啊？

妃妃：简单呀，继续拿纸箱造呗。

彤彤：我觉得别墅要造得豪华一点！

鑫鑫：可以在家和爸爸一起造别墅，我们还在网上买了好多东西呢！

"小建筑师"们已经不满足于造"普通住宅"了，他们想要造"别墅"！于是经过讨论，我们决定在家长开放日那一天，请爸爸妈妈们一起来造"别墅"，把"小区"的建筑变得更加丰富。

爸爸妈妈们之前也没有造房子的经验，刚拿到纸箱的时候还有点懵，但是没关系，大（4）班的小朋友可是造"房子"的老手了，老手带新手，造房无难事！

宸宸：妈妈我来教你，先选好纸箱，再画好窗户、门！然后戴上手套开始刻！

恬恬：妈妈，我们用网上买的棉花装饰这个房子吧！

雨桐：妈妈妈妈，我帮你扶好，你刻，这样快一点。

栩栩：妈妈你瞧，我刷的颜色多好看！

大家热火朝天地"施工"，不一会儿，"雪"覆盖的"小屋"、花窗环绕的精美"别墅"就制作而成了。

小朋友们围绕"造房子"这个创想开展了一系列活动，从参观纸箱厂，到设计"小区"，到亲手制作"房子"，这一个个环节，都凝聚了孩子们无限的期待和创想。

纸，跨越千年，承载文明，隐藏着无穷的奥秘。纸箱，搭载梦想，构建了小朋友缤纷纸屋的桥梁。我们追随这些小小建筑师的脚步，期待他们更多天马行空的想象和更加丰富多彩的作品。

## （四）幼儿劳动能力评估检核表

班级：_____ 评价对象：_____ 实施时间：_____

<table>
<tr><th rowspan="2">活动内容</th><th colspan="2" rowspan="2">缤纷纸屋</th><th colspan="3">评价等级</th></tr>
<tr><th>★★★</th><th>★★</th><th>★</th></tr>
<tr><td rowspan="12">评价指标</td><td rowspan="3">劳动认知</td><td>1. 了解纸板、纸箱的来源和其基本特性。</td><td></td><td></td><td></td></tr>
<tr><td>2. 知道房子有不同的形态，如高矮不同、屋顶造型不同等。</td><td></td><td></td><td></td></tr>
<tr><td>3. 认识社区，了解社区内一些功能性房屋如住宅区、垃圾分类站、物业管理处等的作用。</td><td></td><td></td><td></td></tr>
<tr><td rowspan="3">劳动能力</td><td>1. 认识刻刀，能正确、安全地使用刻刀对纸箱进行雕刻加工。</td><td></td><td></td><td></td></tr>
<tr><td>2. 能用直线、曲线或简单的线条集合对房子的门窗进行雕刻。</td><td></td><td></td><td></td></tr>
<tr><td>3. 能合作设计房子，能用对称、添加辅助材料的方法装饰纸箱房子，布置成"社区"。</td><td></td><td></td><td></td></tr>
<tr><td rowspan="3">劳动思维</td><td>1. 在设计门窗尺寸的过程中能借助简单的自然物，如积木等，进行测量。</td><td></td><td></td><td></td></tr>
<tr><td>2. 对社区进行调查，结合调查记录合理规划社区场地，知道别墅和公寓的区别。</td><td></td><td></td><td></td></tr>
<tr><td>3. 在建构社区的过程中注意空间方位，能将窗户、门统一布置在一个方向。</td><td></td><td></td><td></td></tr>
<tr><td rowspan="3">劳动情感</td><td>1. 初步感受雕刻劳动带来的快乐和成功喜悦。</td><td></td><td></td><td></td></tr>
<tr><td>2. 积极并乐于参与雕刻活动，能主动和同伴合作。</td><td></td><td></td><td></td></tr>
<tr><td>3. 有初步的环保意识，通过纸箱雕刻活动将环保意识延伸到节约生活中的其他各种纸张。</td><td></td><td></td><td></td></tr>
</table>

## (五) 主题活动评估反馈表

**幼儿的学习在哪里？——涉及哪些学习领域？**

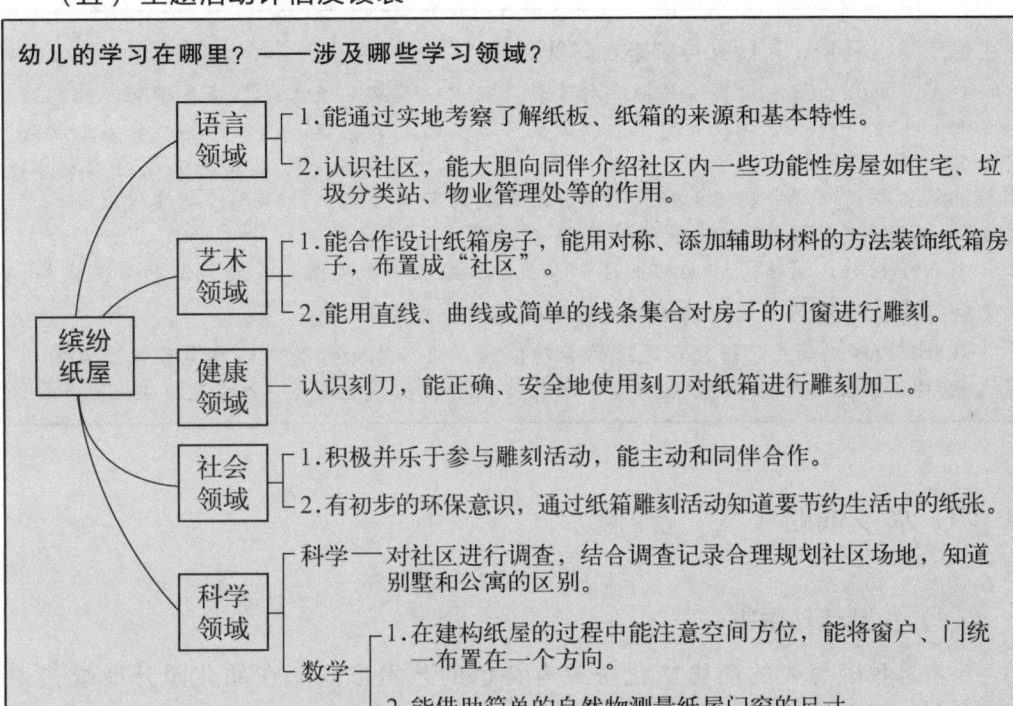

缤纷纸屋
- 语言领域
  1. 能通过实地考察了解纸板、纸箱的来源和基本特性。
  2. 认识社区，能大胆向同伴介绍社区内一些功能性房屋如住宅、垃圾分类站、物业管理处等的作用。
- 艺术领域
  1. 能合作设计纸箱房子，能用对称、添加辅助材料的方法装饰纸箱房子，布置成"社区"。
  2. 能用直线、曲线或简单的线条集合对房子的门窗进行雕刻。
- 健康领域——认识刻刀，能正确、安全地使用刻刀对纸箱进行雕刻加工。
- 社会领域
  1. 积极并乐于参与雕刻活动，能主动和同伴合作。
  2. 有初步的环保意识，通过纸箱雕刻活动知道要节约生活中的纸张。
- 科学领域
  - 科学——对社区进行调查，结合调查记录合理规划社区场地，知道别墅和公寓的区别。
  - 数学
    1. 在建构纸屋的过程中能注意空间方位，能将窗户、门统一布置在一个方向。
    2. 能借助简单的自然物测量纸屋门窗的尺寸。

**幼儿的经验在哪里？——获得了哪些具有挑战性的新经验？**

挑战1：纸板是怎么来的？
新经验：参观纸箱厂，了解纸板、纸箱的来源和它们的基本特性。

挑战2：小区里有什么？
新经验：对社区进行调查，结合调查记录合理规划社区场地。

挑战3：怎么造小区？
新经验1：建造房子的过程中要注意空间方位，窗户、门要统一布置在一个方向。
新经验2：可以借助一些辅助材料画出不同形状的窗户和门。

挑战4：刻刀怎么用？
新经验1：戴好防割手套，注意安全。
新经验2：一只手用握笔的姿势握住刻刀雕刻，另一只手要按住纸箱防止纸箱移动。

**教师的反思与评价**

● 回顾课程，想一想：在主题选择上你学到了什么？这个主题为什么适合幼儿？

在"建造房子"的过程中，幼儿就像一群思想活跃的建筑家，认真地讨论、设计、施工。对他们来说，这是一项快乐的工作。幼儿自己讨论、选择雕刻的工具、雕刻的对象等，主动性得到了尊重。在雕刻"房子"的过程中，精细的雕刻动作促进了幼儿手部小肌肉动作水平的发展。在装饰"房子"环节，幼儿能够发挥想象力，制作出充满奇思妙想、极具创意的作品，想象力和创造力得到了很好的提高。此外，大部分幼儿在活动中能够坚持把"房子"做完，体现出了劳动的坚持性。活动中，幼儿之间能互相帮助，合作雕刻房子，他们的社会交往能力进一步得到发展，共同制作也有利于幼儿良好同伴关系的形成。

- 主题活动过程中，你的支持策略在哪里？

　　纸箱是幼儿生活中比较常见的一种事物，而用纸箱来"造房子"是属于幼儿的想法和创意。生活中处处都有教育契机，教师要有敏感的教育意识，抓住这些机会促进幼儿经验的发展。在本次"造房子"的过程中，教师抓住了契机，以幼儿的兴趣为出发点，引导幼儿在雕刻劳动中获得系统、丰富、有意义的劳动经验。教师在活动过程中的作用在于"呼"和"应"，不仅要跟随幼儿经验的发展，还要在观察中及时发现幼儿的需求，并给予材料、策略等方面的支持，推动幼儿经验有效发展，实现经验的自主建构。

- 你会给未来实施这一主题的教师提供哪些建设性意见？

　　教师可以帮助幼儿获得更多通道的劳动经验，比如生活经验（观察自己家所在的小区），以及与家长交流合作的经验（亲子活动），让活动方式更多元，经验获得渠道更开放。

## 四、水乡纸船

### （一）主题活动由来

　　纸艺是我国悠久的历史文化中较有特色的艺术形式。在幼儿园开展纸艺课程，不仅可以培养幼儿的动手能力，还能提升幼儿对周边事物的观察能力，加强幼儿的专注力，因此，纸艺活动具有极高的教育价值。《指南》指出："幼儿艺术领域学习的关键在于充分创造条件和机会，在大自然和社会文化生活中萌发幼儿对美的感受和体验，丰富其想象力和创造力，引导幼儿学会用心灵去感受和发现美，用自己的方式去表现和创造美。"因此，我们遵循大班幼儿的年龄特点和兴趣，并结合当下社会对垃圾分类的要求，在引导幼儿认识不同类别的船的经验基础上，利用回收的旧报纸开展有关纸船的手工艺活动。

### （二）主题活动脉络

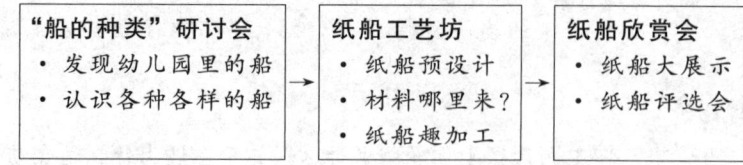

### （三）主题活动实录

1. "船的种类"研讨会

**环节一：发现幼儿园里的船**

　　开学初，幼儿园的大厅内陈列着各种各样用竹筷做成的船。饭后散步过程中，这些小船一下子便吸引了大伙儿的注意。

张爱：哇，好漂亮的筷子船啊！这好像是用我们做操的筷子做成的。

恒恒：船上还绑上了麻绳，把它们固定住。

晨晨：有好多形状不一样的小船啊！有的船上还有个小房子，这里还有一艘帆船。

孩子们对幼儿园里的新事物都很感兴趣，回到教室，我们便开展了一个有关船的讨论活动，请孩子们根据已有的经验说说自己认识的船以及它们的功用。

**环节二：认识各种各样的船**

在前期的讨论中，大班孩子对于不同的船的外形特点和航行方式有了基础的了解。为了更系统科学地认识各种各样的船，接下来我们发动家长参与亲子问卷调查，并通过纪录片视频引导幼儿了解船的种类的多样性、在生活中的作用，以及船的悠久历史和给人类文明带来的影响。

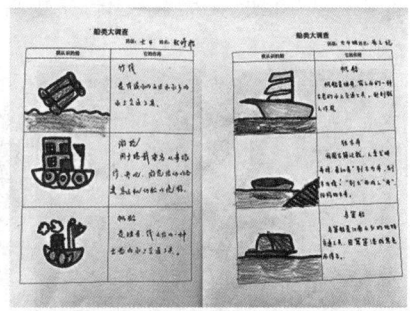

【劳动经验链接】通过引导幼儿观察前人劳动智慧的结晶，激发幼儿的劳动欲望。

滔滔：我调查了帆船，它是一种古老的交通工具，古代的人们靠帆船过河。

宸宸：我调查的是乌篷船，它是江南这里的交通工具，因为篷被漆成了黑色，所以叫它乌篷船。

妃妃：我调查的是竹筏，它是用竹子捆绑起来的，需要有一个船夫撑船才能划起来。我不太敢乘它，感觉会掉到水里去。

小宇：我调查了游轮。我和爸爸妈妈去旅游时坐过游轮，游轮很大，可以在里面睡觉、吃饭、活动哦，在海上航行好几天也没有问题。

在日常生活中，船并不常见，正是因为不常见，孩子们对这类古老的交通工具显得格外有兴趣。于是我鼓励他们积极调查，大胆交流讨论，并通过观看纪录片了解到：船有着悠久的历史，古时候人们为了过河，最开始使用的是木板，慢慢地，变成现在多种多样的船；船的发明和发展对于人类文明、科学、文化等领域的发展都有着举足轻重的作用……关于船的丰富知识使孩子们萌发了强烈的创作欲望。

2. 纸船工艺坊

### 环节一：纸船预设计

"老师，我也想要造船！"

随着活动的深入，孩子们对造船的兴趣越来越浓，纷纷想要自己动手试一试。那要造一艘怎样的船呢？根据前期经验调查，孩子们对船的种类、造型、功用等有了一定的了解，于是对自己心仪的船展开了畅想设计，各种各样的船跃然纸上。

滔滔：我想造一艘帆船，有了帆，小船就能随风航行啦！

晗晗：我喜欢小竹筏，我想在小竹筏上搭一个小篷，这样下雨天也不会被淋湿了。

窈窈：我想造一艘游轮，有很多很多的船舱，世界各地的人可以乘着它周游世界，去很远的地方。

乐乐：那我设计一艘乌篷船吧，和别人的不一样。

### 环节二：材料哪里来？

在生活中，船的材质也多种多样，有木头做的木船，有竹子做的竹筏，有金属打造的游轮。那我们做船时可以用什么材料呢？大家又展开了一番讨论。

恒恒：我喜欢竹筏，可以用竹子来做船。

廷廷：可是要去哪里弄竹子呢？

晗晗：我家后面有一大片竹林，有好多的竹子，但是那里的竹子都太粗太高了。

星星：我想用木头来做船，幼儿园的木工间里有很多木头材料。

轩轩：我会折纸船，我想用纸来做船。幼儿园的纸艺坊里也有很多可以折纸船的材料。

孩子们的想法各不相同,他们能根据自己在日常生活中的经验进行合理构想。为充分调动他们的积极性,我们前往幼儿园的木工间、纸艺坊等功能室现场察看了各类可造船的材料。经过热烈的讨论,最后孩子们结合当前社会对垃圾分类的要求,从材料的环保性和可持续利用的角度出发,选取了废旧报纸作为造船的主要材料。

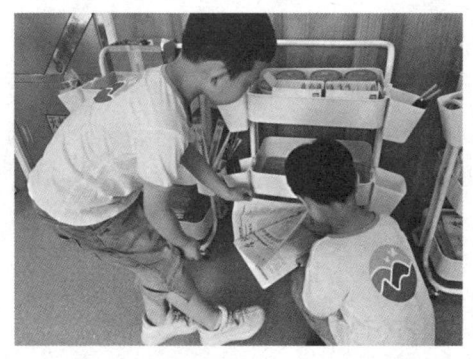

【劳动经验链接】幼儿在察看木工间、纸艺坊等功能室的过程中,能根据自己以往的经验选取最适宜的操作材料。可以看出,幼儿在劳动的过程中保护环境的意识也有了提高。

**环节三:纸船趣加工**

(1)纸卷的定型

如何将材质轻薄、扁平、较脆弱的报纸做成稳固的船的造型呢?孩子们集思广益,想出了很多办法。

阳阳:可以在报纸里垫东西,在盒子外面包一层报纸,就可以做成一个立体的船舱了。

浩浩:我会折纸船,可以多叠加几层报纸,这样折出来的小船就能厚一点、结实点了。

小洲:我看到幼儿园大厅的竹筏是用圆柱形筷子做的,可以把报纸卷成细细长长的,就能做成小竹筏圆滚滚的形状了。

经过投票,孩子们评选出了最喜欢的方法:将报纸搓成纸卷。于是孩子们根据已有的操作经验开始卷纸。

在动手操作的过程中,出现了各种各样的问题。

沐恩:我们的纸卷有的粗有的细,这样造出来的船会不好看的。

小宇:我在卷纸的时候,左右两边总是对不整齐,两边大小不一样。

于是我问:"有没有卷得又细又整齐的小朋友?"有几个卷纸较成功的孩子举起了小手。于是我请他们给大家做了现场的示范和经验的讲解。

乙妃:我在卷的时候先在边缘折了一条细细的边,然后再接着重复折几次,等折出一点厚度后,就可以往前卷了。

澄澄:那怎么卷得那么整齐的啊?

皓皓:我是按住报纸的两边,两边同时往前滚的。

【劳动经验链接】劳动过程伴随着失败,幼儿在多次操作的过程中,能总结同伴的成功经验进行再尝试,折、卷等手部精细动作的水平也有了提高。

大家都觉得这些是好办法,迫不及待想再试试。

在总结第一次失败经验和获取新经验的基础上,孩子们展开了第二次动手操作。在第二次操作中,大家都能平整地将报纸搓成细细长长的纸卷。由于不同孩子存在着不同的能力差异,因此搓出的纸卷还有细微的差别,于是我们将纸卷分成了细、中、粗不同的三类,也便于接下来造"船"时选取不同大小的"零件"。

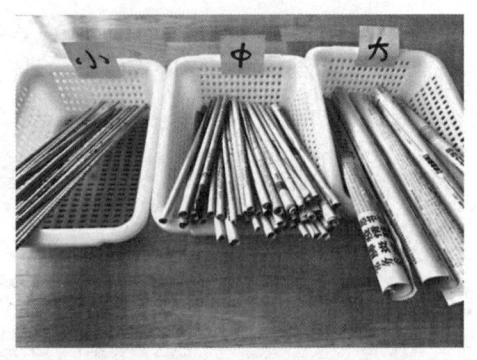

(2)材料的辅助

在设计图纸和纸卷准备妥当后,孩子们开始了纸船的搭建。要怎么固定纸卷呢?孩子们根据已有经验觉得应该用固体胶固定。但在实际操作过程中,大家发现固体胶的黏合度不够,做出来的小船很容易散架,不能成型。于是在又一次讨论中,孩子们想到幼儿园内的筷子桥是用麻绳捆绑固定的,大家便把麻绳作为辅助材料。在绕线过程中,孩子们手部小肌肉的动作水平又一次得到了发展。

在完成了纸船的基础造型后,孩子们对后期的美化有了自己的想法。

沐恩:老师,我的帆船用纸卷做好了,我想做一面大大的帆,但是报纸上的字和图案不太好看,我可以用白纸画吗?

老师:用白纸画的话,你的帆船的材质可能就不那么和谐统一了哦。

沐恩:那怎么办呢?我看到报纸上只有边缘是空白没有图案的,但是又太窄了,做不成帆。

于是我请孩子们来帮沐恩一起解决这个问题,有的孩子一下子就想到了好办法。

心悦:我们在中班编过手套和围巾,也是用一条一条的边拼起来的,可以把报纸的边剪下来,像编手套一样编成帆船的帆。

沐恩对伙伴的想法很是赞同和喜欢,于是她开始帆面的加工。在帆面加工过程中,她的裁剪能力和间隔排列的能力都有了提升。

最后,孩子们根据喜好和需要,对自己的纸船进行了不同形式的组合和后期加工:有的用捆绑的方法做成了竹筏,有的用编织的方法组合成了帆船,还有的给纸船撑起支架做成了带弓形篷的乌篷船……在多次动手操作和讨论交流的过程中,孩子们自主学习和解决问题的能力有了明显提升。

3. 纸船欣赏会

### 环节一：纸船大展示

孩子们的纸船已经制作完成了，琳琅满目的作品陈列在美工区，激起了孩子们欣赏的欲望，大家迫不及待地欣赏、谈论着。

洋洋：快来看我的游轮，我做了两层，第一层是用来吃饭的，第二层是用来睡觉的。

星星：这个竹筏和别人的不一样哎，它的两头是尖尖的、向上翘起的。

晗晗：我给我的小竹筏上搭了一个小篷，和我设计图纸上画的一样。

……

### 环节二：纸船评选会

看到孩子们对自己做的纸船有这么强烈的说的欲望，我们又开展了一场"纸船评选会"。孩子们一个个尽力用美好的词句来诠释自己做的纸船的设计理念，连平时不太爱表达的阳阳、诚诚都在集体面前大胆介绍着自己的纸船作品，感受着分享的快乐。

【劳动经验链接】纸船的设计、造型的呈现等，都展现了幼儿的劳动思维。在同伴交流和欣赏的过程中，孩子们的表达欲望得到了满足，同时体会到了劳动成果所带来的喜悦，获得了成就感。

## （四）幼儿劳动能力评估检核表

班级：_____　　评价对象：_____　　实施时间：_____

| 活动内容 | | 水乡纸船 | 评价等级 | | |
|---|---|---|---|---|---|
| | | | ★★★ | ★★ | ★ |
| 评价指标 | 劳动认知 | 1. 认识各种各样的船，能说出各种船的名称。 | | | |
| | | 2. 知道不同船的外形特点，简单了解船的航行方式。 | | | |
| | | 3. 观察前人劳动智慧的结晶，了解船的悠久历史。 | | | |
| | 劳动能力 | 1. 能用折、卷、搓等方式将报纸制作成长条纸卷。 | | | |
| | | 2. 能用麻绳进行缠绕、捆绑，固定纸卷。 | | | |
| | | 3. 能合作设计纸船，能用一上一下编织的方法制作船帆，并尽心装饰纸船。 | | | |
| | 劳动思维 | 1. 对船类进行调查，结合调查记录进行设计，知道不同种类的船的功能有区别。 | | | |
| | | 2. 能够自主探索，寻找身边的辅助材料进行船的制作。 | | | |
| | | 3. 能用间隔排列的方式进行帆面加工。 | | | |
| | 劳动情感 | 1. 学会与同伴进行分工，能合作完成纸船。 | | | |
| | | 2. 遇到问题能积极思考，共同探索，不怕困难。 | | | |
| | | 3. 选用具有环保性和可持续利用的材料，有初步的环保意识。 | | | |

## (五）主题活动评估反馈表

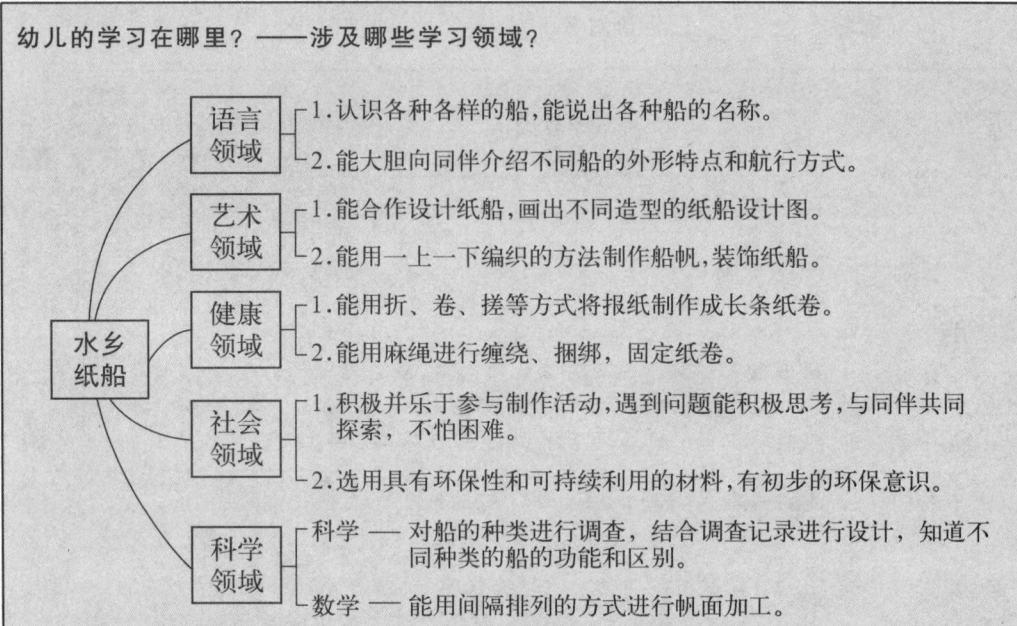

**幼儿的经验在哪里？——获得了哪些具有挑战性的新经验？**

挑战1：报纸船不够稳固怎么办？

新经验：将报纸搓成纸卷。

挑战2：纸卷有的粗有的细，怎样卷得又细又整齐？

新经验1：卷的时候先在边缘折一条细细的边，再接着这条边重复折几次，等折出一点厚度后，再往前卷。

新经验2：两手分别按住报纸的两边，两边同时往前滚，就可以卷整齐了。

挑战3：怎么固定纸卷？

新经验：用麻绳捆绑固定。

挑战4：报纸上只有边缘是空白的、没有图案的，但是又太窄了，做不成帆，怎么办？

新经验：把报纸的窄边剪下来，像编织一样编成帆船的帆。

**教师的反思与评价**

● 回顾课程，想一想：在主题选择上你学到了什么？这个主题为什么适合幼儿？

在"造纸船"这个活动中，通过"船的种类"研讨会、纸船加工坊、纸船欣赏会等环节，教师和幼儿都得到了成长和发展。

本次活动中，幼儿通过调查了解了船的种类的多样性、在生活中的作用，以及给人类文明带来的影响。孩子们结合当下社会对垃圾分类的要求，将回收的报纸作为制作船的主要材料。历经前期图纸设计、中期结构成型、后期造型装饰，一步一步开展纸船的制作加工。活动充分调动幼儿多感官的参与，前期调查、自主操作、总结经验、同伴学习等方法，不仅让幼儿个人的观察力、思考力、动手能力得到了提高，他们与同伴间的合作、探讨、分工也更加默契，解决问题的能力有了很大的提高，自信、主动、团结的学习品质也逐渐养成。

续表

- **主题活动过程中，你的支持策略在哪里？**

　　在活动中，教师最大的改变就是教育思想和角色定位上的变化。教师始终扮演一名观察者、引导者、协助者的角色，坚持"幼儿在前，教师在后"的原则，让幼儿发挥主体性，鼓励幼儿大胆探索、大胆创造。在幼儿发现问题时，并没有直接参与指导，而是以同伴榜样示范的方式，鼓励幼儿大胆探究，主动发现卷纸的最好方法，并将纸卷捆扎造出纸船，使活动发挥了最大的教育价值。

- **你会给未来实施这一主题的教师提供哪些建设性意见？**

　　活动中蕴含的折、卷、搓、绕等技能渗透在每一个制作环节，在制作过程中，教师也可以为幼儿提供各种辅助材料，如夹子、皮筋、罐子等，让幼儿自主选择材料动手尝试，制作出更多造型的船。还可以鼓励幼儿用报纸做出更多具有水乡特色的作品。

# 3

第三章

农艺劳动

## 第一节
## 农艺劳动操作指南

### 一、定义阐释

农艺劳动,是指采用以农作物及其可利用的部分为主的自然材料进行创造性再加工的一种劳动方式。在幼儿园中,它不局限于选种、栽培、管理后收获的全过程,更着眼于幼儿在编织、染色、拼贴等艺术化加工的劳动行为中获得有益经验的真实体验。

### 二、关键经验

#### (一)健康领域

1. 认识铁耙、锄头、石臼等实用的传统农耕器具,了解其基本使用方法,并能利用儿童版的劳动工具进行简单的农事劳作。
2. 能正确地使用农耕工具,坚持完成任务,并能按类别整理相关工具,具有一定的劳动意识和自我保护意识。
3. 在农事劳作中基本掌握播种、锄地、采摘、晾晒等劳动技能,动作协调、灵活。

#### (二)语言领域

愿意用图画、符号、图表、讲述等多种方式表现农艺活动内容或进行相关记录,能用自己喜欢的方式大胆表达自己的体验和情绪情感。

#### (三)社会领域

1. 初步了解家乡本土民俗和传统农耕文化,萌发爱家乡、爱祖国的情感,并为祖国文化的丰富与优秀感到自豪。
2. 了解农民的辛勤劳动,懂得爱惜粮食,珍惜他人的劳动成果。

3. 尝试自主种植和管理，体验收获的快乐，并能与同伴协商合作，积极参与切洗、晒干等农作物再加工的过程。

（四）科学领域

1. 在多样化的农艺劳动中感知农作物的多样性，了解其外形特征、基本习性、价值功用，感知不同农作物的生长发育和死亡的全过程。

2. 通过点数、统计、测量、称重、比较、分类等多种方法了解农作物的基本特征，感知农艺劳动中数学的有用和有趣。

3. 能通过观察、比较与分析，在充分了解农作物的基础上，从颜色、形状、大小等方面区分相似农作物。

4. 初步了解人与自然环境的密切关系，如种植与季节、气候等的关系，知道尊重和珍惜生命，保护环境。

（五）艺术领域

1. 乐于用以农作物某一部分为主的自然材料、身边的物品或废旧材料进行农艺创作（如玉米皮坐垫、丝瓜络挂帘），萌发用自己的作品装饰环境、美化生活的愿望。

2. 在农艺创作中初步学会编织、捆扎、雕刻、缝纫等技巧。

## 三、环境设计

（一）整体构思

农耕坊是幼儿园打造的着重自然体验的空间环境与材料投放场地，以种植、收获、加工等农事劳作、农艺实践、农具博览活动为核心体验内容。考虑到就地取材和幼儿活动需要更宽阔的场域，我们将农耕坊置于户外，且毗邻种植园地"游乐农场"，充满农家风味的扁担、石臼、石磨、锅碗瓢盆一应俱全，具有浓郁的田园风情，成为农艺劳动实践、探究式种植活动的"加工间"。为进一步契合园所"游乐自然 文行至善"的办园理念，将自然生态、艺术审美、科学精神、人文底蕴全方位有机融合于教育，农耕坊以木结构为主，呈现开放的空间布局，整体划分为四大区域：种植区、农具博览区、实物操作区、资源储存区，后期拟计划增加"根的艺术"展览区。农耕坊既是幼儿园宝贵的天然资源库、课程实践研究的主阵地，也是幼儿自在探索、立体成长的乐园，旨在帮助每一个孩子在亲历种植、观察、收获、探究、品尝、再加工的生动过程中绽放生命的异彩。

### （二）区域划分及材料

1. 种植区

种植区即幼儿园的"游乐农场"，依据班本课程及活动需要，选择适宜该年龄段幼儿观察和探究的植物，系统规划班级种植场地，有针对性地创设品种丰富、层次多样的种植园地。植物品种有草本类（棉花、向日葵、玉米）、藤蔓类（丝瓜、葡萄、葫芦）、水生类（菱角、荸荠、慈姑）……生长方式有平面生长匍匐于地面的（西瓜、南瓜），有竖直向上攀爬的（甜秆、高粱）……呈现出"一班一特色"的种植格局。

幼儿园始终坚持让孩子们成为"游乐农场"的主人，依据节气变化，教师带领幼儿进行"游乐农场"耕种规划，讨论"种什么，怎么种"，幼儿为"游乐农场"除草、捡碎石、铺小路、播撒种子……幼儿全程亲历种植与管理活动，在对不同植物的生长过程进行对比了解的同时也获得了计划能力、协作能力、责任意识、审美能力等的发展。

**种植区工具材料表**

| 类别 | 序号 | 名称 | 使用说明 |
|---|---|---|---|
| 辅材类 | 1 | 小栅栏、小篱笆 | 用于防护（包括篱笆门，便于幼儿走近观察、照料），其中部分篱笆为幼儿自主设计、制作。 |
| | 2 | 爬藤植物架子 | 便于爬藤类作物攀爬、生长。 |
| | 3 | 水池、台面、挂架等 | 满足幼儿照料及收获后的清洗需要。 |
| | 4 | 造型PVC管 | 供立体种植使用。 |
| | 5 | 石缸、石槽 | 供种植慈姑、荸荠等作物。 |
| | 6 | 种植园地的故事橱窗 | 供幼儿忠实记录种植、探究、收获的全过程。 |
| | 7 | 作物标识牌 | 用于呈现师幼共同设计的作物简介，以图文结合的方式记录作物的外形特征、生长习性。 |
| | 8 | 稻草人 | 幼儿自制，以吓跑小鸟，保护农作物。 |
| | 9 | 树木"身份证" | 用于呈现树木介绍文字，帮助幼儿认识各类树木。 |
| | 10 | 二十四节气牌 | 帮助幼儿了解"二十四节气"这一传统农耕文化，知道各节气中开展的活动，展示幼儿的活动轨迹和记录。 |
| 工具类 | 1 | 小锄头、小铲子等 | 用于种植、收获等劳作。 |
| | 2 | 小竹篮 | 用于存放收获的作物。 |

2. 农具博览区

该区域活化农场资源的教育价值，为幼儿提供更多的感性认知。本区域由木质网格墙、展示图和工具收纳柜组成。锄头、钉耙、蓑衣、镰刀等农具实物悬挂固定在木质网格墙上，同时，以图文结合的方式生动展示部分传统农作工具，如犁、耙、锄头、铁锹、镰刀、簸箕、石臼等，教师可以利用展示图引导幼儿观察和了解这些农具。工具收纳柜供幼儿收纳劳动工具，里面分类存放着小铲子、小耙子、小锄头、小篮子、小斗笠等，幼儿可随时根据需要自主取放，这些工具安全、实用、轻巧，成为幼儿农事劳动的最佳装备。在这一区域中，幼儿与植物、泥土、水和各类工具相互作用，在数量认知、空间测量、协作、规划、表现、责任感、任务意识及审美等多方面获得发展。

**农具博览区工具材料表**

| 类别 | 序号 | 名称 | 使用说明 |
|---|---|---|---|
| 工具类 | 1 | 大型劳动工具展区（图片、实物）：犁、耙、锄头、铁锹、镰刀、簸箕、蓑衣等 | 帮助幼儿丰富和拓展关于农用劳动工具的认知经验，使其感受其中蕴含的劳动智慧。 |
| | 2 | 小型劳动工具展区（实物）：小铲子、小耙子、小锄头、小水壶、小篮子、小斗笠等 | 帮助幼儿学习农用工具的使用方法，提高劳作技能。 |

3. 实物操作区

此区域较为开阔，且提供塑料刀、榨汁机、石磨等多种工具，便于幼儿在收获时令蔬菜瓜果等作物后，制作山芋汤、山楂酱、豆浆等美味食物，还可以进行泡茶、售茶等活动。同时，该区域也成为幼儿进行玉米皮编织、山芋盆景制作等农艺劳动实践的一方小天地。

**实物操作区工具材料表**

| 类别 | 序号 | 名称 | 使用说明 |
|---|---|---|---|
| 主材类 | 1 | 收获的玉米、山芋、棉花等作物 | 幼儿可按需取用,开展相关活动。 |
| 工具类 | 1 | 石磨、石臼等传统研磨用具 | 供幼儿开展豆浆制作等食物加工活动。 |
| 工具类 | 2 | 锅碗瓢盆等炊事用具 | 供幼儿开展相关炊事活动。 |

4. 资源储存区

幼儿园课程建设越来越趋向于提供"资源",本区域提供的是农艺劳动活动的支持性素材,如幼儿亲历的全过程记录、幼儿劳动工具使用的观察与评析、幼儿种植的农作物及加工物的储藏与展示等,也为其他班级老师及幼儿活动提供更多的选择和支持。

**资源储存区工具材料表**

| 类别 | 序号 | 名称 | 使用说明 |
|---|---|---|---|
| 主材类 | 1 | 收获的各类农作物 | 为幼儿农艺劳动提供基本的种源。 |
| 辅材类 | 1 | 资源库 | 寻找并收集关于植物生长过程、劳作工具使用方法的视频及图片资料,供幼儿自主学习。 |
| 辅材类 | 2 | 学习故事案例 | 提供幼儿视角的劳动心得、幼儿参与劳动的全过程记录,实现主题、区域的互动,体现经验的传承。 |
| 辅材类 | 3 | 教师参考书 | 为教师提供包含目标、过程、策略的完整、全面、系统的指导手册。 |
| 辅材类 | 4 | 木质存储柜 | 用于收纳。 |

5. "根的秘密"展览区

"根茎叶"是植物的基本组成部分。较之便于观察的"茎"和"叶",对根的认知是幼儿容易忽视的部分。虞永平教授提出"用'全收获'的理念开展幼儿园种植活动",而对植物结构的"全认识"是设置"根的秘密"展览区的初衷。在本区域中,通过开展多样化的活动,支持幼儿"寻根——秀根",使幼儿积累和收获"全经验",一定程度上推动了探索活动的深入。

**"根的秘密"展览区工具材料表**

| 类别 | 序号 | 名称 | 使用说明 |
|---|---|---|---|
| 主材类 | 1 | 幼儿及家长收集的各种植物的根须 | 参观根的展览，进行观察、讲述活动，让幼儿了解根的基本科学常识，感知植物根须的多样性。 |
| | 2 | 简介牌，包含植物名称和照片 | |
| 辅材类 | 1 | 透明展示瓶（大小、高度不一） | |
| 工具类 | 1 | 进行观察、操作的探究工具，如放大镜等 | 以"根"为媒介，开展根的美工制作和展示活动，激发幼儿对自然的崇敬，树立环保意识。 |
| | 2 | 对根进行加工的美工材料，如刷子、排笔、手工材料等 | |

## 四、活动内容

**主题1. 玉米花样秀**

| 年龄班 | 活动内容 | 材料准备 | 核心经验 | 作品用途 |
|---|---|---|---|---|
| 小班 | 玉米皮扫帚 | 主料：玉米皮、稻草、树枝<br>辅料：麻绳、丙烯颜料、超轻黏土<br>工具：剪刀、排笔 | 1. 将完整的玉米皮撕成粗细、长短较均匀的条状，混合稻草，在教师的帮助下将其捆扎在棍状物上。<br>2. 综合运用颜料、超轻黏土等对扫帚棍进行创意化装饰。 | • 日常生活<br>• "小舞台""游艺剧场"的游戏服饰<br>• "娃娃家""小吃店"等游戏的材料 |
| 中班 | 玉米皮服装（头饰、裙子等） | 主料：玉米皮<br>辅料：发箍、绳线、颜料、超轻黏土、木棒等<br>工具：剪刀、排笔等 | 1. 综合运用撕、剪、贴、捆等方式制作多种玉米皮头饰和服装，如发箍、披风、裙子。<br>2. 利用绳线、超轻黏土、毛球、颜料等进行创意化装饰。 | |
| 大班 | 玉米皮DIY（帽子、坐垫、收纳筐等） | 主料：玉米皮<br>辅料：颜料、毛线、毛球等<br>工具：剪刀、塑料针、白乳胶 | 1. 以三股辫编织为主要方式，通过盘绕、并列等方法制作坐垫、帽子，用绳线固定编织条。<br>2. 掌握用毛线制作毛球的方法，利用毛线、毛球、颜料等，创意装饰坐垫、帽子。<br>3. 初步掌握帽子、收纳筐的制作方法，能坚持将帽子、收纳筐编织完成。 | |

## 主题2. 土豆创想曲

| 年龄班 | 活动内容 | 材料准备 | 核心经验 | 作品用途 |
|---|---|---|---|---|
| 小班 | 土豆玩偶 | 主料：土豆<br>辅料：超轻黏土、活动眼睛贴、牙签、毛线、纽扣、颜料等<br>工具：剪刀、塑料刀、黑色记号笔、排笔 | 1. 根据土豆的大小、形状大胆想象，利用牙签拼插制作出刺猬、雪人等不同的动物和人物形象。<br>2. 运用多种材料进行创意装饰。 | • 装饰农艺坊环境<br>• 自然角种植<br>• 作为角色游戏中的商品，布置"娃娃家""小吃店"等游戏的环境 |
| 中班 | 制作土豆泥 | 主料：土豆<br>辅料：玉米粒、豌豆粒、胡萝卜等可以用来染色的蔬果<br>工具：塑料刀、削皮器、榨汁机、蒸锅、勺子 | 1. 按一定步骤制作出土豆泥，并进行创意造型。<br>2. 寻找可染色的蔬果，通过榨汁、磨粉等多种方法为土豆泥染色。 | |
| 大班 | 土豆印章 | 主料：土豆<br>辅料：白胚布、卡纸、彩纸、颜料、黑色记号笔<br>工具：剪刀、塑料刀、双面胶 | 1. 在土豆切面上雕刻出图案，制成印章。<br>2. 通过不同图案组合进行创意拓印，并发挥想象添画。 | |

## 主题3. 趣味毛豆秆

| 年龄班 | 活动内容 | 材料准备 | 核心经验 | 作品用途 |
|---|---|---|---|---|
| 小班 | 毛豆秆上的四季 | 主料：毛豆秆（无叶）<br>辅料：超轻黏土、皱纹纸<br>工具：剪刀、白乳胶 | 1. 利用四季的特有风物，在毛豆秆上进行相应装饰，如用春天的桃花、秋天的桂花等装饰毛豆秆。<br>2. 综合运用团圆、压扁、粘合等简单技能，体现不同花朵、树叶的特征。 | • 装饰环境<br>• 作为角色游戏中的商品，布置"娃娃家""小吃店"等游戏的环境 |
| 中班 | 奇妙的树林（大型立体纸板画） | 主料：毛豆秆、硬纸板、KT板<br>辅料：超轻黏土、棉花、皱纹纸、松果、颜料<br>工具：剪刀、排笔、白乳胶 | 1. 根据毛豆秆的形状与特征，因势造型，排列组合出层叠的"树林"。<br>2. 综合运用超轻黏土、皱纹纸、棉花等装饰毛豆秆，体现花朵、树叶的特征，并丰富"树林"场景。 | |
| 大班 | 立体相框 | 主料：毛豆秆（无叶）、木条、麻绳<br>辅料：棉花、干花、颜料、超轻黏土、钉子<br>工具：剪刀、白乳胶、排笔、锤子、锯子、护目镜、安全手套 | 1. 将木条拼接组合，制作出相框。<br>2. 用绳线缠绕，将毛豆秆、干花等组合捆扎在相框上。<br>3. 发挥想象，运用超轻黏土、颜料等进行主题装饰。 | |

## 主题 4. 亲亲向日葵

| 年龄班 | 活动内容 | 材料准备 | 核心经验 | 作品用途 |
|---|---|---|---|---|
| 小班 | 胸针 | 主料：干向日葵<br>辅料：各种干花、干草、丝带、胸针、卡纸、硬纸板等<br>工具：镊子、白乳胶、油画棒、勾线笔、剪刀 | 1. 在教师的帮助下，尝试将以向日葵为主的干花、干草组合捆绑成小花束，注意颜色、大小搭配。<br>2. 为小花束制作个性标签，固定在小花束上。 | • 装饰环境<br>• 语言区游戏材料 |
| 中班 | 特色花盘 | 主料：葵花盘（无子）<br>辅料：超轻黏土<br>工具：剪刀、泡沫板、白乳胶 | 1. 以葵花盘作底，运用超轻黏土、颜料等进行主题创作，制作出故事"剧场"。<br>2. 利用多种辅助材料，如棉花、麦穗等装饰细节。 | |
| 大班 | 瓜子壳贴画（立体） | 主料：葵花子<br>辅料：圆木片、树枝、纸盘、卡纸、开心果壳、松果壳、贝壳、颜料、超轻黏土<br>工具：排笔、黑色勾线笔、白乳胶 | 1. 综合运用多种干果壳进行拼贴，体现花朵、猫头鹰等堆叠的立体效果。<br>2. 用颜料、超轻黏土进行创意装饰。 | |

## 主题 5. 西瓜变身记

| 年龄班 | 活动内容 | 材料准备 | 核心经验 | 作品用途 |
|---|---|---|---|---|
| 小班 | 西瓜皮拼贴 | 主料：西瓜皮<br>辅料：超轻黏土、花布、毛根、纽扣、棉签、眼睛贴、毛球等<br>工具：剪刀、白乳胶、塑料刀、削皮器 | 1. 掌握削西瓜皮的方法，学会使用相关工具。<br>2. 创造性地将西瓜皮组合拼贴出图案，并用超轻黏土、纽扣等辅助材料进行装饰。 | • 装饰园所环境<br>• 自然角种植 |
| 中班 | 西瓜拼盘 | 主料：西瓜<br>辅料：各类水果<br>工具：塑料刀、砧板、削皮器、盘子 | 1. 根据西瓜形状大胆想象，通过切、刻等多种方法"改造"西瓜，如切出锯齿状，将西瓜变成恐龙的嘴巴等。<br>2. 将各类水果创意拼摆组合，和西瓜一起组成特色拼盘。 | |
| 大班 | 西瓜雕刻 | 主料：西瓜<br>工具：剪刀、牙签、刻刀、手套、垫板 | 1. 学习使用相关工具在西瓜皮上雕刻图案，注意刻刀等工具使用时的安全。<br>2. 根据雕刻图案切割西瓜轮廓，丰富雕刻细节。 | |

## 五、活动建议

### （一）感受与欣赏

1. 和幼儿一起感受、发现农耕文化与历史，欣赏生活中美丽的农艺创作，如玉米皮编织、西瓜雕刻等。

（1）带领幼儿通过调查、收集等方式，了解传统农业的思想理念、生产技术、耕作方式等，感受祖国源远流长的农耕文明。

（2）与幼儿一起讨论、交流对农耕文化、农艺作品的感受。

2. 和幼儿一起发现生活中各种各样的农作物，感受农作物的多样性，了解生态环境。

（1）通过触摸、观察、调查等方式了解不同农作物的外形特征、生长习性、价值功用等。

（2）通过资料搜集、实地考察、专家采访等途径了解种植与季节、气候等的关系，丰富生活经验。

3. 创造条件让幼儿接触多种农用工具，真实体验农事劳作，如：

（1）通过网络、电视媒体等方式让幼儿了解传统农事劳作，丰富幼儿对种植、收获等农事实践的感受与体验。

（2）和幼儿一起用绘画、手工作品等呈现农事劳作的过程与感受。

（3）带领幼儿共同观看或参与农事劳作，如播种、采摘等。有条件的情况下，走进家乡的农业科学研究所、走到田间地头等实地观摩。

（4）在日常生活中有意识地引导幼儿认识简单实用的农耕工具，帮助其掌握基本的使用方法。

4. 尊重幼儿的兴趣和独特感受，理解他们欣赏时的行为。

（1）理解和尊重幼儿在欣赏相关农艺作品时的行为表现。

（2）当幼儿主动介绍自己喜爱的农艺作品时，要耐心倾听，并给予积极的回应和鼓励。

### （二）表现与创造

1. 支持幼儿自发的艺术表现和创造，让幼儿敢于并乐于表达表现。

（1）提供丰富的、便于幼儿取放的以农作物某一部分（如玉米皮、毛豆秆）为主的自然材料、工具和辅助材料，支持幼儿进行自主探索、制作、绘画等农艺活动。

（2）鼓励幼儿直面问题和挑战，并能通过协商、求助等方式解决困难，在自主表达创作的过程中专注、坚持、不放弃。

（3）尽可能地创造条件展示幼儿的作品，鼓励幼儿用自己的作品或艺术品装饰环境、美化生活。

2. 帮助幼儿掌握相关农作技能，在尊重幼儿创作的同时，引导幼儿积累基本的农艺创作技巧。

（1）鼓励幼儿自主种植与管理，在多样化的活动中有意识地引导幼儿掌握播种、锄地、采摘、晾晒等农事劳作技能。

（2）在农艺作品创作的过程中，引导幼儿利用相关材料、工具掌握编织、雕刻、捆扎、缝纫等技能。

（3）鼓励幼儿进行富有个性化的手工创作，发现并肯定每位幼儿作品的优点，给予展示的机会。

3. 启发幼儿运用讲述、图画、图表等多种方式表达表现农艺活动内容或做相关记录，鼓励幼儿大胆与他人交流。

（1）引导幼儿学习做简单的计划和记录，与同伴讨论协商、分工合作。

（2）引导幼儿有意识地通过拍照、画图等方式保留和积累有趣的探索过程与精彩发现。

## 第二节

## 农艺劳动课程故事

### 一、小小毛豆也"疯狂"

#### （一）主题活动由来

踩在地面落叶上的咔嚓声，是秋天的脚步声；秋风吹拂的呼呼声，是秋天的歌声……原来，调皮的秋天正用它自己的方式进入孩子们的世界。一天午后，幼儿园里的变化引发了孩子们的讨论：

宸宸：你们看，秋天来了，这棵树的树叶变红啦！

天立：星期天，爸爸妈妈带我去了乡下，我发现长在树上的果子也变成橘黄色的了，爸爸对我说，它的名字叫柿子。

梓恒：老师和我们走过种植园地的时候，我看到树上的橘子也变啦，我记得原来还是绿色的，现在已经变黄了。

孩子们围绕秋天里大自然的变化议论纷纷，听到他们关于农作物的话题，我想挖掘话题背后隐含的教育价值：在这个美丽的收获时节，成熟的农作物还有哪些？孩子对于不同农作物的特征、功用的了解又有多少？……于是，大（5）班的孩子们开启了一场秋天的旅行，他们与毛豆的故事也拉开了帷幕。

#### （二）主题活动脉络

| 毛豆大搜寻 | 毛豆秆收获记 | 嗨！毛豆！ | 毛豆秆的变身 |
|---|---|---|---|
| • 小豆豆的奇遇<br>• 毛豆在哪里？<br>• 制作地图 | • 硬硬的毛豆秆怎么拔？<br>• 毛豆秆的"搬家"之旅 | • 毛豆美食愿望清单<br>• 美味的毛豆 | • 剩下的毛豆秆怎么办？<br>• 我们的订单<br>• 相框里的毛豆秆 |

## （三）主题活动实录

### 1. 毛豆大搜寻

**环节一：小豆豆的奇遇**

天气晴好的周末，孩子们和爸爸妈妈一起走进田间地头，寻找秋天独有的农作物，他们将自己的"收获"带到了班级，大家围绕自己的发现讨论起来。

越越：我发现了柿子，它能吃，也能做柿子饼。

思思：我发现了南瓜，它可以做成南瓜饼；我还发现了玉米，黄黄的一粒粒整齐地排好了队，它可以做成玉米汤喝。

雨馨：我去乡下看我奶奶的时候还在田里发现了很特别的东西，它的身上穿着一件硬硬的衣服，上面还有小毛毛，里面还住着小豆子呢！

心妍：我知道，奶奶告诉我它的名字叫毛豆！

甜甜：我在幼儿园旁边也看到它了呢！

听到这样的话，孩子们对毛豆的好奇和兴趣一下子被调动起来，想去看看、摸摸毛豆的愿望愈发强烈，我说："那我们就去找一找吧！"孩子们纷纷点头表示赞同。

 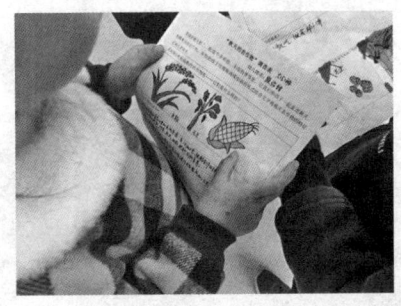

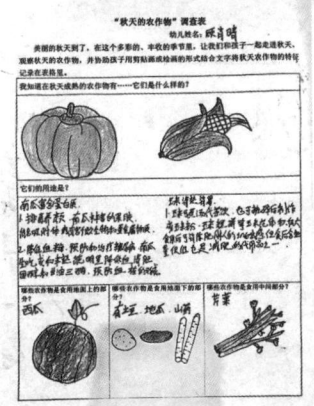  

**环节二：毛豆在哪里？**

甜甜：上次我和爸爸一起在幼儿园旁边看到好多好多的毛豆……

天立：在哪儿呀？

甜甜：在灰色房子的前面，那里好大，有好多泥土。

菡菡：在哪在哪？我不知道啊！

老师：我们怎么才能让别的小朋友也知道毛豆长在哪儿呢？

甜甜：这简单！我带他们去就行了！

老师：嗯，对，这个方法简单……那如果我们以后忘记了怎么办？

梓宸：可以画地图呀！

甜甜：我要画地图！

孩子们想到可以用制作地图的方式来解决困惑大家的"引路"问题，他们兴冲冲地拿起画笔开始绘制"毛豆地图"。

### 环节三：制作地图

从幼儿园出发，会看到右手边有一排大树，走过大树，走过一个小区，还要过马路……在此起彼伏的讨论声中，孩子们的第一幅"毛豆地图"诞生了。尽管是第一次画，但路线、建筑物都有了雏形，图上甚至还有箭头做的标注。

### 2. 毛豆秆收获记

#### 环节一：硬硬的毛豆秆怎么拔？

孩子们拿着地图，开启了寻找毛豆的旅程，在地图的帮助下，他们终于发现了那一大片毛豆。孩子们的嘴里发出无尽的惊叹，他们的眼中满是惊喜："原来毛豆是长在这样的长长的秆子上的！""真的，毛豆摸上去毛毛的，像浑身长满刺的小刺猬！"还有的孩子忍不住剥开毛豆荚，把小小的毛豆捧在手心里，仔细观察着它们的模样，毛豆的不

同颜色引起了孩子们的注意：为什么有的是绿色的，有的是黄色的呢？在查阅资料后，孩子们的困惑得到了解答：原来没成熟的毛豆是嫩绿色的、软软的，成熟后的毛豆是黄色的，并且有着硬硬的外壳。

  梓宸：哇，你看，这里有好多毛豆秆！我们可以带一些回幼儿园！

  心妍：可是上面没有毛豆，我好想把毛豆带回幼儿园给别的小朋友看一看呀！

  梓宸：找到了！这里有好多长着毛豆的毛豆秆。

  肖晴：那我们试试把它拔出来，带回幼儿园，大家都能看到啦！

可是，长长的、硬硬的毛豆秆牢牢地长在了泥土里，该怎么拔出来呢？

（1）第一次尝试

一开始，心妍用尽全身力气将毛豆秆向上拔，可是毛豆秆"纹丝未动"，于是她使劲地将毛豆秆摇呀摇，扭呀扭，还招呼来伙伴们，三个人一起用力将毛豆秆"转圈圈"式扭动。

  梓宸：还有一点点就要出来了！

  肖晴：快要出来了，往上！往上！往上！

  心妍：出不来呀！这个长了几年啦?！

  肖晴：我也不知道，好几年了吧！

  心妍：我奶奶教过我怎么拔的……

  肖晴：啊，我刚刚听到"叩通"的声音。

  心妍：我跟奶奶一起拔过，就是因为这个根太紧了！

  梓宸：有什么东西在抓下去，我觉得！

  肖晴：看，是这个！哇，这个根也太紧了，这得有一百年了吧！

虽然第一次尝试以失败告终，但是孩子们从中发现了毛豆秆"拔不动"的原因：原来是毛豆秆的根把土抓得紧紧的。找出了问题所在，孩子们开始了第二次尝试。

（2）第二次尝试

这一次，孩子们将毛豆秆顺势放倒，采取边踩边压的方法，想让毛豆秆的根部变松一些。

肖晴：看来还需要一个人呀！

梓宸：等等！我有办法了！

肖晴：什么办法？把它压下去吗？

梓宸：你把这个根扶住，脚踩上去，用力！

孩子们将目光投向毛豆秆的根部，用脚使劲地踩压和不停地扭动，根好像有一点点松动了……

第二次尝试，孩子们运用了不一样的方法，在找出毛豆秆拔不出来的根本原因后，迁移原有的生活经验，对毛豆秆根部边踩边压。他们尝试着合作解决问题。

（3）第三次尝试

这时，梓宸有了一个新发现！

梓宸：有四根！有好几根长在一起的，只要一根一根拔出来就行了！

心妍：先把一根拔出来！

在仔细观察毛豆秆和多次尝试的过程中，孩子们发现原来有四根小毛豆秆组成了自己看到的粗毛豆秆，当无法全部拔出时，他们试着将整体分解成部分，每人抓住一根细毛豆秆往上拔，最后获得了成功。孩子们忍不住欢呼起来。

【劳动经验链接】幼儿在将毛豆秆拔起的三次尝试中，既了解了毛豆秆的收获方法，手部精细动作也得到了发展，更在协商合作中不断发现问题并自主解决问题。

**环节二：毛豆秆的"搬家"之旅**

拔下来的毛豆秆要怎么运回幼儿园呢？有的孩子提议说："我们可以每人拿几根！"但是毛豆秆实在太多了，手里已经拿不下了。我说："那我们回幼儿园里找一找哪些工具和材料可以帮助我们运回毛豆秆吧！"

孩子们在园里找到麻绳和剪刀，在农耕坊里发现了扁担，他们带着这些工具来给毛豆秆"搬家"。

（1）第一次尝试

孩子们把毛豆秆装进筐子里，两个筐子都装了一些，心妍尝试用扁担将筐子挑起来，可是还没走多远，毛豆秆一根接一根地从筐子里"溜"了出来。这可怎么办呀？

这时，梓宸发现了在一旁的麻绳，想到了一个好主意："对了，我们可以用绳子先把毛豆秆绑起来，这样它们就不会掉下来啦！"于是，孩子们开始了尝试。

  心妍：我奶奶说过，要先把绳子绕啊绕，多绕几圈，然后再打个结。
  肖晴：可是我不会打结……
  心妍：没关系我来打，你先帮我扶一下。

（2）第二次尝试

将毛豆秆捆扎后，再放进筐子里，它们终于不掉下来了，孩子们高兴得跳了起来。心妍再次尝试将扁担挑起来，可是新的问题也随之而来：扁担两头筐子的重量不一样。

【劳动经验链接】在捆扎毛豆秆并打结的过程中,幼儿的手部精细动作得以发展。幼儿在亲身体验、操作、比较后,得出了通过改变两头物体的轻重来保持扁担平衡的劳动经验。

  心妍:你先松手一下,这边太重了。
  梓宸:一边轻,一边重!
  心妍:这边要拿掉一些!
  梓宸:这边放一些,那边重,这边轻,重量不一样!

  于是心妍又拿了一些毛豆秆放进他们认为轻的筐子里,再次进行了尝试。她将扁担扛起来,感受扁担两头是否平衡。

  (3)第三次尝试

  心妍挑起扁担走了起来,梓宸发现扁担后端的筐子还是斜了,心妍低下头在寻找着什么,她突然说道:"哎呀,我想到了!再放一个石头不就好了!"梓宸捡起一块石头放进了一头的筐子里,可是另一端的筐子又斜了,他连忙喊道:"用石头!石头增加重量!"于是,他们边感受重量边加入石头,两头的筐子终于一样重了!心妍再次走起来。可是她发现筐子太重了,很难再把扁担挑起来:"哎呀,太多石头了,你们都来帮忙呀!"梓宸帮助心妍从筐子里拿出石头,边拿边说:"拿走一块!"心妍高兴地说道:"正好,正好!"

3. 嗨!毛豆!

**环节一:毛豆美食愿望清单**

  毛豆可以用来做什么呢?在查阅资料后,孩子们发现原来毛豆是很多人非常喜爱的食物，不仅可以做菜，还可以作为零食，有着很高的营养价值。

昕昕：我看到爸爸在家里把毛豆和肉放在一起做好吃的肉糕呢！

嘉李：妈妈和我说，它还可以做成好喝的豆浆！

于是，孩子们迫不及待地绘制出自己的毛豆美食愿望清单。究竟选择哪一种毛豆的美味吃法呢？不如投票决定吧。最后少数服从多数，好喝的豆浆获得最高票。

### 环节二：美味的毛豆

大家一起搬运回幼儿园的毛豆被晒干了，豆荚一个个裂开的模样，仿佛告诉孩子们已等不及他们的到来。于是，在一个天气晴朗的上午，孩子们沐浴着阳光，在农耕坊开启了剥毛豆的快乐劳作：先挑选毛豆秆，再摘下毛豆荚，最后剥出毛豆……

在进行一番调查后，孩子们了解了豆浆的制作过程：先将豆子清洗干净并浸泡，再把泡好的豆分多次加入石磨中，边加豆边加水，磨成豆浆糊，最后取过滤后的生豆浆放入锅中煮熟。孩子们跃跃欲试，来到农耕坊，合力转动着石磨，开始豆浆的制作。

【劳动经验链接】幼儿尝试运用不同的工具制作豆浆，在探究中认识并掌握了传统的劳动工具——石磨的使用方法，在剥豆荚、磨豆浆的劳动行为中，手眼协调能力得到进一步发展。

### 4. 毛豆秆的变身

**环节一：剩下的毛豆秆怎么办？**

剩下来的毛豆秆可怎么办呀？扔掉也太可惜啦！当亲身体验到劳动的辛苦与不易后，孩子们对每一次付出的汗水和收获的"果实"都倍加珍惜。

晨晨：你们看，光秃秃的毛豆秆好像树枝呀！

韬韬：真的呢，把好多毛豆秆放在一起就变成了一片森林。

辰辰：我把毛豆秆放进了我们自己画的花瓶里，好漂亮呀，我们可以用毛豆秆来插花呢！

孩子们七嘴八舌地讨论着，这时我向孩子们提议："不如我们来给毛豆秆进行一次大变身吧！想一想，我们还需要什么？"有的孩子说："我想用花瓶来装饰教室和娃娃家！"还有的孩子说："昨天我们在小舞台表演的时候发现还缺少一块大背景！""我想请弟弟妹妹来帮忙！""对呀，我们还可以问问小班和中班的弟弟妹妹需要什么！"孩子们迫不及待地开始了行动……

**环节二：我们的订单**

语昕：我想请小班的弟弟妹妹帮我们做一些毛豆秆花瓶。

昊昊：不知道中班的弟弟妹妹需要什么呢？

佳泽：要不我们去问一问吧！

思思：可是，要怎样才能让弟弟妹妹知道我们需要什么呀？

雨馨：我想到了！我们可以画下来给他们看呀！

在雨馨的建议下，孩子们用画笔画下了自己的订单，并将订单送到小班、中班的弟弟妹妹手里，向他们详细介绍了订单上的需求。真期待收到货物的那一天呀！

梓宸说："我们需要一幅画放在小舞台后面，做好看的背景。"

 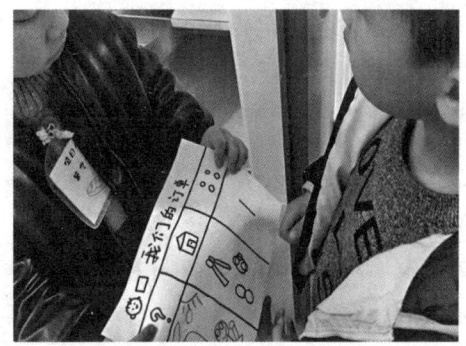

梓妍说:"我们需要四个插了花的花瓶,把它们放在钢琴上、桌子上,还有娃娃家里。"

这时,我们也收到了一份订单:需要好看的相框放在娃娃家。

**环节三:相框里的毛豆秆**

大班的孩子们变身"小木匠",来到木工间挑选合适的木条,天立小朋友在比较长短、粗细、厚度后选出了四根最满意的木条,开始制作相框。

(1)锯木组装

那要做多长的相框呢?天立发现了一个特别的工具——卷尺,就用它开始测量。根据之前的测量经验,他用卷尺一端勾住木条,另一端拉伸,心妍帮他做上标记,测量出需要的长度。

要锯木头了,孩子们在木工间里找到了锯子,尝试在标记处把多余的木条锯下来。一开始,心妍使劲地拉动锯子,想要尽可能地用锯子把木条锯下来一点,"我爷爷教过我,他说是这样子的!"可是木条的锯痕仍没有多大的变化。一旁的天立看到了,连忙对心妍说:"我来吧!"于是天立逐渐

【劳动经验链接】幼儿做木工的过程也是一个思维的过程,孩子们从前期的规划,到一步步进行实践,循序渐进地使用各种工具,如卷尺、锯子等,不断地发现问题、解决问题,其测量经验得以深化,专注力、动手能力、合作交往能力得到进一步提升。

加快了锯木速度，锯痕总算变深了，"我再来超级速度吧！"天立使出浑身力气飞快拉动了锯子，在天立和心妍轮流合力下，多余的木条还差一点儿就要被锯下来了。

   天立：好像转弯了，它有点斜，所以必须再修复一下！往下锯的时候你再叫我，我来超级速度好不好？

   心妍：用锯子的头来锯才比较轻松，如果用底部就会很累。我爷爷说，锯的时候必须撞出声音才可以，要两头都撞出声音。

结合已有生活经验和自己的反复尝试，心妍发现了锯木"小窍门"，即尽量用锯子的顶部来锯，同时，拉动锯子的时候锯子的两头和木条要撞出声音来。天立也开始尝试新的锯木方法，多余的木条终于被锯下来了！

孩子们在另外的木条上重新测量出长度，保证对应的两根是同样长的，然后合力将其他三根木条多余的部分锯了下来。

  第一步：测量。

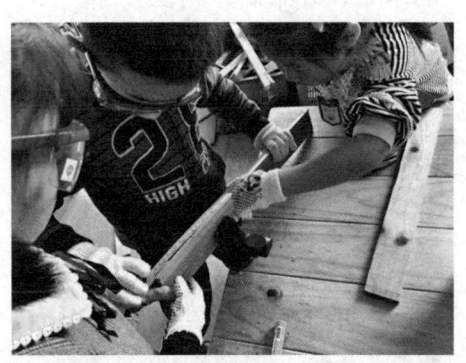 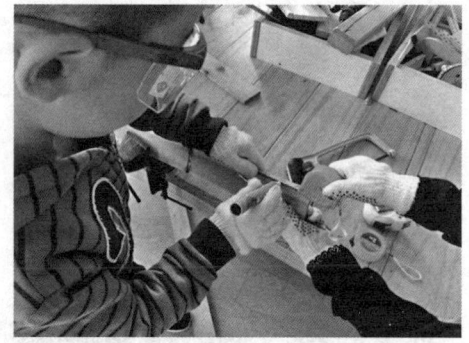

  第二步：锯木。

第三步：组装。

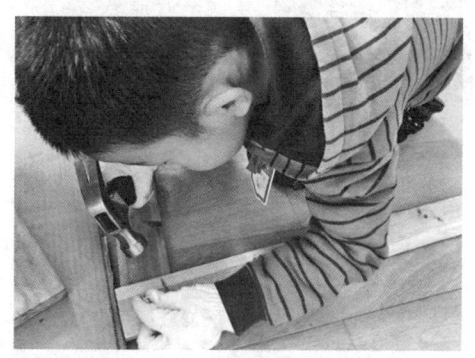 

在相框框架搭建完成后，孩子们又遇到了新的问题：如何把毛豆秆固定在相框上？宸乐说："这简单，我们用线把它们缠在相框上不就好了吗？"于是，心妍开始用麻绳在框架上反复缠绕，尝试将毛豆秆绑在缠好的错综复杂的线上，可是毛豆秆总是掉下来，麻绳也会从框架上滑下来。这可怎么办？

于是，我找来了一个成品相框，请孩子们观察它的特别之处，天立发现原来相框还有一块底板。孩子们在教室里找到了一块硬纸板，为了让硬纸板更美观，他们将其表面撕下，使瓦楞部分露出来。可是，该怎么把纸板和框架连接起来呢？梓恒说："我们可以在纸板上戳洞洞，把线穿过洞洞，就能把纸板绑在相框上了呀！"孩子们行动起来，钻洞、穿线、缠绕、打结，这下，完整的相框终于诞生啦！

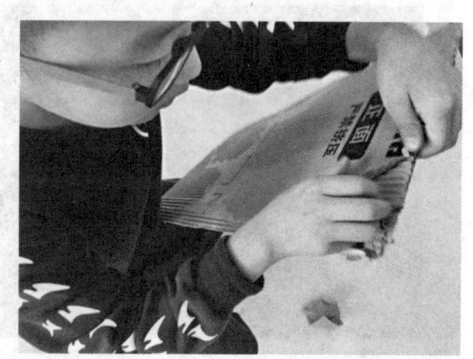

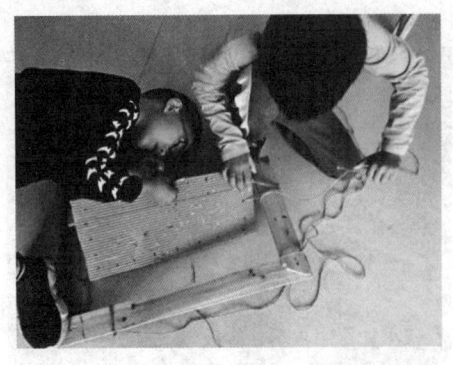
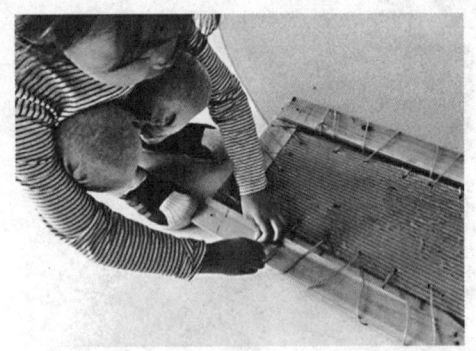

（2）设计场景

相框里会有什么样的风景呢？不如来做小小设计师吧！

第一步：设计。

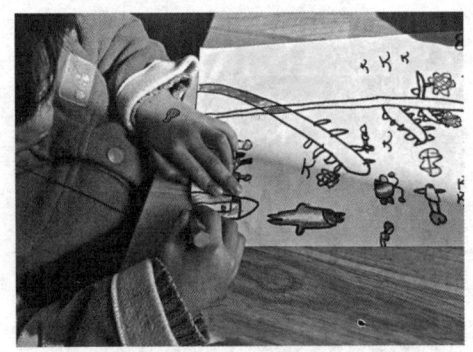

第二步：投票。

（3）立体造型

根据设计图，孩子们分工合作，用搓、捏、揉、压、刻等多种方法制作花朵、女孩等超轻黏土造型，独特而美妙的毛豆秆艺术世界在孩子们的手中展现。

第三章 农艺劳动

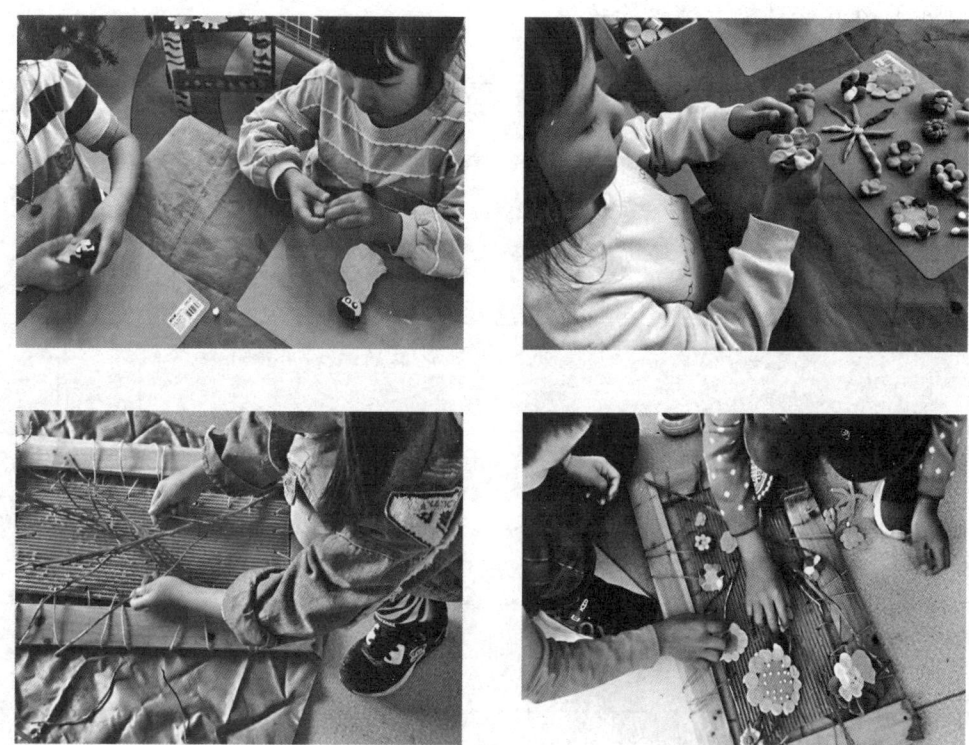

做成了!我们去送给中班的弟弟妹妹吧!娃娃家变得好漂亮呀!

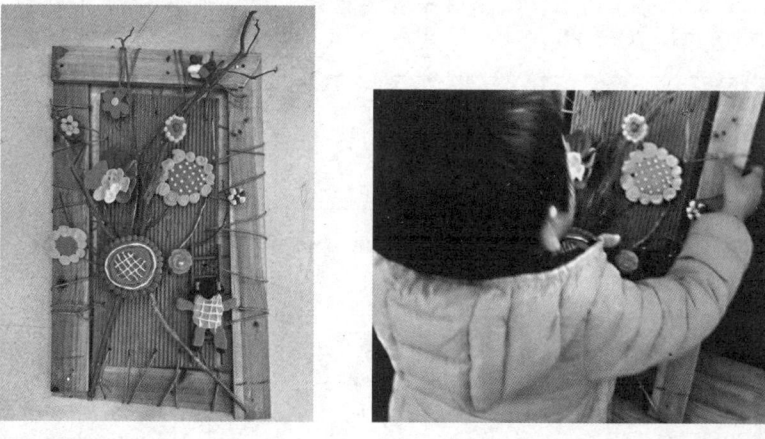

微课程"小小毛豆也'疯狂'"给予孩子们的是知识、经验、情感、能力的提升。活动虽已落下帷幕,但孩子们兴趣未减,他们还想制作更多的毛豆秆创意作品,还想了解毛豆更多的秘密。我们期待着来年与毛豆秆的再次相遇……

## （四）幼儿劳动能力评估检核表

班级：_____　　评价对象：_____　　实施时间：_____

| 活动内容 | | 小小毛豆也"疯狂" | 评价等级 | | |
|---|---|---|---|---|---|
| | | | ★★★ | ★★ | ★ |
| 评价指标 | 劳动认知 | 1. 仔细观察毛豆秆，认识毛豆秆（毛豆）的主要特征。 | | | |
| | | 2. 认识常用农具，如扁担，了解它们的基本用途及使用方法。 | | | |
| | | 3. 初步了解毛豆的生长习性和收获过程。 | | | |
| | 劳动能力 | 1. 能与同伴合力将毛豆秆拔出，掌握剥毛豆、晒毛豆等劳动的基本步骤和方法。 | | | |
| | | 2. 能熟练地用锯子锯木头，保持端面平整，并用锤子把钉子钉在木头上。 | | | |
| | | 3. 能运用穿线、打结等方法将相框底板与相框框架相连接。 | | | |
| | | 4. 综合运用揉、搓、捏、刻等多种技法，按照设计图制作超轻黏土造型。 | | | |
| | 劳动思维 | 1. 能通过比较、测量、判断，选择同样厚度、材质的木条，并在摆弄和操作中寻求将其组装起来的方法。 | | | |
| | | 2. 在与同伴的合作中通过测量、做标记等方法，将木条锯成需要的长度。 | | | |
| | | 3. 主动、积极思考问题，通过猜想、操作、验证来解决问题。 | | | |
| | 劳动情感 | 1. 乐意参与简单的农事农活，感受劳动的辛苦和快乐。 | | | |
| | | 2. 享受自主探究的乐趣，体验通过努力从失败到成功的快乐。 | | | |
| | | 3. 体验丰收的喜悦之情，萌发对农民等劳动者及其劳动成果的尊重。 | | | |

## （五）主题活动评估反馈表

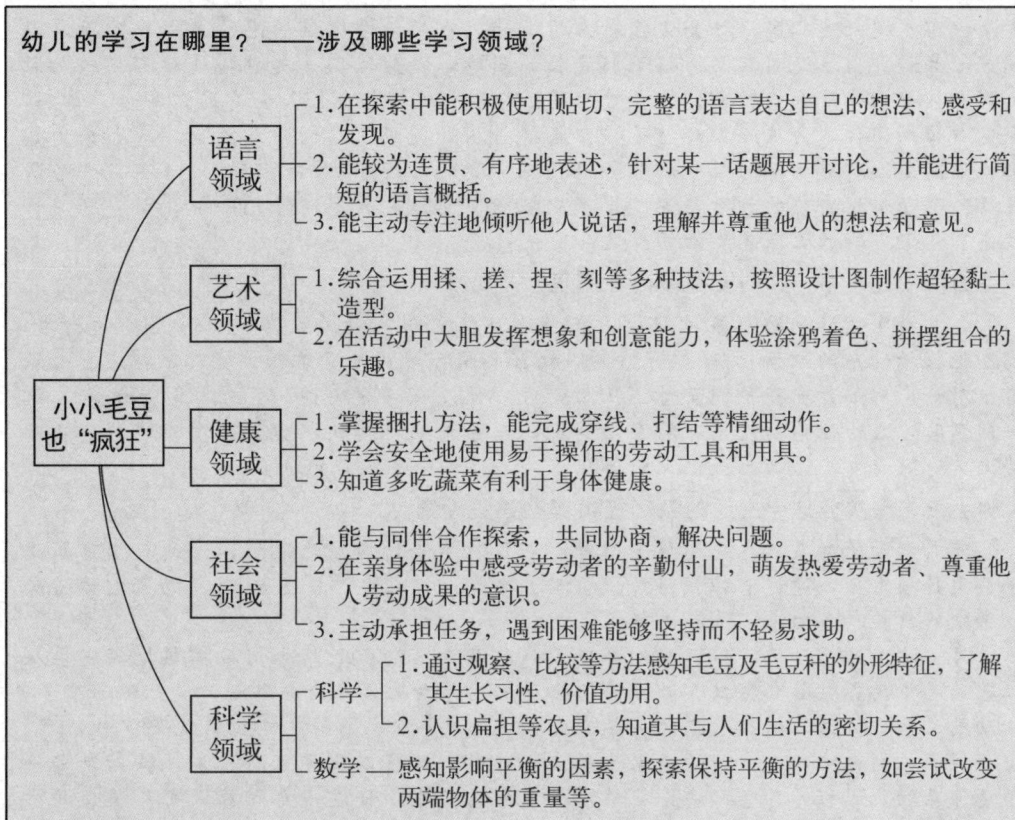

幼儿的经验在哪里？——获得了哪些具有挑战性的新经验？

挑战1：如何拔起硬硬的毛豆秆？
新经验1：合力尝试多种方法，如用力踩住根部向上拔、转圈式扭动等。
新经验2：探究毛豆秆拔不动的原因，将聚集在一起的粗毛豆秆分成几株细毛豆秆分别拔起。

挑战2：如何搬运毛豆秆？
新经验1：合作将毛豆秆捆扎起来，并打结固定。
新经验2：认识传统农具——扁担，并掌握其使用方法。

挑战3：如何保持扁担两头平衡？
新经验：利用自然物（如毛豆秆、石头）增加或减轻担子两头物体的重量，使扁担两头一样重。

挑战4：如何制作相框底板？
新经验：用剪刀在纸板上钻洞，将绳线穿过洞，再绕过相框，并打结固定。

### 教师的反思与评价

● 回顾课程，想一想：在主题选择上你学到了什么？这个主题为什么适合幼儿开展？

在"毛豆大搜寻""毛豆秆收获记""嗨！毛豆！""毛豆秆的变身"这一完整的学习链中，孩子们获得的不仅仅是关于毛豆和毛豆秆的有益经验，更获得了精细动作的发展、审美视野的拓宽、社会交往能力的提升,以及科学理性的思维方式和乐于思考的学习品质。当我追随和助力孩子们成长的同时,我与他们一起拥抱着精彩"哇"时刻。在孩子们寻获毛豆秆前,我未曾想到他们会如此擅长合作,会有这么多奇思妙想,会贴心帮助同伴,会彼此加油打气,会坚持将难题克服;在制作相框前,我也未曾想到他们有着比我更丰富的经验,也会用我想不到的方法解决问题,他们给了我太多的惊喜!孩子们用自己的节奏与方式自然地探索、学习,我也同他们一起,用一颗关怀生态、体贴万物的心探寻生活的意义和价值。

● 主题活动过程中,你的支持策略在哪里?

　　在整个主题活动的开展过程中,我始终坚持回归儿童的生活,追随儿童的脚步,动态把握活动中的"预"与"遇",着眼细节剖析,对儿童思维理性观察,与儿童心灵智慧对话。例如,在孩子们面对"三人合力后也没有拔起硬硬的、粗粗的毛豆秆"这一问题时,我为他们创设充分的互动情境,基于对幼儿讨论、尝试的忠实观察,我顺势进行有效启发,为幼儿提供和同伴交流、合作、分享经验的机会。

● 你会给未来实施这一主题的教师提供哪些建设性意见?

　　随着活动的开展,我发现孩子们对于毛豆的生长过程缺乏了解,后续我们可与孩子共同种植毛豆,通过播种、照料、管理、收获、加工的"全经历",帮助他们体验劳动带来的收获、成功感,进而进行多元表征。

　　每一次主题活动的实施,我们都应聚焦这两个话题:教师如何观察与把握发生在工艺劳动中的各种教育契机?教师如何推动工艺劳动从表浅走向纵深,提升活动质量?活动虽已告一段落,但孩子们的兴趣未减,这时我们可与孩子一起回顾主题实施历程,重新梳理主题脉络,寻找新的活动生长点。此外,还可以从毛豆秆出发,将活动进一步延伸至幼儿课程的各个领域,使幼儿在充分感受毛豆秆这一自然资源中所蕴含的生活、艺术、文化价值的同时,释放天性,找寻快乐,发现自我,发展自我。

## 二、土豆创想曲

### (一)主题活动由来

　　9月,孩子们回到学校,土豆露在地表的茎叶部分正长得茂盛,孩子们看到阔别许久的土豆,纷纷问:"老师,土豆长出来了吗?"我说:"我们挖出来看看吧!"于是,大家拔起了一株,带出了几颗土豆。把旁边的泥土再挖一挖,哇!地底下藏着好多好多的土豆呢!为了挖出更多土豆,大家找来了各种各样的工具:铲子、耙犁、篮筐、口袋,孩子们一边挖一边兴奋地叫喊道:"好多土豆呀!""这个土豆真大!""哇!这么多土豆吃都吃不完!"……孩子们挖得汗流浃背,可是看到一筐筐丰收的土

豆，还是笑得合不拢嘴。

听到孩子们说"这么多土豆吃不完"的时候，我想：土豆除了能吃，还能用来干什么？能不能把土豆作为孩子们的手工艺材料？于是，我们设想围绕土豆开展工艺劳动：在具体的活动中，引导幼儿发挥自己的想象力、创造力，培养幼儿利用材料和使用各种工具解决问题的能力，同时在围绕土豆进行创作的过程中提高幼儿的动手能力。

（二）主题活动脉络

```
┌─────────────────┐    ┌─────────────────┐    ┌─────────────────┐
│  土豆玩偶        │    │  玩转土豆泥      │    │  土豆印画        │
│ • 收集材料并设计造型│ →  │ • 怎样制作土豆泥  │ →  │ • 了解雕刻知识    │
│ • 创意制作玩偶    │    │ • 土豆泥造型     │    │ • 我们的印画作品  │
│                 │    │ • 土豆泥染色     │    │                 │
└─────────────────┘    └─────────────────┘    └─────────────────┘
```

（三）主题活动实录

1. 土豆玩偶

**环节一：收集材料并设计造型**

这么多土豆，形状各异，有大的、小的、长的、不规则形状的……如果根据土豆的不同形状，将它们拼搭在一起，可以做成可爱的玩偶。孩子们开始研究土豆的形状，看看不同形状的土豆可以做成玩偶的哪个部分。

琪琪：大一点的土豆可以做身体，小一点的土豆可以做头。

嘉嘉：这块土豆凸出来的一块可以当作鼻子。

婧怡：这颗椭圆形的土豆可以做成小猪。

老师：你们的创意很好，那用什么材料来连接土豆呢？用什么材料进行装饰？

【劳动经验链接】幼儿在设计造型的过程中，仔细观察土豆的形状特征，发挥想象，绘画设计图，收集装饰材料，用拼插、组合等方法创造出各具特色的土豆玩偶。

"用牙签。""还可以用树枝。"孩子们想到了用辅助材料来拼插、连接土豆。

"可以用我们教室里的毛根、夹子、纽扣、布头来装饰玩偶。"美工区里的各种材料孩子们可以自由拿取,所以他们自然而然想到用教室里已有的材料来装饰。孩子们讨论之后,画好了设计图,准备好工具和材料,就开始制作了。

环节二:创意制作玩偶

孩子们首先在清洗过的一堆土豆中选择自己需要的形状,静怡选了一颗很大的土豆,而晴晴选了比较圆整的土豆。静怡的设计图上画的是一个土豆娃娃,大大的土豆正好可以当作身体,那两只手用什么做呢?静怡想了一会儿,她去拿了两根小棉签,插在土豆的两边,做成土豆娃娃的手,又用超轻黏土捏出了娃娃圆圆的眼睛,不一会儿,一个像模像样的土豆娃娃"站"在了她的面前。

【劳动经验链接】幼儿在制作土豆玩偶的过程中,拼、插、捏、贴等技能动作得到了练习。

2. 玩转土豆泥

环节一:怎样制作土豆泥

土豆可以做成各种美食,如薯条、薯片、咖喱土豆、土豆泥,等等。教师问道:"你们知道土豆泥是怎么做出来的吗?"孩子们开始了各种猜想。

雅婷:用机器搅碎,然后用小木棒搅拌。

子涵:把土豆切开,倒入水融化,然后用木棒搅碎。

我引发幼儿思考:"硬硬的土豆怎么融化,变成软乎乎的泥状呢?"

晴晴思考了一下,说:"先把土豆煮熟,然后用木棒捣烂。"

孩子们说的方法到底能不能成功制作出土豆泥呢?他们决定来试一试。孩子们从百草园中找到了可能需要的工具:搅拌机、电饭锅、儿童砧板和小刀、盘子、勺子。

孩子们用刚才说的三种方法开始制作土豆泥。第一种方法是用机器搅碎后再用勺子搅拌,可是搅拌了很久还是硬硬的颗粒。第二种方法是将土豆切碎加水搅拌，水变成了浑浊的淀粉水，土豆并没有融化。第三种方法是先用电饭锅把土豆蒸熟，然后用勺子捣烂。孩子们尝了一口，真香啊！这就是我们要的土豆泥。

【劳动经验链接】幼儿在制作土豆泥的过程中，学会使用一些易操作的小家电，比如搅拌机、电饭锅等，以及儿童砧板和小刀等工具。

第三种方法成功了，那大量生产土豆泥吧！电饭锅太小，孩子们请食堂王师傅帮忙蒸熟了很多土豆。土豆蒸好了，可是太烫了，孩子们给土豆吹气、扇风，让土豆凉得更快些。终于，土豆不烫了，孩子们洗干净小手，仔仔细细地把土豆皮剥干净，接着开始捣土豆。一开始，孩子们使用勺子，又按又挤。

成成：我按了半天，土豆还是有一块一块的。
嘉嘉：土豆块总是滑走。
老师：那怎么做出细腻的、软软的土豆泥呢？
成成：老师，我们用手抓吧，这样土豆块就不会滑走了，而且手的力气大。
教师：那要把小手洗干净哦，用肥皂仔仔细细地洗一洗。

孩子们洗干净了自己的小手，就把土豆用力地抓烂，他们觉得这样很好玩，比用勺子捣烂土豆更有趣。

### 环节二：土豆泥造型

软软、绵绵的土豆泥不仅尝起来香香的，捏在手里也是很好玩的呢。昕昕把土豆泥捏成了一个球，说道："老师，你看，我把土豆泥捏成了一个球。"

教师说："你可以再捏一个球，看看能够变成什么。"昕昕喊道："叠起来像雪人！"其他孩子听到了我们的对话后，开始讨论起自己要做什么了。

莹莹：我要做小鱼。
成成：我要做一朵小花。
嘉嘉：我要捏一棵松树。
老师：你们的想法真棒！那你们试试看吧！

孩子们先把自己的想法画了下来，然后根据设计图用土豆泥捏自己喜欢的造型。软软的土豆泥像橡皮泥一样在孩子们的手中变换着各种形状。不一会儿，孩子们设想的造型初步成型，可是"小鱼"需要眼睛，"松树"需要装饰品……那用什么来装饰呢？我们平常用的那些装饰材料可不能吃哦，怎么办呢？孩子们想到在喜宴上的餐盘里是用蔬菜和水果来装饰的，那么就到食堂看看有没有可以用来装饰的蔬果吧。

孩子们来到食堂，挑选了一些菠菜、胡萝卜和火龙果。他们把胡萝卜切成小块，做成了"雪人"的帽子，把菠菜整理成长条，做成了"松树"的彩带……有了蔬果的装饰和点缀，孩子们的土豆泥造型瞬间栩栩如生了。

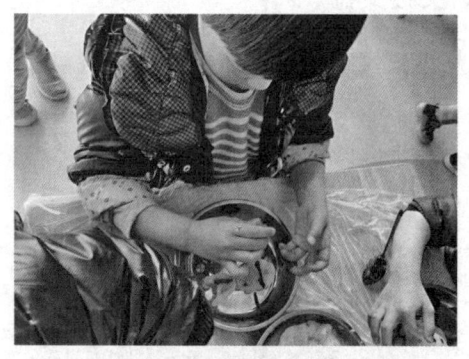

环节三：土豆泥染色

在制作土豆泥造型的时候，有的孩子用火龙果做装饰，火龙果红红的颜色染到了土豆泥上，土豆泥也变成红红的了。孩子们突然想到，可以把土豆泥染成各种颜色，他们又开始了新一轮的讨论。

漠漠：可以用颜料来染色。

琪琪：用蜡笔也可以染色的。

老师：蜡笔和颜料可以食用吗？想想看，什么东西既可以吃又能帮土豆泥染色呢？

阳阳：番茄可以吃的，能把土豆泥染成红色。

阳阳的想法帮孩子们打开了思路，他们开始从脑海里搜寻各种有漂亮颜色的蔬果，青菜可以染出绿色，胡萝卜可以染出橘色，蓝莓可以染出蓝色……于是我提供了一张调查表，让孩子们把自己知道的可以用来染色的蔬果记录下来。

找到了可以用来染色的蔬果后，怎么提取它们的颜色？雅婷说："用榨汁机把蔬果榨出汁水，把汁水和土豆泥混合就能染色了。"她提出的方法得到孩子们的一致赞同。于是孩子们找来手动榨汁机，把菠菜、胡萝卜、火龙果、紫甘蓝洗干净后切成小块，大家分工合作，辰辰扶住榨汁机，静怡用手摇柄，昕昕负责把蔬果塞到榨汁机里去。

【劳动经验链接】幼儿在土豆泥染色的过程中尝试清洗、切、榨汁等劳动，并且进行合作劳动，劳动品质进一步得到提高。

经过一番努力，最后顺利榨出了绿色、橙色、红色和紫色的汁。把这些不同颜色的汁水搅拌进土豆泥中，土豆泥也变成了绿色、橙色、红色、紫色。

这些不同颜色的土豆泥可以做什么呢？

　　昕昕：红色和绿色的可以做西瓜和草莓。
　　婧怡：橙色的可以做成橘子。
　　成成：紫色的可以做成葡萄。

彩色的土豆泥就像彩色的橡皮泥一样，孩子们又开始了创意造型，这次做出来的带有颜色的土豆泥造型非常漂亮，又好看又好吃。

3. 土豆印画

**环节一：了解雕刻知识**

在参加过一次印刻吧作品展示活动之后，孩子们对雕刻产生了兴趣：那些好看的印画是怎么做出来的呢？为什么有的印章的花纹是凹进去的，有的印章的花纹是凸出来的呢？

琪琪：凹进去的花纹是用小刀挖下去的。

芳芳：凸出来的花纹是把旁边的挖掉。

老师：是不是像小朋友说的这样呢？我们来看看视频里的雕刻师傅是怎么说的。

我们从网上找到雕刻师傅介绍雕刻方法的视频，一起了解关于雕刻的知识，原来图案凹进去的雕刻手法叫作阴刻，图案凸出来的雕刻手法叫作阳刻。孩子们听了介绍之后，兴致勃勃，也想要试一下。可是成人用的雕刻材料都太硬了，我们可以用什么来雕呢？孩子们有的说用橡皮，有的说用萝卜，有的说用土豆。对呀，我们收获的土豆不就是现成的雕刻材料吗？

要雕什么图案呢？孩子们有自己的想法。那么先把自己想要雕刻的图案画下来吧，然后大家采用投票的形式选出最想要做的印画设计图。

**环节二：我们的印画作品**

孩子们选择了最喜欢的设计图之后，开始着手制作了，可是那么大一幅画布，一个人完成是很难的哦，孩子们便开始商量分工。

浩浩自告奋勇："我力气大，我来刻土豆。"嘉嘉和乐乐听见了，也一起加入刻土豆的队伍。琪琪和晴晴说："我们来画小朋友。"不一会儿分工完成，大家找来小刀、刻刀、颜料、画笔开始制作。

浩浩他们先把土豆对半切开，然后开始在剖面刻树叶、小花等，琪琪和晴晴则在画布上画上小朋友等形象；浩浩他们刻好后，用不同颜色、不同图案的印章在画布上已有的形象周围进行装饰。

【劳动经验链接】幼儿在雕刻的过程中手部精细动作水平得到再一次的提升，并且培养了耐心、认真的品质。

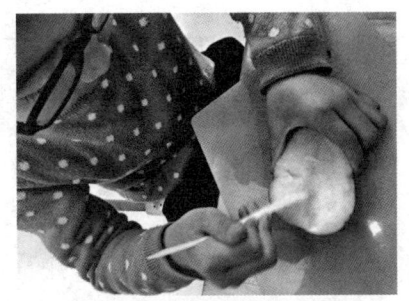

土豆印画桌布在孩子们的巧手中诞生了,他们一起把作品搬到了娃娃家里做装饰,连同亲手制作的玉米皮插花一起,成了娃娃家一道亮丽的风景线。

### (四)幼儿劳动能力评估检核表

班级:_____ 评价对象:_____ 实施时间:_____

| 活动内容 | | 土豆玩偶 | 评价等级 | | |
|---|---|---|---|---|---|
| | | | ★★★ | ★★ | ★ |
| 评价指标 | 劳动认知 | 1. 通过多感官感知土豆,了解土豆的生长情况和主要特征。 | | | |
| | | 2. 知道土豆是具有营养价值的作物,了解土豆的不同吃法和用途。 | | | |
| | | 3. 初步了解土豆的生长习性和收获过程。 | | | |

续表

| 活动内容 | | 土豆玩偶 | 评价等级 | | |
|---|---|---|---|---|---|
| | | | ★★★ | ★★ | ★ |
| 评价指标 | 劳动能力 | 1. 尝试将两个或两个以上的土豆用小木棒进行拼插组合。 | | | |
| | | 2. 了解超轻黏土的基本特性，能够运用简单的搓、捏等方法进行超轻黏土的装饰。 | | | |
| | | 3. 能利用毛根、纽扣、眼睛贴等辅助材料进行创意装饰。 | | | |
| | 劳动思维 | 1. 发散自身思维，将土豆想象成多种事物，如汽车、动物等。 | | | |
| | | 2. 尝试自己解决问题，主动寻求解决问题的方法。 | | | |
| | | 3. 能坚持到底做完一件事情，中途不抛弃、不放弃。 | | | |
| | 劳动情感 | 1. 乐于运用各种感官进行观察活动，在制作土豆玩偶的过程中体验劳动的乐趣。 | | | |
| | | 2. 体会农民伯伯等劳动者的辛苦与不易，珍惜劳动成果。 | | | |
| | | 3. 萌发用自己制作的作品装点环境、美化生活的愿望。 | | | |

班级：_____  评价对象：_____  实施时间：_____

| 活动内容 | | 玩转土豆泥 | 评价等级 | | |
|---|---|---|---|---|---|
| | | | ★★★ | ★★ | ★ |
| 评价指标 | 劳动认知 | 1. 通过观察土豆，了解土豆的生长情况和主要特征。 | | | |
| | | 2. 知道土豆是具有营养价值的作物，了解土豆的不同吃法和用途。 | | | |
| | | 3. 初步了解土豆的生长习性，掌握土豆播种、管理、收获、储存的基本方法。 | | | |
| | 劳动能力 | 1. 掌握制作土豆泥的基本步骤和方法，在制作的过程中练习剥、压、捻、按等动作。 | | | |
| | | 2. 寻找可以用来染色的蔬果，尝试用不同的方法提取蔬果汁液，为土豆泥染色。 | | | |
| | | 3. 综合运用揉、搓、捏等多种技法将土豆泥做成各种不同的造型，并进行创意摆盘。 | | | |

续表

| 活动内容 | | 玩转土豆泥 | 评价等级 | | |
|---|---|---|---|---|---|
| | | | ★★★ | ★★ | ★ |
| 评价指标 | 劳动思维 | 1. 在进行创意摆盘的过程中，突出一个主题，并进行边缘图案的装饰。 | | | |
| | | 2. 综合利用土豆泥、胡萝卜等多种材料，能按简单的规律进行装饰和摆盘。 | | | |
| | | 3. 能坚持到底做完一件事情，中途不抛弃、不放弃。 | | | |
| | 劳动情感 | 1. 享受自主探究的乐趣，体验通过努力从失败到成功的快乐。 | | | |
| | | 2. 体验丰收的喜悦之情，萌发对农民等劳动者及其劳动成果的尊重。 | | | |
| | | 3. 在烹饪活动中感受生活的丰富多彩和乐趣，享受自我服务的快乐。 | | | |

班级：_____  评价对象：_____  实施时间：_____

| 活动内容 | | 土豆印画 | 评价等级 | | |
|---|---|---|---|---|---|
| | | | ★★★ | ★★ | ★ |
| 评价指标 | 劳动认知 | 1. 通过观察土豆，了解土豆的生长情况和主要特征。 | | | |
| | | 2. 知道土豆是具有营养价值的作物，了解土豆的不同吃法和用途。 | | | |
| | | 3. 初步了解土豆的生长习性，掌握土豆播种、管理、收获、储存的基本方法。 | | | |
| | | 4. 认识安全刀等雕刻工具，知道其简单的使用方法。 | | | |
| | 劳动能力 | 1. 在了解"画、刻、雕"这三个基本步骤的基础上，尝试进行简单的雕刻劳动。 | | | |
| | | 2. 比较阳刻、阴刻的不同，能熟练运用这两种技法雕刻出简单的图案，自制土豆印章。 | | | |
| | | 3. 尝试用多种图案或形状进行组合盖印，并在操作过程中掌握盖印的方法。 | | | |
| | 劳动思维 | 1. 在使用自制的土豆印章、植物的根茎叶、各种蔬果切面等组合盖印的过程中，合理搭配色彩，感受层次关系。 | | | |
| | | 2. 探索形状、图案的不同组合方法，灵活运用对称、旋转、重复等方法进行盖印。 | | | |
| | | 3. 通过探索、操作，找出圆形或正方形的中心点，能从中心点出发进行纹样装饰。 | | | |

续表

| 活动内容 | | 土豆印画 | 评价等级 | | |
|---|---|---|---|---|---|
| | | | ★★★ | ★★ | ★ |
| 评价指标 | 劳动情感 | 1. 乐意参与简单的农事农活，感受劳动的辛苦和快乐。 | | | |
| | | 2. 体验丰收的喜悦之情，尊重农民等劳动者，珍惜他们的劳动成果。 | | | |
| | | 3. 体验与同伴共同创作的乐趣，获得成功的满足感。 | | | |
| | | 4. 萌发用自己制作的作品装点环境、美化生活的愿望。 | | | |

## （五）主题活动评估反馈表

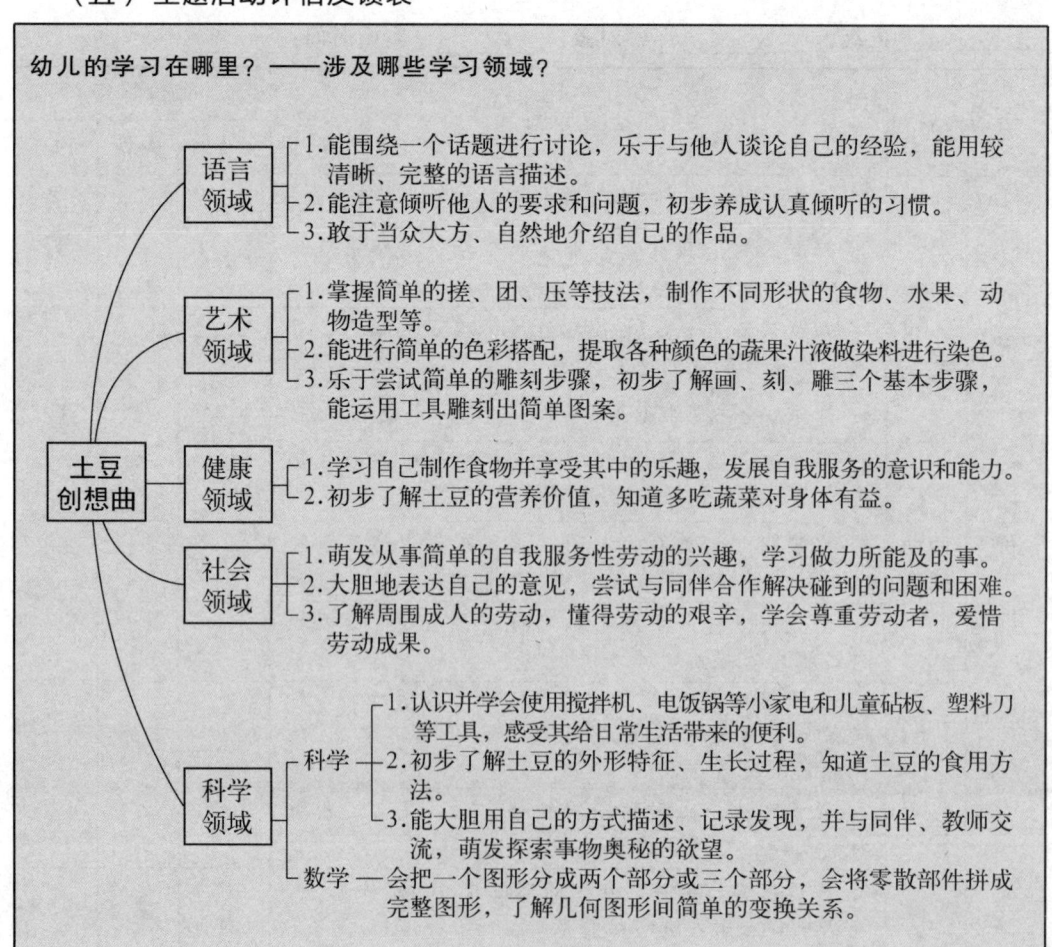

续表

**幼儿的经验在哪里？——获得了哪些具有挑战性的新经验？**

挑战1：怎样制作土豆泥？

新经验：学会使用搅拌机、电饭锅等简易小家电，利用多种方法捣烂土豆，如用勺子挤按、用手抓烂等。

挑战2：怎样给土豆泥做造型和染色？

新经验1：在绘制设计图的基础上，综合运用搓、揉、压、捏等方法，将不同形体组合拼摆起来，并利用其他蔬果做点缀。

新经验2：学会使用榨汁机，尝试提取各类蔬果汁液做染料，进行土豆泥染色。

挑战3：怎样制作土豆印章？

新经验：了解阳刻、阴刻两种雕刻方法，尝试运用工具在土豆剖面上雕刻出简单图案。

**教师的反思与评价**

- 回顾课程，想一想：在主题选择上你学到了什么？这个主题为什么适合幼儿？

"土豆"给了孩子们一个全新的视野：原来土豆不仅可以制成美味食物，还可以变成创意小物件，为生活带来更多的趣味。在漫长的种植过程中，孩子们悉心照料土豆生长，也在无形之中具备了耐心，学会了等待。随着活动的逐步深入，孩子们在劳动的过程中体验到了成功的喜悦：有土豆成熟满载而归的快乐，有大胆创造挥洒灵感的满足，更萌发了用自己的双手美化生活的美好愿望。与此同时，正因有了全过程的亲力亲为，幼儿倍感劳动的不易，深切体会到了劳动者的艰辛。本活动在深挖农作物教育内涵的基础上，培养了孩子们认识劳动、尊重劳动、热爱劳动的态度和意识。

- 主题活动过程中，你的支持策略在哪里？

这一路走来，我学会了停下脚步，学会了俯下身倾听孩子们的需要，也学会了蹲下来与他们建立良好的对话关系。在活动过程中，我鼓励孩子们从不同角度进行思考，让思维多向流动，获得解决问题的多种方法。如在制作土豆泥时，我提出开放性的问题，点拨幼儿，帮助他们梳理已有的经验，又引导他们从新的方向、角度去思考用什么给土豆泥染色、如何来染色等，以此促进幼儿创造性思维的发展。

- 你会给未来实施这一主题的教师提供哪些建设性意见？

孩子们知道了阳刻、阴刻的雕刻方法，也开启了土豆剖面雕刻初体验，但在实际操作中，他们发现土豆剖面切割后不太平整，幼儿用塑料刀雕刻时易打滑，不便于图案细节的处理。可以针对这些问题，在后续活动中帮助幼儿巩固、强化雕刻技能，引导幼儿先学习平面纸雕刻，在他们熟练掌握并灵活运用雕刻技法的基础上，再鼓励其按照设计图在土豆剖面上进行雕刻。为进一步拓展幼儿的经验，还可以引导幼儿学会使用刻刀，并配备垫板、手套等，进一步提升他们的自我保护意识。

## 三、我和向日葵有个约会

### （一）主题活动由来

一天，桐桐带来了一张照片，并向小朋友介绍着："这是我去年和爸爸妈妈去苏州拍的，那里有一大片向日葵！"这张照片吸引了许多孩子，大家都说："哇，好漂亮呀，我也要和爸爸妈妈去！""我妈妈说向日葵最后就会变成瓜子！""不可能！花怎么能吃呢？"就这样，一场关于向日葵的大讨论开始了……大自然对孩子们而言总有着强大的吸引力，孩子们会在与环境的互动中产生兴趣，主动学习。基于孩子们的兴趣，利用班级的种植园地，一段与向日葵共成长的故事就这样开始了。

### （二）主题活动脉络

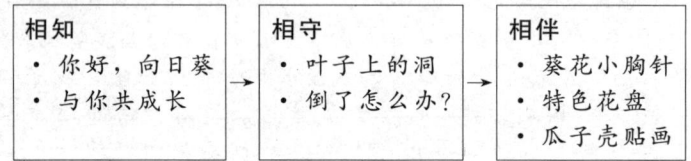

### （三）主题活动实录

1. 相知

**环节一：你好，向日葵**

向日葵是什么样子的呢？大家争先恐后地回答："很大！很高！""它的花是黄色的，特别漂亮，妈妈说中间黑黑的就是我们吃的瓜子！"孩子们对于长大了的向日葵似乎都不陌生，但是当我问到种子什么样、生长过程是怎样的等问题时，他们都沉默了。于是，我找了一本关于向日葵的绘本，向他们讲起了关于向日葵成长的故事。

　　桐桐：你看，这个向日葵的种子就是吃的瓜子！
　　木木：对！我爸爸昨天还吃了，就是这个样子的！
　　桐桐：那我们是不是也能种出向日葵啦？
　　木木：我明天就带过来！

孩子们发现，向日葵的种子原来就是我们吃的瓜子，于是孩子们纷纷表示要找一些生葵花子带过来，在幼儿园里种一片向日葵。

【劳动经验链接】幼儿主动迁移生活经验，思维能力得到提高。在播种过程中也练习了挖、撒等手部动作。

**环节二：与你共成长**

很快，向日葵发芽了，孩子们在户外活动时天天观察着它们，看着向日葵长出了叶子，像青菜一样矮小，孩子们很着急。

　　馨馨：这个向日葵是不是长不高呀？

　　齐齐：不会的，向日葵会长得比我们还高的！

　　馨馨：可是你看它现在才长到我的腿这里。

【劳动经验链接】幼儿通过对比、观察、记录等办法，能用多种感官或动作去探索物体，关注动作所产生的结果。

看到孩子们对向日葵比画着，我们开展了"我和向日葵比身高"的活动，让孩子们以自己为参照物，看看向日葵长到自己的哪里。

孩子们还记录下向日葵的成长点滴……

2. 相守

**环节一：叶子上的洞**

　　熠熠：老师，你快来看，这个叶子上有洞洞！

　　熙熙：快来呀老师，这个叶子还变成黄色的了！

一天户外活动时，孩子们突然喊了起来，原来是发现向日葵的叶子上有许多大洞，这可把孩子们急坏了，他们给出了各种各样的猜测：

【劳动经验链接】幼儿在探索中思考，通过迁移生活经验来进行简单的推理和分析，发现事物之间明显的关联。

　　城城：是不是被小鸟吃掉了？我们去后面游乐农场拿几个稻草人吧！

　　月月：是不是大青虫又来了？

　　凯凯：你看，这里有虫子的便便，虫子在那里！是它们吃掉的叶子！

　　希希：不是，这是瓢虫，妈妈说瓢虫是益虫，是保护庄稼的。

孩子们对于这个洞的"罪魁祸首"非常感兴趣,于是我请孩子们回家和爸爸妈妈查找资料,第二天再来与大家一起讨论。第二天,孩子们就带来了他们的答案:洞洞是蚜虫咬出来的,而我们找到的那些瓢虫是吃蚜虫,保护向日葵的;叶子变黄也是因为这几天一直下雨,所以生出了霉菌。结合上学期的经验,孩子们很快就想到了要请阿姨帮忙喷农药,大家一起开始了拯救向日葵的行动……

**环节二:倒了怎么办?**

向日葵在阳光和雨水的眷顾下慢慢长大了,可是孩子们很快就发现,向日葵越长越高,但它的茎又细又软,很容易就倒了!怎么才能让它"站"得又稳又直呢?孩子们想出来许多办法……

程程:可以把它往回拉,像纸一样,往后面折。

文文:我们用绳子围住,这样它们就靠在绳子上,不会倒下去了。

源源:可以用我的积木把它围起来。

"拯救向日葵行动"又开始啦。在讨论会上,孩子们提出了许多方法,都记录了下来,准备一项一项地尝试。

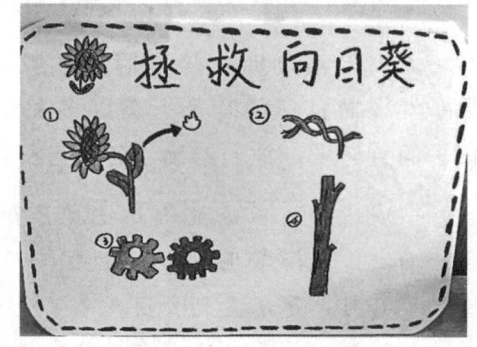

讨论结束,开始拯救向日葵!

方法一:把向日葵往反方向折。

孩子们很快发现，这样会把向日葵折坏，而且一松手向日葵就又回到了原来的样子，这个方法失败了……

方法二：用绳子把向日葵圈住。

木木：我拉住这边的绳子，你去那边，我们把向日葵围起来！

优优尝试了一下：哇，向日葵站起来了！

荣荣：可是里面的向日葵还是倒着的呀？

孩子们发现第二个方法对于外圈的向日葵很有效，但长在园地里面的向日葵还是倒下的，于是，孩子们尝试了第三种方法。

方法三：用积木把向日葵围起来。

希希：我用雪花片搭了一个框，可以把向日葵放进去，这样它就不会倒来倒去了！

凯凯：我们一起搬出去吧！

希希：看，我就说我的方法有用吧！

第三种方法似乎非常有效，五颜六色的"保护壳"也为向日葵增添了不少色彩，孩子们很开心。但是几天后，孩子们发现这样向日葵的叶子没有办法长大，因为一直被圈在积木框子里。

【劳动经验链接】孩子在多次尝试的过程中，折、举、捏、插、拔等基本动作都得到了练习，大肌肉动作水平进一步发展。

馨馨：这个叶子好可怜，它都被积木卡住了坏掉了，我们拿掉（积木）吧。

荣荣：可是拿掉了向日葵就要倒下来了，现在向日葵靠在积木上呢。

恒恒：我们用树枝吧！树枝也是高高的，向日葵可以靠在树枝上，叶子也不会被框住了！

荣荣：对，我们用树枝，然后用绳子系起来，这样就不会倒了！

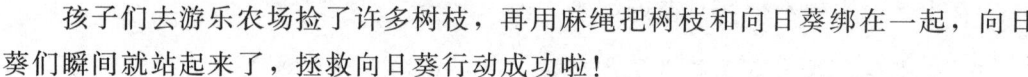

很快，大家从方法三中得到了启发，想出了第四种方法。

方法四：用木棍支撑。

齐齐：谁来帮我扶一下这个向日葵？

月月：不对不对，你没有绑到这个根。

璐璐：我帮你把这个树枝拿好。

孩子们去游乐农场捡了许多树枝，再用麻绳把树枝和向日葵绑在一起，向日葵们瞬间就站起来了，拯救向日葵行动成功啦！

实践出真知。通过验证，孩子们想出来的每一种方法都有一定的效果，他们在实验的基础上不断改进，最终选择了"绑木棍"的方法，这个方法要用到的材料最常见，数量最多，孩子们操作起来最方便。

3. 相伴

太阳从东方探出头来，向日葵转过脸去面对着太阳绽开了笑脸，很快就到了葵花怒放的季节，葵花揭去了遮面的绿纱，露出黄艳艳的脸盘，就像一只只圆圆的金盘。金盘的周围又长着许多小黄叶，恰似太阳射出的道道金光。孩子们每天都在向日葵前玩游戏、谈话……但很快又进入梅雨季，狂风暴雨后，有几棵向日葵被打倒了。看着倒在地上的向日葵，大家既不舍得扔，又不知道怎样处理……

**环节一：葵花小胸针**

茹茹：前几天我和妈妈还有姐姐一起晒了花，妈妈说那样花就会死得慢一点。

雯雯：那我们也把这些小花晒干吧，这样就可以一直看到向日葵了！

于是，我带领孩子们一起把被雨水打坏的花剪下来，用纸巾把水珠擦干，放在阴凉的地方把花晾干，几天以后，向日葵干花完成啦！

【劳动经验链接】向日葵花瓣比较软，孩子们在操作过程中懂得了要控制力量，弯、拔、拨等动作都得到了进一步的发展，精细动作水平再一次提高。

正巧娃娃家娃娃身上的小花胸针坏了,孩子们提议:我们自己做一个向日葵胸针,这样可以放到娃娃身上啦!

一开始,孩子们发现花朵后面不平,胸针又只有一层很薄的金属边缘,两者没有办法粘在一起,于是我引导他们去美工车上寻找工具,很快他们想到了方法:先把向日葵贴在纸板上。

馨馨:这个胸针贴不住,我手松开它就掉下来了。

璐璐:那你用这个胶水试试看。

馨馨:不行,还是粘不住,都把我的小胸针弄脏了!

> 【劳动经验链接】孩子在尝试过程中了解了双面胶、白乳胶黏性的不同,也练习了剪、撕、捏、挤等基本动作。

馨馨:白乳胶也粘不住。还可以用什么呀?

璐璐:老师经常用胶枪粘坏了的东西,我们也用那个吧!

馨馨:可是老师经常说那个很危险,我们要离它远一点。

鑫鑫:我哥哥会用,他就在楼上的大(5)班,我们去请他帮忙吧!

孩子们想到了请大班的哥哥姐姐们帮忙,于是我带他们去楼上寻求帮助。

鑫鑫:哥哥,你可以用胶枪帮我们把这个粘起来吗?

鑫鑫的哥哥:好的,我去拿一下工具,再叫几个好朋友来!

> 【劳动经验链接】孩子在遇到困难时懂得自己思考解决方法,并敢于尝试;压、塞、扶等基本动作在使用胶枪的过程中得到了练习。

璐璐：太好了，我们的葵花胸针做完啦！

向日葵胸针完成后，孩子们迫不及待地将它夹在了娃娃身上。瞧，娃娃又变得漂漂亮亮的啦！剩下这么多胸针，我们可以拿来做什么呢？

除了送给哥哥姐姐们表示感谢、放在"小超市"售卖以外，我发现孩子们都很喜欢向日葵胸针，所以我将胸针作为"月之星"和值日生的奖励，以此来鼓励孩子们。果然，自己制作的"奖品"对他们的吸引力格外大，在之后的一段时间中，他们都积极地进行垃圾分类，班级常规的水平也得到了很大的提升。

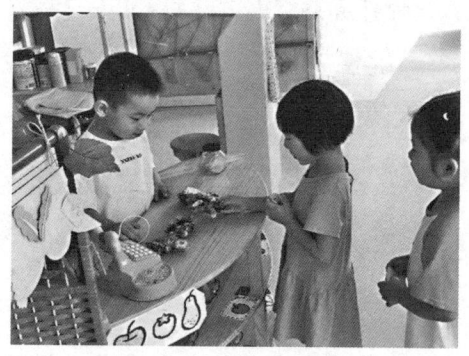

孩子对于自己感兴趣的事物总是格外认真，当他们自己提出要完成某件作品时，他们会想办法解决各种困难，愿意为了这项目标去努力，去突破自己，只为了最后看到成品时所获得的幸福感。我想，这就是我们所追求的"充分发挥儿童的主动性"。

### 环节二：特色花盘

很快，向日葵长大了，孩子们把中间的葵花子收掉后，看着又大又空的花盘，忍不住用手在上面比画。但是花盘不像纸，怎样才能把想画的留下来呢？这一次我让他们把问题带回家，请他们和爸爸妈妈一起想办法。

孩子们想到了五颜六色的超轻黏土,爸爸妈妈们也把材料准备得很齐全,但是真的动手时,似乎又遇到了问题:黏土这么多,应该怎么贴呢?

【劳动经验链接】在使用超轻黏土的过程中,孩子们滚、搓、捏、压等技能都得到了提高。

希希:我先把想贴的画下来吧,这样我就可以照着贴了!

希希妈妈:你想贴什么主题呢?

希希:我要贴一个漂亮的海底世界!

有了设计图的帮助,孩子们很快就完成了美丽的花盘。

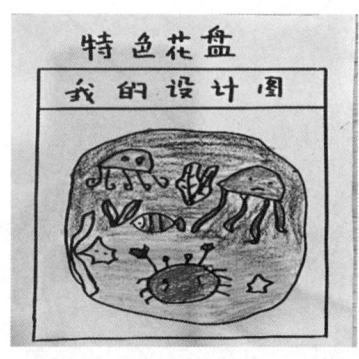 

这么多花盘,我们可以拿来干什么呢?这时果果说:"我做的是小蝌蚪找妈妈,我来给你们讲故事!"于是孩子们纷纷拿着自己的特色花盘来讲故事。同样的花盘,在不同的小朋友眼中也有不同的故事,于是我们把这些花盘放到了语言区中,让孩子们借这些作品充分表达。

### 环节三:瓜子壳贴画

我们辛辛苦苦种的向日葵丰收啦,有好多的瓜子哦,很多小朋友迫不及待地想要炒来吃,这时木木说:"可是吃掉了就没有了,我想把它一直留下来。"怎么留下来呢?木木想要把瓜子壳贴起来,许多小朋友也表示要加入。可瓜子壳这么小,应该怎么粘呢?

孩子们第一次只是尝试了拼摆,将瓜子放在白纸上,感受贴画的效果。

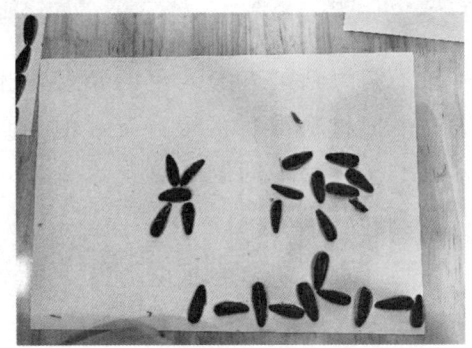

但是孩子们很快发现,这样拼出来的图案并不好看,总是乱七八糟的,而且一不小心就会弄乱掉。

老师:用什么办法可以让我们记得要拼出的图案,又不会让瓜子壳乱动呢?
越越:我知道,我们可以用画设计图的方法!
昊昊:可以把瓜子壳粘起来。

于是孩子们开始画设计图,并在设计图上进行拼贴。

有了设计图的帮助,孩子们的瓜子壳贴画内容逐渐丰富起来。这时有孩子提出想给作品涂上漂亮的背景,于是他们拿起小刷子,在纸上刷上了背景色。

刷完背景色后的孩子们又遇到了新问题:颜料很黏,胶水涂不上去,而且会把涂好的颜色晕开来,怎么把瓜子壳贴上去呢?有孩子提议用双面胶贴,说不定可以把瓜子壳贴得更牢固,妍妍听后,和好朋友开始了尝试,但是她们很快发现：当双面胶粘到瓜子壳上后，若想撕下表面的那层白色纸，那双面胶有黏性的部分也会一起从瓜子壳上掉落下来。双面胶也不行，该怎么办呢？于是，我再次引导孩子们去美工车上寻找工具，很快他们发现了超轻黏土。

悦悦：用这个吧！我们可以把黏土放在纸上，然后再把瓜子壳贴上去就行啦！

梓梓：哇，这样五颜六色的好好看！就用这个吧！

悦悦：我这个花园好大呀，你可以帮我一起做吗？

梓梓：当然可以了！

孩子们的作品陆续完成，但是作品普遍停留在平铺瓜子壳层面，都以平面画为主，于是我启发他们思考如何将作品制作得更有立体感。孩子们想到《骑白马的苍耳》的故事，想要做一只小刺猬，有了故事的启发，他们想到了把瓜子壳插在超轻黏土上，孩子们很快就把"刺猬"完成了，但是，"刺"乱七八糟的，一点也不美丽。

航航：听我的！现在我们把刺都拿下来，我们这样先粘外面的一圈，把这个尖尖朝上，白色的对着外面。

乐乐：一圈好了，现在里面变小了不能画圈了，我们一排一排地贴吧！

航航：好的，你这个贴反了，尖尖的要朝上呀！

孩子们自己制定了一个规律，并且按照商定好的规律开始合作拼贴，很快一只"小刺猬"就完成了。

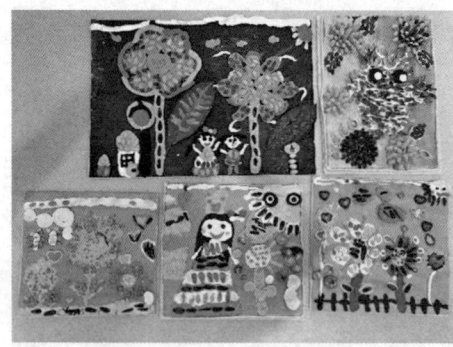 

学期结束时，孩子们为自己举办了特色作品展，当一幅幅创意十足的瓜子壳贴画展示出来时，引发了其他孩子热烈的讨论和激动的赞叹。

　　宸宸：这是用什么做的呀？真漂亮！

　　轩轩：这是我们用瓜子壳做的哦，厉害吧！

　　天立：我们还用上了开心果壳，还有别的各种各样的壳。

瓜子壳给予孩子们艺术创作的新灵感，他们迫不及待地想用瓜子壳拼贴出更多天马行空的作品，还想在来年继续种下向日葵，这样他们又可以和向日葵一起踏上一段别样的探索之旅啦！

## （四）幼儿劳动能力评估检核表

班级：_____  评价对象：_____  实施时间：_____

| 活动内容 | | 我和向日葵有个约会 | 评价等级 | | |
|---|---|---|---|---|---|
| | | | ★★★ | ★★ | ★ |
| 评价指标 | 劳动认知 | 1. 观察感知向日葵的形状、色彩、大小等特征，知道向日葵种子的作用。 | | | |
| | | 2. 了解向日葵的生长过程、价值功用，对植物的生长变化感兴趣。 | | | |
| | | 3. 认识铲子、耙子等农用工具，掌握其使用方法。 | | | |
| | 劳动能力 | 1. 学会松土、播种，积极参与向日葵的种植、养护、收获过程。 | | | |
| | | 2. 掌握剥瓜子壳的技巧，锻炼手眼协调能力。 | | | |
| | | 3. 能够利用超轻黏土按照设计图组合拼贴瓜子壳、开心果壳、松子壳等，并能自创规律进行立体拼贴。 | | | |
| | 劳动思维 | 1. 与同伴合作，利用多种方式，如拉绳子、搭架子等，使向日葵不倒伏。 | | | |
| | | 2. 运用两种或两种以上自然工具测量向日葵的高度。 | | | |
| | | 3. 遇到困难不放弃，和同伴一起想办法克服困难。 | | | |
| | 劳动情感 | 1. 细心呵护、耐心等待向日葵的生长，萌发爱护生命、保护环境的美好愿望。 | | | |
| | | 2. 理解并接纳每一个生命个体的独特性，具备体贴万物的人文关怀。 | | | |
| | | 3. 了解周围成人的劳动以及与人们生活的关系，懂得尊重劳动者，珍惜他人的劳动成果。 | | | |

## （五）主题活动评估反馈表

**幼儿的学习在哪里？——涉及哪些学习领域？**

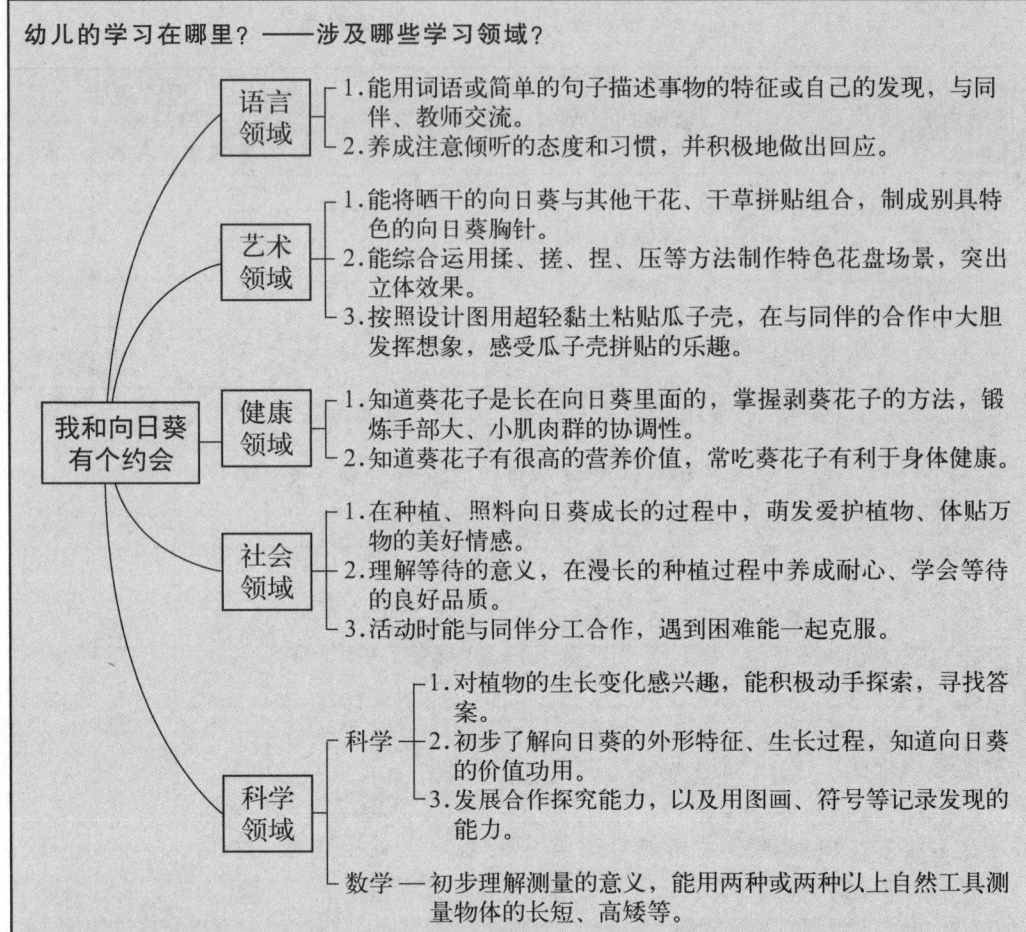

**幼儿的经验在哪里？——获得了哪些具有挑战性的新经验？**

挑战1：如何使向日葵不倒伏？

新经验：在集体讨论中思考可行的方法，分别是：把向日葵往反方向折、用绳子把向日葵圈住、用积木把向日葵围起来、用木棍支撑，并一一进行尝试，最终比较选取最佳方法。

挑战2：如何制作向日葵胸针？

新经验：把向日葵花晾干，与日常收集的各类干花干草一起组合拼贴，并尝试将其固定在纸板上。

挑战3：瓜子壳贴画的一系列操作尝试。

新经验1：利用超轻黏土将瓜子壳、开心果壳、松子壳等粘贴在设计图上。

新经验2：进一步拓展粘贴经验，学会将瓜子壳等立体粘贴起来，以表现"刺猬"身上的"刺"，并能自创拼贴规律。

**教师的反思与评价**

● 回顾课程，想一想：在主题选择上你学到了什么？这个主题为什么适合幼儿？

在时间跨度较长的种植历程中，孩子们学会了欣赏，学会了等待，他们惊喜于向

续表

日葵的点滴成长变化，期间用自己的方式记录、见证着生命的美好，也愿意付出辛劳——浇水、除虫、修剪……悉心呵护向日葵长大。孩子们不仅对向日葵的外形特征、生长过程有了一个全方位的认识，也体会到辛勤付出后有所收获的甜蜜——品尝美味的葵花子，将晒干向日葵加工成特色手工作品点缀生活……他们在自然的润泽中感受生命的灵动和美好，并以劳作的方式追寻生活的意义，走向内心的敞亮明澈。

● 主题活动过程中，你的支持策略在哪里？

我及时把握活动中的教育契机，使预设和生成相生共融，引导幼儿在与环境、材料的相互作用中不断生成新的发现、新的思考、新的活动。例如，孩子们发现日渐成熟的向日葵"弯下了腰""垂下了头"，萌发了帮助向日葵的美好愿望，我顺势组织孩子们进行了一场"保护向日葵大作战"，引导孩子们将自己想出的使向日葵不倒伏的方法付诸实践；又如，创作瓜子壳贴画时孩子们遇到了困难——如何将瓜子壳固定粘贴在图纸上？如何在拼贴时保证图案不零乱？如何使贴画成品更特别？我启发幼儿在一次次的操作尝试中总结经验，并与同伴思考解决问题的适切方法。

● 你会给未来实施这一主题的教师提供哪些建设性意见？

在今后的主题活动中，可以结合幼儿已有的瓜子壳拼贴经验，将平面拼贴进一步延伸为多维空间造型的立体拼贴，如在用超轻黏土捏塑出立体猫头鹰的基础上，再用瓜子壳拼插全身，以呈现层层叠叠的羽毛的效果。还可以从实际生活出发，深入拓展幼儿的创作思路，例如：以向日葵、其他干花、干草为主材，辅以粗麻绳、木板等，制作特色挂饰装点环境；又如：将向日葵、干花与丝带相结合，制作创意手腕花，美化生活。

## 四、待到西瓜成熟时

### （一）主题活动由来

中午散步的时候，孩子们来到幼儿园的种植园地，边散步边观察。"哇，这里有西瓜！"晨晨的话打破了散步时的安静，孩子们立刻围成一圈开始观察西瓜。"快看，这是西瓜的花，是黄色的！""荣荣！不可以用手碰西瓜的！这样西瓜会长不大的！"姝澄看到荣荣的动作后立刻制止，"我王庄的家里也种了西瓜，奶奶上次对我说了，不可以随便摸小西瓜的。"其他孩子也十分激动："嗯！我们不能摸西瓜。"听到了这些话语后，我也加入了孩子们的讨论："那怎样让经过这里的其他小朋友也知道不能碰西瓜呢？"我的问题引发了孩子们的思考，孩子们与西瓜的故事由此开始……

### （二）主题活动脉络

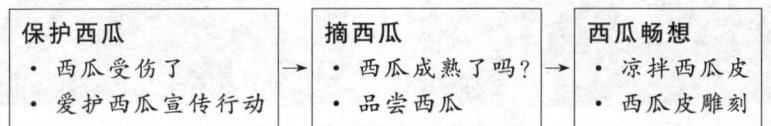

## （三）主题活动实录

### 1. 保护西瓜

#### 环节一：西瓜受伤了

西瓜是什么样子的？"西瓜是圆圆的，是绿色的。""西瓜上还有好看的条纹。""西瓜还有黄色的小花，它的叶子也很漂亮。"有的孩子根据刚才的观察，有的孩子基于自己的生活经验，各自发表着看法。姝澄说："刚才看小西瓜的时候，有的小朋友在乱摸西瓜，这是不对的。奶奶告诉我不可以随便摸西瓜，我们要保护西瓜。"孩子们纷纷表示同意。

怎样保护西瓜呢？"我家里的西瓜是住在大棚里的，不如我们给西瓜宝宝搭一个家吧？"姝澄建议道。

【劳动经验链接】幼儿在讨论保护西瓜的方法的过程中，丰富了关于西瓜种植、养护的知识，农耕劳动经验也得到了增长。

于是我和孩子们一起讨论："应该选择什么样的材料去给西瓜搭一个保护架呢？"

骐骐：我们可以在"建筑工地"上搭一个房子，给西瓜住。

鑫鑫：教室里的雪花片可以用来搭一个保护架吗？

心心：可以选一个硬硬的东西或者木板来保护它们！

我把孩子们的讨论结果画了下来，在"建筑工地"和晨间区域游戏中，鼓励孩子们进行设计和搭建。但是孩子们搭完以后，发现自己的作品并不能很好地保护西瓜。

骐骐："建筑工地"上搭好的房子怎么搬到西瓜地里呢？

鑫鑫：雪花片保护架好像不好固定，总是倒下来。

心心：不如我们请大班的哥哥姐姐来帮助我们，给西瓜搭一个保护架吧！

我请孩子们带着问题向大班的哥哥姐姐求助。

### 环节二：爱护西瓜宣传行动

大（5）班的孩子们听说要保护西瓜地里的西瓜，马上就去做了实地调查。他们发现西瓜地的外面一圈是由小围栏围起来的，然而因为之前的哥哥姐姐铺设了一条便于观察和照顾西瓜的小路，所以可能会有小朋友不小心"伤害"西瓜。

梓恒：我发现有几个西瓜长在栅栏的旁边，小朋友的手很容易伸过栅栏去摸西瓜。

越越：我觉得我们可以画一幅保护西瓜的宣传画来告诉小班的弟弟妹妹不能触摸西瓜。

嘉昊：我们可以使用锯齿玩具的积木片给西瓜搭一个家，还要搭建得牢固一些。

孩子们商量了建构的形状、所需要的材料后就开始了行动。他们以可以紧密互扣的锯齿积木为主材，辅助使用了一些小木棍。在小组合作下，一个醒目的小架子就制作完成了。"不好！小西瓜快淹死了！"一声惊呼打断了西瓜地里热火朝天的"施工"。孩子们发现，在地里的低洼处，有一根西瓜藤已经变黄，快要枯萎了……

梓宸：你看它周围的土地上全是水，泥土也是烂烂的。

嘉昊：上次杨老师说，最近是梅雨季节，一定是下雨太多，把小西瓜给淹死了。

梓宸：那接下来还有可能会下雨，到时候别的西瓜可别也被淹死了！

辰辰：我们得找个板把西瓜垫高一点，这样它就不会烂在水坑里！

> 【劳动经验链接】幼儿在梅雨节气中感受农作物受到的影响，由此了解时令节气与农作物生长的密切关系。与此同时，学会在团队合作中动手动脑解决农作物的生长问题。

用什么材料来把西瓜垫起来呢？它不能够太坚硬，太坚硬会妨碍西瓜宝宝的生长；它也不能太软，太软会被雨水给破坏掉。最后孩子们商量出用 KT 板作为

垫高的材料。几个孩子负责轻轻地将西瓜抬起来，一个孩子负责在下面垫上一块裁好的KT板。在建构的过程中，孩子们结合梅雨天气的特点因时制宜改善了保护西瓜的方案：先给西瓜垫高，然后再设置保护架，最后他们把宣传画放置在西瓜地的附近。保护西瓜的行动暂时告一段落。

2. 摘西瓜

### 环节一：西瓜成熟了吗？

阴雨绵绵的一段时间过去了，太阳总算冒出了头。孩子们跟随阳光来到了西瓜地里，他们发现西瓜们已经长大了不少。西瓜成熟了吗？我们可以品尝西瓜了吗？这个疑问被带到了小（7）班的晨间谈话活动中，我也请孩子们把这个问题带回家和爸爸妈妈讨论。

诗涵：我和爸爸妈妈一起去水果店买西瓜的时候，爸爸拍了拍西瓜，用耳朵听一听。

骐骐：我觉得西瓜长得大大的、圆圆的就是成熟了。

婷婷：西瓜上面有深绿色的花纹，长得很清楚，就是成熟了。

澄澄：我妈妈说还要看西瓜藤。西瓜藤变弯并且有些枯萎的时候，西瓜就成熟了。

【劳动经验链接】幼儿在辨别西瓜是否成熟时调动了多种感官，使用了听一听、敲一敲、拍一拍、抱一抱等综合的劳动技能。

听到孩子们的讨论后，我把他们的想法收集整理成一份"西瓜成熟档案卡"。带着"西瓜成熟档案卡"，孩子们走进西瓜地，寻找成熟的西瓜。

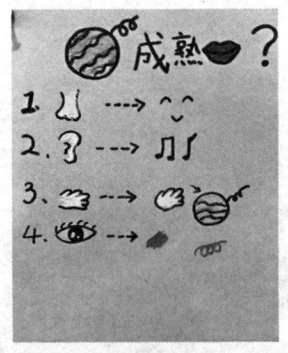

### 环节二：品尝西瓜

在"西瓜成熟档案卡"的帮助下，小朋友们用耳朵听一听、用眼睛看一看、用小手拍一拍，从西瓜地里摘下自己认为成熟了的西瓜。这个西瓜真的成熟了吗？我们自己种的西瓜会和外面卖的一样美味吗？

诗涵：哇，我听到了小西瓜裂开的声音了！这个西瓜一定很好吃！

骐骐：西瓜好甜，这个西瓜的子全都是黑色的！西瓜的汁水都流下来了！

瑶瑶：吃西瓜的时候可不要把西瓜子吃下去了，它会在你的肚子里发芽的！

婷婷：真的是太好吃了！我都不小心咬到了西瓜皮，西瓜的皮也是薄薄的。

在品尝西瓜的过程中，孩子们调动了多种感官进行观察和认识。孩子们发现自己种的西瓜成熟度刚刚好，有许多黑色的西瓜子。有的孩子因为西瓜太好吃了，甚至连西瓜皮绿色的部分也啃了几口。"西瓜子真的会在肚子里发芽吗？""那西瓜皮可不可以吃呢？"随着这些疑问的提出，课程又向更深处走去……

3. 西瓜畅想

### 环节一：凉拌西瓜皮

"西瓜皮可不可以吃呢？""西瓜皮当然可以吃啦！我家里还做过凉拌西瓜皮呢！"中（4）班的孩子们信心满满地说道。凉拌西瓜皮是怎么样制作的？先要把西瓜最外面绿色的皮削去。孩子们来到百草园，在清洗自己的小手以后，选择了两种不同的操作工具开始削皮。削皮器和水果刀，哪一种工具可以更方便地削皮呢？甜甜选择了水果刀，她把西瓜皮绿色的一面朝上，用横着切的方式开始削皮，可是西瓜皮的表面太光滑了。于是过了一会，她又把西瓜皮竖起来，用竖着切的方式尝试，一下子就把西瓜的皮切掉很多。

> 【劳动经验链接】削皮动作技能练习：从上往下削，从有缺口的地方开始削。

甜甜：西瓜皮太滑了，用水果刀削起来有点累。而且西瓜皮的肉肉也被削掉很多。

可可选择用削皮器进行尝试。她先拿住一块西瓜皮，把光滑的一面朝上，用削皮器从西瓜皮的边缘开始从上往下削皮。

可可：我觉得用削皮器来削西瓜皮更方便一些，要从边上开始削。要不你们也用削皮器试一试。

磊磊：从削去了皮的地方开始削皮很简单，你们看，我成功了。

孩子们选择了不同的工具进行对比操作，在实际操作中，他们发现削皮器比水果刀更适合用来给西瓜去皮，在分享交流中进一步掌握了削皮器的使用技巧。

**环节二：西瓜皮雕刻**

凉拌西瓜皮可真是美味，剩下的西瓜皮又能做什么呢？"你们看，削下来的深绿色西瓜皮卷卷的，长长的，真像是河里的水草。""不如我们来做一个西瓜皮小鱼吧！"可可选择了一块长弧形的西瓜皮作为小鱼的身体，先用削皮器从上往下把西瓜皮绿色的部分削掉了。

可可：瞧，小鱼弯弯的身体做好了，它在水里游。

磊磊：还有鱼尾巴和鱼鳍没有完成呢！我来和你合作！

【劳动经验链接】幼儿在用西瓜皮雕刻时发展了剪、刻、划、钻等多种动作技能。在表现作品时能考虑到作品的完整性和审美意味。他们在同伴合作中体验了劳动的快乐。

磊磊四下寻找了一圈，最后选择使用剪刀来制作鱼尾巴。他拿起一块西瓜皮放在鱼身边比较了一下，然后用剪刀剪下一块三角形的西瓜皮，连续制作了几个类似的形状后，把它们拼接起来。他又拿起一块较小的西瓜皮，一边转动西瓜皮一边剪，不一会儿，半圆形的鱼鳍也成功制作完成。

鑫鑫：我觉得小鱼的身上还应该有一些花纹。

鑫鑫拿起水果刀，轻轻地在鱼尾巴和鱼鳍上划了几下，然后捡起被削下来的"水草"整齐地摆在小鱼的下面。

孩子们在使用多种工具的过程中发展了剪、刻、钻等技能，并通过与同伴的合作和沟通，将"西瓜皮小鱼"完整地呈现出来。

## （四）幼儿劳动能力评估检核表

班级：_____    评价对象：_____    实施时间：_____

| 活动内容 | | 待到西瓜成熟时 | 评价等级 | | |
|---|---|---|---|---|---|
| | | | ★★★ | ★★ | ★ |
| 评价指标 | 劳动认知 | 1. 运用多感官观察认识西瓜的结构、外形、色泽、味道等特征。 | | | |
| | | 2. 认识相关工具如削皮器，知道削皮器的基本使用方法。 | | | |
| | | 3. 知道西瓜是夏季水果，水分多，可消暑解渴；喜欢吃西瓜。 | | | |
| | 劳动能力 | 1. 积极参与种植过程，坚持连续观察与照料，为瓜秧浇水、除虫、修剪等。 | | | |
| | | 2. 能运用多种工具削去西瓜皮，进行削皮动作技能练习。 | | | |
| | | 3. 运用剪、刻、钻、切等多种技能进行西瓜雕刻，注意安全使用工具。 | | | |
| | 劳动思维 | 1. 积极参与讨论并提出自己的想法，深化对问题的认识，并在遇到问题时尝试运用正确的解决策略。 | | | |
| | | 2. 与同伴沟通、合作，共同商量、落实保护西瓜的相关措施。 | | | |
| | | 3. 学会迁移已有经验，运用多种方式判断西瓜是否成熟。 | | | |
| | 劳动情感 | 1. 体验收获的喜悦，感受农民种植、培育、采摘的辛苦。 | | | |
| | | 2. 愿意为他人、为集体服务，萌发热爱劳动者、珍惜劳动成果的情感。 | | | |
| | | 3. 通过了解植物的生长情况，激发爱护植物、保护生命的美好愿望。 | | | |

## （五）主题活动评估反馈表

**幼儿的学习在哪里？——涉及哪些学习领域？**

待到西瓜成熟时
- 语言领域
  1. 学会倾听他人的谈话，掌握基本的倾听技能。
  2. 能感知、理解讲述对象，学会独立构思和清楚、完整地表述。
  3. 能围绕话题谈话，表达个人见解，提高口语表达能力。
- 艺术领域
  1. 能用各种点、线条和形状表现感受过的物体的基本结构和主要特征，与同伴共同完成宣传画的绘制。
  2. 运用剪、刻、钻、切等多种技能进行西瓜雕刻，体验雕刻活动的乐趣。
  3. 根据雕刻造型进行大胆想象，利用西瓜皮辅助装饰，丰富画面场景细节。
- 健康领域
  1. 学会使用相应工具如削皮器，掌握削西瓜皮的技巧。
  2. 知道西瓜是夏季水果，水分多，可消暑解渴；喜欢吃西瓜。
- 社会领域
  1. 懂得与人合作及参与活动的技巧，掌握几种交往策略。
  2. 主动参加活动，能积极发表自己的见解，会用一定的方式表达自己的需求、情绪、情感。
  3. 体验劳动的辛苦，感受收获的喜悦，萌发珍视生命、呵护生命的美好情感。
- 科学领域——科学
  1. 能运用多种感官感知、探索西瓜的基本特征，并与同伴、教师分享、交流自己的发现。
  2. 通过查阅资料等途径了解西瓜的生长习性、价值功用，知道其与人们生活的密切关系。
  3. 有好奇心和探究问题的能力，并能将自己的想法付诸实践。

**幼儿的经验在哪里？——获得了哪些具有挑战性的新经验？**

挑战1：如何保护西瓜？

新经验：积极参与集体讨论，勇于发表自己的见解并付诸实践，巧妙利用画宣传画、设置保护架等多种方式。

挑战2：如何进行西瓜皮雕刻？

新经验1：认识新工具——削皮器，掌握削皮器的使用技巧，使用时注意安全。

新经验2：综合运用剪、切、刻、钻等多种雕刻技能，有意识地利用辅材丰富场景细节。

**教师的反思与评价**

● 回顾课程，想一想：在主题选择上你学到了什么？这个主题为什么适合幼儿开展？

从幼儿的角度来看，整个"待到西瓜成熟时"主题活动是幼儿主动参与和探索的过程。通过丰富的种植、照顾、保护、采摘、品尝、再加工，孩子们收获了多种多样的劳动经验，包括劳动认知、劳动技能，以及主动解决问题、团体合作、关爱自然等劳动情感。

续表

- **主题活动过程中，你的支持策略在哪里？**

　　在整个主题活动中，我始终坚持：创设有准备的环境、提供多样化的材料、进行启发式的引导，有意识地呈现和记录幼儿主题学习、探究的过程性轨迹，支持和助推幼儿更主动地学习与发展。例如：根据讨论内容，我开拓幼儿的思维，启发幼儿思考保护西瓜的更多方法；针对设置保护架时遇到的问题，我引导幼儿利用多种材质、多种方式制作不同的垫板和架子，最后比较哪一种效果最佳，以此使幼儿的主动探索与学习向纵深推进。

- **你会给未来实施这一主题的教师提供哪些建设性意见？**

　　从教师的角度来看，在接下来的活动中需要进一步保证场地、材料、工具、活动时间，为主题活动的开展提供物质基础；完善主题规划，提升自身对幼儿能力的认识及对幼儿兴趣的观察，使活动的开展能更契合幼儿的兴趣和能力水平。例如：帮助幼儿进一步深化雕刻经验，鼓励幼儿尝试整个西瓜的立体雕刻，根据西瓜大小和形状大胆想象，进行恐龙嘴巴等造型的创作；还可以加入小番茄、荔枝、香蕉等其他水果作为辅材，引导幼儿与同伴一起制作夏季特色水果拼盘，等等。

# 4 第四章

## 草艺劳动

## 第一节
## 草艺劳动操作指南

### 一、定义阐释

草艺劳动,是指采用以植物藤、植物叶片(如箬叶、芦苇)、植物茎(如柳条、麦秸)、植物皮为主的自然材料进行创造性再加工的一种劳动方式。在草艺劳动课程中,幼儿获得了割、剪、捆、编等劳动技能的提升,更在亲历探索、发现的过程中感受指尖上的艺术,将文化与传承的种子植于心间。

### 二、关键经验

#### (一)健康领域
1. 能尝试使用简单的劳动工具,通过各类草编活动提高动作的灵活性与协调性。
2. 尝试使用缠绕、穿插、翻卷的方法进行草编动物造型的制作,发展手部精细动作。

#### (二)语言领域
感受、发现和欣赏常见的草编材料,能用自己的语言、动作描述材料的颜色、形状、形态等方面的特征。

#### (三)社会领域
1. 积极参与草编活动,遇到困难能够坚持而不轻易求助,增强自尊心和自信心。
2. 初步了解人与自然环境的密切关系,愿意亲近自然、动植物,萌发对自然、生命以及劳动人民的热爱与尊敬之情。

#### (四)科学领域
能在观察和探索的基础上,尝试对柳条、麦秸秆、干树枝等进行简单的分类,感受不同草编材料数与量的不同特征,鼓励幼儿在研究过程中积极动手动脑寻找答案或解决问题。

### （五）艺术领域

1. 能根据各类树木、野草的外形特征进行自由想象，尝试自主设计、合作制作草贴画。

2. 能用不同的表现手法表达自己的感受和想象，能与他人相互配合，也能独立表现，具有初步的表现创作能力。

## 三、环境设计

### （一）整体环境

草艺活动区是幼儿园"工艺劳动课程"之"藤草组"的系列活动场地，分为室外草编游戏坊和室内百草园两大区域。室外的草编坊是户外游戏坊中的一个分支，临近幼儿园的"游乐农场"，自然材料获取便利，主要承载大型编织、草编材料的获取与存放、立体作品展示等功能。室内的百草园主要承载精细编织、作品展示、活动轨迹呈现的功能。两块区域各司其职，为幼儿的草编活动提供有准备的环境。同时，幼儿通过与环境的互动，与自然材料的接触，获得对草艺活动的全新感知。

### （二）区域划分及材料

1. 草编坊

草编坊是草艺活动的主要场地之一，其步入式的环境设计和敞开式的超大空间给了幼儿更大的操作空间，幼儿可以利用园中的自然资源以及半成品材料进行系列活动，如收集柳条制作花环等，不断发展手部精细动作，并锻炼坚持不懈的学习品质；利用棕叶进行动物编织等，发展想象能力及手部编织能力。

（1）操作区

草编坊空间宽阔，适宜幼儿进行大型编织活动，或在材料较多时开展活动。我们依据班本课程及活动需要，选择适合各年龄段幼儿编织的内容开展相关活动。例如：春去秋来，幼儿发现鸟类过冬南飞，产生了编织鸟窝的欲望，由此在草编坊中生成活动"温暖的鸟窝"；在古代服饰欣赏活动中呈现了蓑衣，又引起幼儿编织蓑衣的兴趣……幼儿的热情促使草编坊活动不断生成。为了贴合幼儿的兴趣与活动需要，我们又将该操作区划分成"草帘区"

"编织区"两大区域。

　　a. 草帘区

　　压草帘是草编坊的传统游戏之一。由于压草帘所需要的空间较大，特设一区域。该区域中摆有编草帘的木架，供幼儿进行编草帘活动。幼儿在压草帘的过程中自主探索如何一步一步将稻草压成草帘，发展动手及自主解决问题的能力，也发展了合作能力。

　　b. 编织区

　　此区域中有简单的劳动工具以及常用的辅助材料，适合开展稻草、柳条、麦秸秆等材料的编织游戏，游戏内容随主题、季节的变化灵活调整，是草编坊的重点指导区域。幼儿在该区域内大胆想象，动手动脑，增强手眼协调能力，提高了创造能力，也促进了动作的灵活性。同时，幼儿在活动中发现问题、提出猜想、验证猜想、解决问题，在此过程中学会了主动寻求帮助，也能相互合作，在合作中交流、探索，与小伙伴共同进步。

　　（2）展示区

　　本区域位于百草园，利用墙面展示、桌面陈列、错落悬挂等方式展示草编活动历程和幼儿的劳动成果，营造浓厚的自由自主、和谐自然的探索氛围。

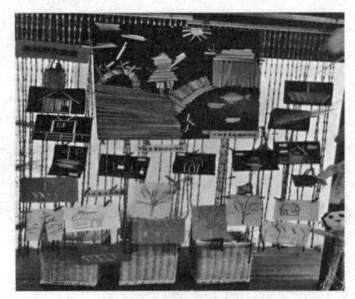 

**草编坊工具材料表**

| 类别 | 序号 | 名称 | 使用说明 |
| --- | --- | --- | --- |
| 主材类 | 1 | 柳枝、野花、粽叶、稻草等 | 进行各类编织活动。 |
| 工具类 | 1 | 压草帘机 | 辅助编织工具,帮助幼儿更好地编织。 |
|  | 2 | 剪刀、颜料、刷子 | 各种绘制工具,可根据实际情况选用。 |

2. 百草园

百草园是开展室内草编活动的主阵地。这一功能室在开园之初就投入使用,已经种植过菌类、爬藤类、豆苗类等植物,可以说是幼儿园的"天然氧吧"。经过几年的沉淀,我园的孩子在这里播种希望的种子,探究生命的奥秘,逐渐形成了相对成熟的研究、管理体系。依托百草园的自然特色和经验优势,我们便将一些草编活动移至此处,以弥补阴雨天无法在室外活动的遗憾,也期待着生成更多鲜活的课程。在这里,幼儿能就地取材,用各种树枝、叶片、藤蔓等编织、缠绕出形态各异的造型,其劳动能力和艺术创造能力都得到发展。

(1) 操作区

百草园的左半部分是贴画区,摆放着两张拼接起来的操作台和半包围式水池。此处场地开阔,有常见的美术操作材料和劳动工具,可供多名幼儿进行活动,整理、收纳十分便利。孩子们可以根据桌面上的操作步骤进行讨论,并尝试自主编织。在此区域的活动中,孩子们的想象力、手部精细动作水平都得到了较大提高。

(2) 视听区

在信息技术高速发展的今天,幼儿的探索方式更加多样化。百草园靠东边的角落便设有视听区,里面摆放着6台平板电脑操作支架,教师根据课程需要下载好关于草编活动的资料，幼儿在自主操作中就能获得直观的视觉体验和生动的活动内容，遇到疑难也能及时解决。

（3）展示区

百草园还具有作品展示功能。考虑到现有的布局结构，我们将收集的幼儿作品悬挂在左边墙面和门口的镂空栏杆处，在中间的弧形管道处摆放草瓶和插花作品。我们利用墙面展示、桌面陈列、错落悬挂的方式展示草编活动历程和幼儿的劳动成果，营造浓厚的自由自主、和谐自然的研究氛围。

**百草园工具材料表**

| 类别 | 序号 | 名称 | 使用说明 |
|---|---|---|---|
| 主材类 | 1 | 草、稻草等 | 进行各类编织、贴画活动。 |
| 工具类 | 1 | 步骤图、平板电脑等电子设备 | 辅助幼儿了解编织的步骤。 |
| | 2 | 颜料、刷子 | 各种绘制工具，可根据实际情况选用。 |
| | 3 | 剪刀、固体胶 | 剪、贴工具，可根据实际情况选用。 |

## 四、活动内容

| 主题1. 舞动的稻草 ||||||
|---|---|---|---|---|
| 年龄班 | 活动内容 | 材料准备 | 核心经验 | 作品用途 |
| 小班 | 草裙 | 主料：稻草<br>辅料：麻绳、皮筋<br>工具：剪刀 | 利用捆、绑、贴的方法制作草裙。 | • 促进区域联动<br>• 投放到表演区，丰富游戏情境<br>• 装饰 |
| 中班 | 草帽 | 主料：稻草<br>辅料：帽子的架子<br>工具：泡沫胶 | 运用搓、绕的技能制作草帽。 | |
| 大班 | 蓑衣 | 主料：稻草<br>辅料：麻绳<br>工具：剪刀 | 1. 设计蓑衣款式。<br>2. 合作制作蓑衣。 | |

## 主题 2. 花儿朵朵

| 年龄班 | 活动内容 | 材料准备 | 核心经验 | 作品用途 |
|---|---|---|---|---|
| 小班 | 插花 | 主料：干花、干草<br>辅料：瓶子<br>工具：剪刀 | 运用具象的干花、干草来插花。 | • 促进区域联动<br>• 投放到表演区，丰富游戏情境<br>• 装饰 |
| 中班 | 插花 | 主料：野花、野草<br>辅料：装饰过的瓶子<br>工具：剪刀 | 运用较小的干花、干草来进行插花。 | |
| 大班 | 插花 | 主料：野花、野草、树枝<br>辅料：装饰过的瓶子 | 运用已有的材料，有层次地进行插花。 | |

## 主题 3. 稻草变装秀

| 年龄班 | 活动内容 | 材料准备 | 核心经验 | 作品用途 |
|---|---|---|---|---|
| 小班 | 草房子 | 主料：稻草<br>辅料：由木工间提供的房子架子<br>工具：麻绳 | 运用绕、捆、扎的技能来捆扎稻草，制作草房子。 | • 保护庄稼<br>• 投放到角色游戏区，丰富游戏情境<br>• 装饰 |
| 中班 | 草瓶子 | 主料：稻草<br>辅料：瓶子<br>工具：玻璃胶 | 运用搓、绕的技能来装饰瓶子。 | |
| 大班 | 稻草人 | 主料：稻草<br>辅料：布艺坊提供的衣物、木工间提供的支架<br>工具：稻草、麻绳、剪刀 | 1. 自主设计稻草人样式。<br>2. 合作制作稻草人。 | |

| 主题4. 小鸟窝，大世界 ||||
|---|---|---|---|---|
| 年龄班 | 活动内容 | 材料准备 | 核心经验 | 作品用途 |
| 小班 | 鸟窝（铺鸟窝） | 主料：稻草、干草、干花、柳条等<br>辅料：剪刀，木工间提供的鸟窝架子<br>工具：胶水 | 1. 利用剪刀剪碎稻草、干草、干花、柳条等。<br>2. 将细碎稻草铺满鸟窝架子。 | • 社会实践活动<br>• 投放到户外角色游戏区，丰富游戏情境<br>• 装饰 |
| 中班 | 鸟窝（稻草窝） | 主料：稻草、编织架子<br>工具：麻绳 | 运用稻草合作编织鸟窝。 | |
| 大班 | 鸟窝（柳条窝） | 主料：柳条、编织架子<br>工具：剪刀 | 运用编织技能合作编织鸟窝。 | |

| 主题5. 麦秸秆贴画 ||||
|---|---|---|---|---|
| 年龄班 | 活动内容 | 材料准备 | 核心经验 | 作品用途 |
| 小班 | 麦秸秆贴画（平面） | 主料：麦秸秆<br>辅料：干花、干草卡纸<br>工具：双面胶 | 1. 利用麦秸秆进行想象贴画。<br>2. 贴画，锻炼手部小肌肉。 | • 锻炼幼儿手部小肌肉及想象能力<br>• 投放到班级区域游戏中，丰富区域材料 |
| 中班 | 麦秸秆贴画（立体） | 主料：麦秸秆<br>辅料：干花、干草、瓶子等<br>工具：双面胶、剪刀 | 1. 用麦秸秆进行瓶子贴画。<br>2. 用麦秸秆进行立体贴画。 | |
| 大班 | 麦秸秆贴画（大型） | 主料：麦秸秆<br>辅料：干花、干草、瓶子等<br>工具：玻璃胶 | 1. 用麦秸秆进行墙面大型贴画。<br>2. 合作创作麦秸秆画。 | |

### 主题6. 悠悠寸草心

| 年龄班 | 活动内容 | 材料准备 | 核心经验 | 作品用途 |
|---|---|---|---|---|
| 小班 | 印染画 | 主料：不同的草若干<br>辅料：颜料<br>工具：卡纸、勾线笔 | 1. 能挑选自己喜欢的小草造型进行颜料印染。<br>2. 能用勾线笔给印染的作品添画，丰富画面内容。 | • 教室环境的布置<br>• 角色游戏材料<br>• 投放到社区环境中 |
| 中班 | 造型画 | 主料：不同的草若干<br>工具：剪刀、双面胶 | 1. 能根据自己喜欢的造型修剪小草，进行组合贴画。<br>2. 尝试合作制作小草造型画。 | |
| 大班 | 草贴画 | 主料：不同的草若干<br>辅料：颜料<br>工具：卡纸、双面胶 | 1. 能根据自身的需要设计图稿，并根据图稿粘贴草贴画。<br>2. 合作设计、制作草贴画。 | |

### 主题7. 我的动物朋友

| 年龄班 | 活动内容 | 材料准备 | 核心经验 | 作品用途 |
|---|---|---|---|---|
| 小班 | 小鱼编织 | 主料：棕叶<br>工具：剪刀 | 利用绕、穿插的方法编织小鱼。 | • 投放到表演区，丰富游戏情境<br>• 布置教室环境 |
| 中班 | 蚱蜢编织 | 主料：棕叶<br>工具：剪刀 | 运用绕、穿插、翻卷的方法编织蚱蜢。 | |
| 大班 | 兔子编织 | 主料：狗尾巴草<br>工具：剪刀 | 利用缠绕、添加、穿插的方法编织兔子。 | |

### 主题8. 我与柳条有个约会

| 年龄班 | 活动内容 | 材料准备 | 核心经验 | 作品用途 |
|---|---|---|---|---|
| 小班 | 花环 | 主料：柳条<br>辅料：花枝<br>工具：剪刀 | 利用环绕的方法编织花环。 | • 投放到游戏区，丰富游戏环境<br>• 作为幼儿的工具篮<br>• 布置教室，美化环境 |
| 中班 | 我的朋友 | 主料：柳条<br>工具：剪刀 | 利用环绕、叠加的方法制作平面人物。 | |
| 大班 | 花篮 | 主料：柳条<br>工具：剪刀 | 利用穿插、立体编织的方法制作花篮。 | |

| 主题9. 爱心满屋 ||||||
|---|---|---|---|---|
| 年龄班 | 活动内容 | 材料准备 | 核心经验 | 作品用途 |
| 小班 | 屋帘 | 主料：稻草<br>辅料：麻绳<br>工具：剪刀 | 学习用"打死结"的方法捆扎单捆稻草，并尝试合并稻草捆。 | • 区域环境的布置<br>• 投放到游戏区，丰富游戏情境 |
| 中班 | 窗帘 | 主料：稻草<br>辅料：麻绳<br>工具：压草帘机、剪刀 | 1. 使用压草帘机，学习压草帘的方法。<br>2. 尝试合作压草帘。 | |
| 大班 | 门帘 | 主料：稻草<br>辅料：颜料<br>工具：压草帘机、剪刀 | 1. 尝试利用颜料将稻草染色，并晾晒染色后的稻草。<br>2. 合作利用压草帘机进行门帘的制作。 | |

## 五、活动建议

### （一）感受与欣赏

1. 和幼儿一起感受、欣赏生活中美丽的草艺作品。

（1）带领幼儿通过调查、收集等方式熟悉草艺作品，并引导幼儿讲讲自己喜欢的草艺作品。

（2）与幼儿一起讨论和交流对草艺美的感受。

2. 和幼儿一起发现生活中各种各样的花花草草。

（1）引导幼儿通过触摸和观察，了解不同花草的形态特征、生长历程等。

（2）支持幼儿收集生活中的花草并和其他幼儿一起欣赏。

3. 创造条件让幼儿接触多种草艺作品。

（1）通过网络、电视媒体等方式让幼儿接触草艺作品，丰富幼儿对草艺创作的感受与体验。

（2）和幼儿一起用绘画、手工作品等装饰和美化环境。

4. 尊重幼儿的兴趣和独特感受，理解他们欣赏时的行为。

（1）理解和尊重幼儿在欣赏草艺作品时的行为表现。

（2）当幼儿主动介绍自己喜爱的草艺作品时，要耐心倾听，并给予积极回应和鼓励。

### （二）表现与创造

1. 支持幼儿自发的艺术表现和创造，让幼儿敢于并乐于表达表现。

（1）提供丰富的便于幼儿取放的各类草类材料、工具和辅助材料，支持幼儿进行自主探索、制作、绘画等草艺活动。

（2）在幼儿自主表达、创作的过程中，当幼儿遇到困难时，教师鼓励幼儿寻找方法解决，在幼儿需要时再给予帮助。

（3）展示幼儿的作品，鼓励幼儿利用自己的作品或艺术品。

2. 在尊重幼儿创作的同时，引导幼儿积累基本的草艺创作技巧。

幼儿创作时，前期提供一些作品引导他们欣赏，不提供一个标准范例，鼓励幼儿进行富有个性的手工创作，并肯定每份幼儿作品的优点，给予展示的机会。

## 第二节
## 草艺劳动课程故事

### 一、温暖的鸟窝

#### (一)主题活动由来

幼儿对周围发生的事情有着强烈的好奇心,特别是一些突发事件,更是吸引着他们的注意力,这是天性,也是幼儿探索这个世界的动力。大班幼儿开始对发生在周围的事物有了自己的见解,他们会就这些事件展开讨论,形成新的探究热点。

秋天的中午,孩子们餐后正在散步,茜茜忽然大叫起来:"啊!快看!好多鸟呀!""哇!真的好多鸟呀!它们在干什么呀?""它们在排队呢!""这些是什么鸟呀?飞得好高哦!"孩子们兴奋地讨论着。他们非常好奇,一直在讨论着有关小鸟的话题。发现了孩子们的兴趣点后,我决定持续关注,"小鸟窝,大世界"课程开始了。

#### (二)主题活动脉络

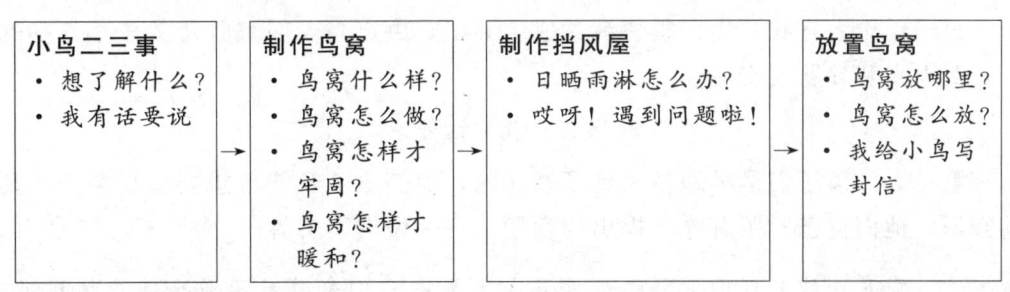

#### (三)主题活动实录

1. 小鸟二三事

**环节一:想了解什么?**

当看到群鸟之后,孩子们的热情持续高涨。

秋羽：那些小鸟肯定是鸽子，我看到鸽子是灰灰的。
思远：不对不对，鸽子才不会飞得那么高呢！
子宜：那些是什么鸟呢？
心玥：我猜是麻雀！
为铉：才不是麻雀呢，麻雀那么小！
子华：它们要到哪里去啊？
周周：肯定是要回家！

孩子们三五成群地讨论着关于小鸟的一些事情。在我的提议下，孩子们将自己想要知道的关于小鸟的问题画到了统计表上。

孩子们将自己想知道的关于小鸟的问题全都记录下来之后，我提出了疑问："我们怎样才能知道这些问题的答案呢？"孩子们又开始了讨论。

梦琪：我可以回家问爸爸，我爸爸可厉害了，他什么都知道。
恒恒：我可以和妈妈一起上网查找，网上有很多关于小鸟的知识呢！
思远：我爷爷以前就是养小鸟的，他一定知道关于小鸟的事情，我回家就去问他。

 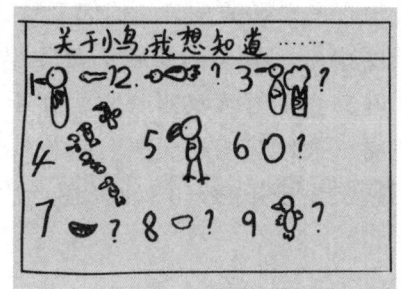

孩子们你一言我一语，很快就达成了共识，决定当天回家收集关于小鸟的知识，明天来和好朋友交流。

**环节二：我有话要说**

第二天，孩子们早早地就来到了幼儿园，他们迫不及待地想要分享关于小鸟的知识，他们自己对照着昨天提出的问题，一一做出了解答。

宸宸：昨天我们看到的那些鸟是大雁，它们每到秋天就会去南方过冬，大雁在飞的时候总是会排着队，第一只领队的大雁叫"头雁"，是带领队伍飞的。

萱萱：是的，我妈妈也是这么和我说的，我还知道大部分小鸟是需要迁徙过冬的，因为天气太冷，它们太饿了，需要到暖和的地方生宝宝。

铭铭：也有鸟不迁徙的，老鹰就不需要迁徙。

涵涵：小鸟都是住在鸟窝里的，鸟窝是小鸟自己用泥土和干草做的。

梓睿：我爸爸告诉我，小鸟的窝一般都建在树枝上、屋檐下，还有的鸟窝会建在树洞里面。

我请每一个孩子都介绍自己收集到的资料，在一个孩子介绍的时候，其他孩子聚精会神地听着，格外认真。

 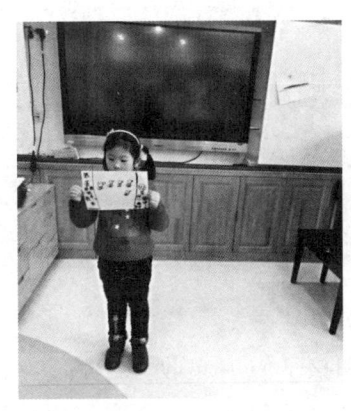

2. 制作鸟窝

**环节一：鸟窝什么样？**

（1）制作调查表

孩子们在讨论了关于小鸟的知识之后，周周发出了感慨："唉，冬天真是太冷了，真想每天都能看到小鸟呀！"一石激起千层浪，孩子们又一次展开了激烈的讨论。

圆圆：小鸟就是因为这边没有温暖的家才会飞走的。

王杉：那我们帮小鸟造一个温暖的家，小鸟是不是就可以留下来啦？

思远：小鸟留下来的话，我们可以帮忙照顾它们，它们就不会饿死、冷死啦！

孩子们的话得到了所有小朋友的认同，他们决定制作鸟窝，供小鸟们居住。可是鸟窝是什么样子的？

晨汐：小鸟的窝是半圆形的。

早早：我觉得它下面是扁扁的，上面是开口的。

【劳动经验链接】孩子们自发进行了问题的统计与资料的收集，从中既获得了关于小鸟的知识，又学会了如何去统计并记录，综合能力得到了发展。

【劳动经验链接】从收集材料，到投票决定制作什么类型的鸟窝，再到制作好整个鸟窝，都由孩子们自己商议、操作，同时结合家长资源的辅助。孩子们经历了系列活动，培养了科学性思维。

轩轩：我觉得像一个倒过来的草帽。

孩子们你一言我一语，最终决定由老师来帮忙制作好调查表，孩子们回家和爸爸妈妈一起寻找问题的答案。

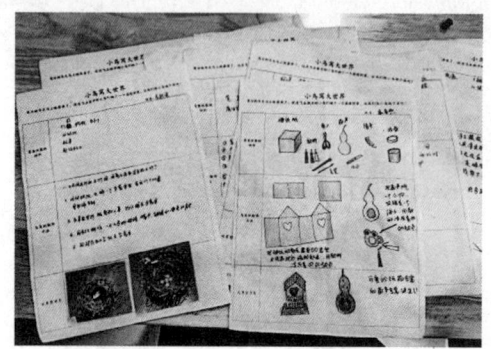

【劳动经验链接】在同伴意见不一致时，幼儿学会了用投票的方式来达成共识，是合作能力提升的表现。

（2）分享调查表

家长和孩子们一起收集了许多鸟窝款式，有的是碗状的，有的是房屋形状的。到底制作哪种款式的鸟窝好呢？孩子们展开了讨论。

早早：我喜欢碗状的鸟窝，因为平时小鸟自己做的窝就是这个形状的。

汐汐：我想要做小房子的，因为那个比较大一点，小鸟住在里面比较舒服。

梓悦：我想要那个葫芦形状的小房子，那个小房子好特别呀，小鸟一定很喜欢。

瑾轩：要不我们投票吧！

瑾轩的建议获得了大家的认可，大家决定用投票的方式来选择鸟窝形状。最终碗状鸟窝以11票胜出。

### 环节二：鸟窝怎么做？

（1）收集制作材料

决定制作碗状鸟窝之后，孩子们开始自发地收集材料了。

瑶瑶：我们需要一些干草，干草软软的，这样小鸟住着才舒服。

鑫鑫：哪里有干草呢？

小烨：学校里有草呀，草晒干了不就变成干草了嘛！

梓悦：不行不行，学校里的草太少太短了，我看见学校门口有好多好多的草，我们要不去那里割点草吧！

梓悦的意见获得了大家的认可，于是孩子们自发推选了几名代表和老师一起去收集野草。野草收集回来之后，大家将野草进行晾晒，将其变成干草。

（2）理清制作思路

孩子们开始思索如何来制作鸟窝了，他们请收集碗状鸟窝资料的瑶瑶介绍了鸟窝的制作方法。

  瑶瑶：我和妈妈在网上找了这个鸟窝的制作方法，妈妈说这个方法很简单的，只要准备好一个架子，还有干草，然后用干草前后地绕，一个鸟窝就做好啦！

  梓帆：架子怎么做呢？

  瑶瑶：我妈妈说要用铁丝做，可能需要请老师帮忙！

根据瑶瑶的制作方法，我们将铁丝换成了相对安全的木头筷子，用筷子制作了一个简易的小架子，小朋友们请瑶瑶当小老师，开始正式制作鸟窝。

（3）正式制作鸟窝

学会了瑶瑶的制作方法之后，心玥、小妤、陈雨、思远等小朋友加入鸟窝制作的行列之中。

  心玥：这个干草长长短短的，一点都不好编呀。

  小妤：需要用剪刀修剪一下才行呢！

  陈雨：少拿一点会好编一些，不然草太多了，不太好拿。

大家边交流着自己编鸟窝的心得，边编着鸟窝，很快，一个小鸟窝就完成了。

### 环节三：鸟窝怎样才牢固

鸟窝完成了，可是孩子们却发现了问题——最上层的干草总是掉下来。

  心玥：哎呀，这个干草怎么总是掉出来呀？

  小妤：你把它按住了再编编看。

心玥：不行呀，还是会掉出来。

陈雨：是不是你按得太松啦？我来帮你按住，你再来编编看。

心玥：你看，它还是会掉出来！

因为上层干草总是滑落下来，针对这个问题，孩子们进行了思考：怎样才能让上层的干草不滑出来呢？

思远：用透明胶和双面胶能不能粘住呢？

说完他便跑去拿来了透明胶和双面胶。

经过试验，孩子们发现透明胶和双面胶只能粘住一两根干草，却不能保证其他干草不松脱。

思远：最好有什么东西能捆住它们，不让它们掉出来。

心玥：可以用绳子绑住它呀。

于是，他们找来了绳子，将绳子绕在干草最上面一圈，阻止干草滑落，终于，他们成功了。

### 环节四：鸟窝怎样才暖和？

（1）向布艺坊发起"小毯子订单"

鸟窝终于完成了，孩子们看着自己制作的鸟窝，欣喜地想着小鸟住进来的样子。

心玥：小鸟住在我们的鸟窝里面一定很舒服。

陈雨：可是我们做的鸟窝的底是硬硬的，冬天到了，小鸟住在里面可能会有点冷，如果能给小鸟盖条被子就好了。

思远：我家里有被子，我把我家里的被子带来给小鸟盖吧！

心玥：不行不行，我们家里的被子也太大了，放不进去吧。

小妤：听说最近布艺坊的小朋友就在制作小毯子，要不我们请他们帮忙制作一条小毯子吧！

孩子们决定向布艺坊发起订单，让布艺坊的小朋友来帮忙制作鸟窝的小毯子。

（2）绘制"鸟窝小毯子订单"

> 心玥：小毯子是长长的，我们先画个长方形吧！
> 思远：那要做多长呀？
> 梦琪：我们找根线来量一下。
> 小妤：我们把它贴到长方形的下面吧！
> 心玥：不行不行，怎么知道这是谁的长度呢？
> 思远：那我们就贴到画的线的旁边，这样他们就知道那根线是多长了！

【劳动经验链接】当幼儿发现自己的能力不足时，他们能够寻求同伴的帮助，还能用自然测量、记录的方式来表达自己的意愿，这是社会能力提升的表现。

大家按照思远的方法将订单制作完毕，送到了布艺坊，请布艺坊的小朋友帮忙加工一条小毯子。

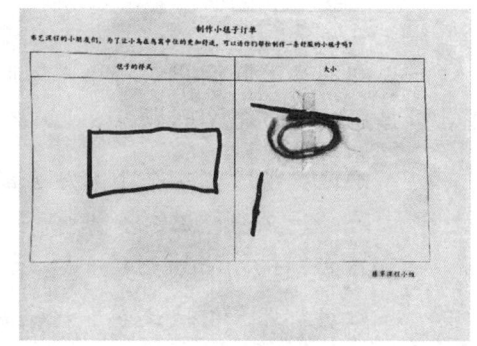

3. 制作挡风屋

**环节一：日晒雨淋怎么办？**

（1）向木工间发起订单

孩子们自己制作的鸟窝终于完工了，大家兴奋地打算将鸟窝放到树上去。当他们捧着鸟窝出门的时候，天上刚好下着雨，梓悦开始犯愁了。

> 梓悦：我们不能拿出去，鸟窝会被雨淋湿的，小毯子都湿掉了，小鸟住进去该多冷呀！
> 小妤：对，对，小鸟的家湿了，小鸟也不喜欢这个家了。
> 思远：那该怎么办？
> 心玥：有个小房子挡雨就好了。

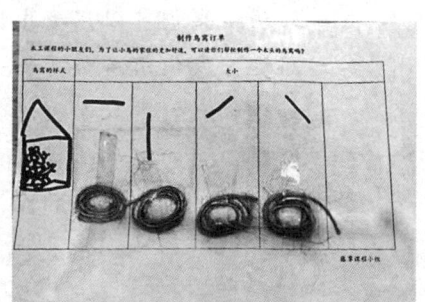

思远：我们可以请木工间的小朋友帮我们做一个小房子呀！

　　小妤：对呀，那我们先去请他们做个小房子吧！

孩子们决定向木工间发出订单。

(2) 绘制"小木屋订单"

　　心玥：到底制作什么样的小房子呢？

　　梓悦：要做个大一点的，四面全都围起来的小屋子。

　　秋羽：我们把它画下来吧！

　　思远：要做多大呢？

　　小妤：我们还和上次一样用绳子来量一下吧！

孩子们继续运用自然测量法测量出要制作的小木屋的大小，并做好了记录。

**环节二：哎呀！遇到问题啦！**

(1) 漏水啦！

木工间的小工匠们很快将小木屋制作完成了。孩子们拿到小木屋之后兴奋极了，可是思远发现了小问题。

　　思远：哎呀，这个小木屋会漏水呀，你看，这里有很多小洞呢！

　　心玥：是呀，那怎么办呀？

　　梓悦：这个小洞又不大，应该不会漏水吧！

　　心玥：那我们试试看不就知道了。（孩子们尝试将水倒到木屋上）

　　心玥：漏水了漏水了！不行的，鸟窝会淋湿的！

　　瑶瑶：那我们把小洞堵住不就行了！

孩子们决定将木屋顶上的小洞堵住。

(2) 堵住洞口的方法

孩子们开始尝试各种不同的堵住小洞的方法，并将自己的方法记录下来，准备一一尝试。

　　心玥：我们可以用毛巾堵住它。

　　思远：我们用木板再钉一块上去。

　　梦琪：我们用双面胶粘住它吧！

　　梦琪：不行不行，毛巾盖上去，浇了水之后里面还是会漏水的。

【劳动经验链接】在解决小木屋漏水问题的过程中，孩子们各抒己见，还通过自己的行动在各区域的材料中进行探索，这是幼儿科学思考关键经验的获得过程。

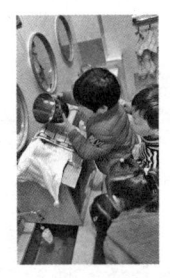 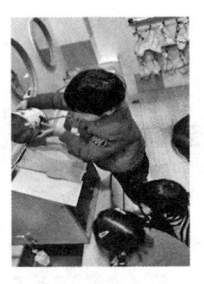 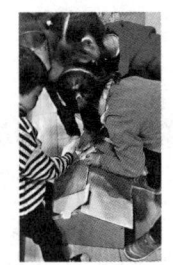

  梓悦：那我们现在用双面胶试试看！

  思远：哎呀，双面胶太小了，根本就粘不上去。

  梓悦：那我们可以用透明胶呀，那个很大。

大家将透明胶一层层地往上缠，再拿水往上浇。

  思远：哇！鸟窝真的没有湿呀！

  心玥：用透明胶有用！

  梓悦：就上面这些水，一擦就没有了，我们成功啦！

大家欢呼着将自己成功的喜悦分享给其他小朋友。

4. 放置鸟窝

环节一：鸟窝放哪里？

一切准备就绪，孩子们捧着鸟窝，准备将鸟窝放到外面，这时瑶瑶提出了疑问。

  瑶瑶：鸟窝要放到哪里去呀？

  思远：树上呗！

  心玥：我觉得还是放在房子下面，那里比较暖和。

  梓悦：可是如果放在房子下面，小鸟就发现不了这个鸟窝，它们也不会飞进去了。

经过讨论，大家还是决定把鸟窝放在树上。那么放在哪棵树上呢？大家开始寻找合适的树。

  梓悦：这棵树吧，它长得不是特别高，我们可以爬上去。

  心玥：可是它的枝干太细了，这个鸟窝放上去它就要断了。

  瑶瑶：那这棵树吧！它稍微粗一点儿！

  思远：不行，这棵树太高了，我们怎么上去呀？

大家讨论并寻找着合适的树木，最终选定了一棵不是特别高、枝干相对较粗的树。

### 环节二：鸟窝怎么放？

选定了树之后，孩子们准备放置鸟窝，可是怎么才能把鸟窝放到高处的树枝上呢？

> 心玥：我们可以爬上去呀！
>
> 瑶瑶：啊！那么高的树怎么爬上去啊？
>
> 梓悦：不行，爬树太危险了，我们还是拿梯子吧！
>
> 思远：好呀，我们去拿梯子吧！

【劳动经验链接】在选树、放置鸟窝的过程中，幼儿能够根据实际情况进行思考和选择，同时还能考虑到安全问题，这是幼儿社会能力及自我保护意识发展的体现。

于是孩子们找来了梯子，可是梯子架到树上之后总是摇摇晃晃的。

> 思远：不行不行，这个一点都不牢固。
>
> 心玥：对啊，这也太危险了吧！
>
> 瑶瑶：那怎么办呢？
>
> 梓悦：那我们可以去把班级里的桌子搬出来呀！

孩子们一致同意，去班级搬来了桌子和椅子。男孩子思远第一个爬上去，将鸟窝稳稳地放到了树上。

### 环节三：我给小鸟写封信

小鸟的窝稳稳地放到了树枝上，孩子们的期盼也越来越深，希望小鸟赶紧到鸟窝里来过冬。

> 心玥：好希望小鸟赶紧来过冬呀！
>
> 梓悦：是呀，它们肯定不知道我们帮它们做了一个这么舒服的家。
>
> 思远：我们给小鸟写信吧，告诉小鸟赶紧来我们这里过冬。

孩子们说干就干，他们每人给小鸟写了一封信，信中饱含了孩子们对小鸟的期待与祝福……

## （四）幼儿劳动能力评估检核表

班级：_____ 评价对象：_____ 实施时间：_____

| 活动内容 | | 温暖的鸟窝（稻草鸟窝） | 评价等级 | | |
|---|---|---|---|---|---|
| | | | ★★★ | ★★ | ★ |
| 评价指标 | 劳动认知 | 1. 认识干稻草等，知道干稻草具有保暖、防水的特性。 | | | |
| | | 2. 知道剪刀、白乳胶等工具和材料的使用方法，能够正确、安全地使用它们。 | | | |
| | | 3. 理解长短的概念，学会用一端对齐的方法来测量干稻草的长短，并能用语言表述出来。 | | | |
| | 劳动能力 | 1. 能通过交叉、层叠等方式，将干稻草铺满整个容器底部。 | | | |
| | | 2. 能将干稻草多余的部分用剪刀修剪掉，并剪出需要的长度。 | | | |
| | | 3. 能够发挥想象和创造力，运用各种辅助材料进行装饰。 | | | |
| | 劳动思维 | 1. 能够根据干稻草的特性，积极主动地思考固定干稻草的方法。 | | | |
| | | 2. 能够将自己的想法清楚完整地表述出来，具有良好的沟通与表达能力。 | | | |
| | | 3. 能够通过观察、对比来寻找固定干稻草的最适宜的材料，并能较完整地表述自己的发现。 | | | |
| | 劳动情感 | 1. 愿意动手动脑，探索将干稻草固定在容器底部的方法。 | | | |
| | | 2. 能积极主动地根据分工有条不紊地参与鸟窝制作活动，且乐于帮助他人。 | | | |
| | | 3. 愿意将制作的鸟窝送给小鸟，有热爱自然、保护动物的意识。 | | | |

班级：_____ 评价对象：_____ 实施时间：_____

| 活动内容 | | 温暖的鸟窝（制作鸟窝） | 评价等级 | | |
|---|---|---|---|---|---|
| | | | ★★★ | ★★ | ★ |
| 评价指标 | 劳动认知 | 1. 感知干草与其他绳线类材料不同的触感、柔韧度等特性。 | | | |
| | | 2. 了解做鸟窝时将干草前后曲线缠绕、上下相互压实的基本方法。 | | | |
| | | 3. 知道所做的鸟窝作品能够投放到户外进行再利用。 | | | |

续表

| 活动内容 | | 温暖的鸟窝（制作鸟窝） | 评价等级 | | |
|---|---|---|---|---|---|
| | | | ★★★ | ★★ | ★ |
| 评价指标 | 劳动能力 | 1. 尝试用前后曲线缠绕的方法一层一层地进行制作。 | | | |
| | | 2. 能够缠绕、固定干草，手部动作灵活。 | | | |
| | | 3. 能够发挥想象和创造力，运用各种辅助材料进行装饰。 | | | |
| | 劳动思维 | 1. 能用较连贯的语言将制作鸟窝的过程表述出来。 | | | |
| | | 2. 制作鸟窝的过程中不依赖别人，能够独立思考、制作。 | | | |
| | | 3. 制作鸟窝时积极投入，认真专注。 | | | |
| | 劳动情感 | 1. 劳动过程中，乐于进行尝试和探索。 | | | |
| | | 2. 遇到困难不气馁，能够想办法解决。 | | | |
| | | 3. 感受制作鸟窝获得的快乐，作品完成后有一定的成就感。 | | | |

## （五）主题活动评估反馈表

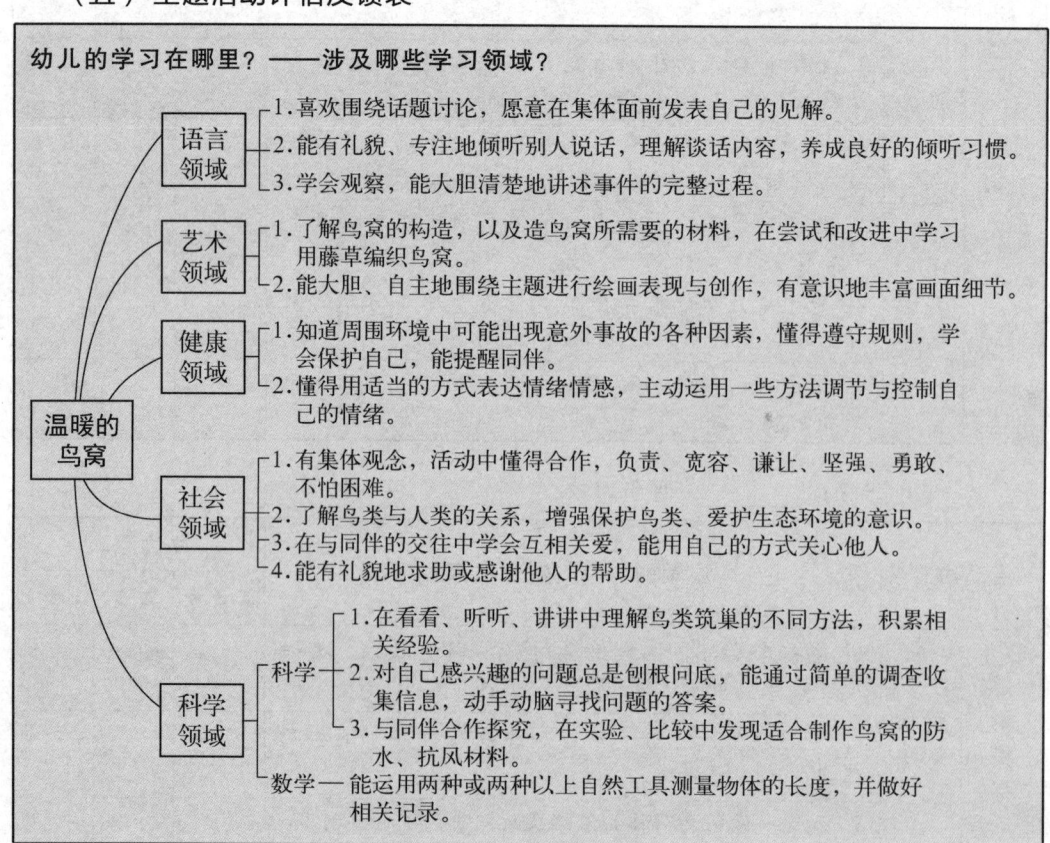

续表

**幼儿的经验在哪里？——获得了哪些具有挑战性的新经验？**

挑战1：鸟窝是什么样的？

新经验：自主通过查阅资料、亲子调查等多元途径建构起关于鸟窝的知识，知道小鸟筑巢的不同方式、鸟窝的不同材质等。

挑战2：如何制作鸟窝？

新经验1：制作、加固——用干草编织成鸟窝，并用粗麻绳固定干草。

新经验2：强化性能——向布艺坊、木工间分别发起订单，增制毯子和挡风屋，并合作解决洞口漏水的问题。

挑战3：如何放置鸟窝？

新经验1：迁移已有经验，借助梯子来爬树。

新经验2：发现梯子存在的安全隐患后，充分调动园内资源，寻找梯子的替代品——利用更稳固的桌椅进行垫高。

**教师的反思与评价**

● 回顾课程，想一想：在主题选择上你学到了什么？这个主题为什么适合幼儿开展？

伴随着主题活动的开展，在幼儿分享自己的调查结果之后，我及时抓住几个关键点进行梳理与整合。在幼儿寻找材料、绘制订单、探寻使小木屋不漏水的方法等一系列活动的过程中，我都是以观察者的身份，在幼儿的身边给予支持和协助，引导幼儿和同伴进行合作商议，在同伴互助中解决问题。当幼儿发现很多种材料都不能阻止小木屋漏水时，我不急于将答案告诉幼儿，而是引导幼儿多次尝试，给予幼儿充分讨论、交流的时间，让幼儿相互交流、相互启发，充分鼓励幼儿在活动中积极思考、勇于尝试，让幼儿体验到科学思考的快乐。

● 主题活动过程中，你的支持策略在哪里？

面对幼儿提出的各种问题，我懂得尊重幼儿，鼓励幼儿去探究他们想要知道的问题。当幼儿关注关于小鸟的一些问题时，我建议他们将自己想要知道的内容用统计表的方式记录下来，方便进一步探究事物的真相；在搜寻问题的答案时，孩子们运用家庭资源开展探究活动，为他们自身的经验积累提供了多种途径与方法。在活动中生成调查活动是开展探究最为常见的方法，我非常重视幼儿主动要求进行的调查活动，及时给予了支持，帮助幼儿将头脑中杂乱无章的问题进行梳理，从而帮助幼儿获得更加全面的经验。

● 你会给未来实施这一主题的教师提供哪些建设性意见？

怎样帮助幼儿在活动中获得更多有益的经验，是教师一直思考的问题。我认为，在这次放置鸟窝的活动中，孩子们对幼儿园中的各类资源运用得比较熟练，这与教师平时在课程实施过程中对资源的关注是密不可分的。在今后，教师可以细心留意日常生活、区域游戏中孩子们的热点话题，对幼儿的讨论、观察给予足够的关注，并鼓励幼儿自己运用已有经验和在幼儿园找得到的资源来解决问题。尤其对于幼儿的各类要求和所提出的各种疑问，教师不要以一个权威者的角色来直接给予答复，而要以一种协商、引领的态度来鼓励幼儿自主解决问题，并给予恰当的回应，促进幼儿更加自信地投入活动。

## 二、一场帽子的甜蜜之旅

### （一）主题活动由来

随着冬季的来临，南方的大地似乎少了很多鲜艳的色彩，取而代之的是凛冽的寒风与萧瑟的景象。小朋友们也逐渐穿上了棉衣棉裤，迎接冬爷爷的到来。一天，晨晨早上来园时头上戴着一顶可爱的毛线帽。大家似乎都很感兴趣，纷纷说着："你的帽子太好看了！""我家也有毛线帽。""戴了帽子头上就不冷了。"于是，有小朋友就提出："我们以前做过拖鞋。可以自己做一顶帽子吗？"听到这个，小朋友们更兴奋了。如果能够戴自己做的帽子，不是更有意义吗？那我们可以用什么东西来做帽子呢？有的孩子说用布，有的孩子说用毛线。但是这些材料孩子们之前都没怎么用过，这让大家犯了难。小语说道："可以用稻草来做。"因为前不久我们有过用干草制作鸟窝的成功经验，小朋友们自然就想到了用这个材料来制作。

于是，结合本班的"藤草"特色主题，我们初步决定自己动手制作草帽，同时，"草艺"课程小组也将工艺劳动课程的宗旨贯穿始终，确定了草裙——草帽——蓑衣的内容，分别在小、中、大三个年龄班中开展，这种"生产线"式的劳作模式开始运行，初显成效。

### （二）主题活动脉络

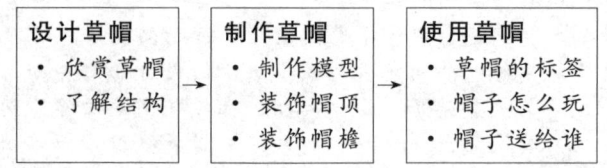

### （三）主题活动实录

1. 设计草帽

**环节一：欣赏草帽**

为了让孩子们更多地了解草帽，我们利用空余时间共同欣赏了一些草帽的图片。小朋友们通过观察、交流，碰撞出更多思维的火花。大家首先讨论起了帽子的样式，幻想着自己的帽子会是什么样子的。

欣欣：草帽的顶上是圆圆的。

小绮：那是半圆形的。边上还有一层边。

小雯：这些帽子有点像农民伯伯戴的。

欢欢：我爷爷戴这个帽子，下边还有两根带子。

环节二：了解结构

经过大家的讨论，我们逐渐梳理出草帽的结构大致分为两部分：帽顶和帽檐。有的帽子还有方便固定的帽带。这时，又有小朋友提出："我的帽子没有帽檐。"也有小朋友说："我的帽子是鸭舌帽，帽檐是长长的。"大家发现，帽子有很多的款式和花样。那么，孩子们想设计什么样的草帽呢？我给小朋友们每人分发了一张纸，请小朋友们自己来设计帽子。大家一边想象一边绘制，俨然一副设计师的样子。

设计好了帽子，那就要行动起来了。可是，问题又来了，怎么才能制作出一顶坚固实用的草帽呢？

小宇：可以像编鸟窝一样，把稻草一圈一圈编上去。

轩轩：但是帽檐怎么编？

琳琳：可以找一个盒子做帽顶，稻草沿着盒子盘上去，这样帽子就很坚固了。

小宇：可是外面的盒子要一起戴在头上吗？

琳琳：那先做好模型，再把稻草贴上去。

大家不断进行着"头脑风暴"，不断提出想法，但又被否定。最后，终于商量出了一个比较可行的办法：先定帽子的模型，再用稻草贴上去。

【劳动经验链接】幼儿能调动已有经验，按照先设计构思再操作实践的步骤进行工艺劳动。

之前我们做鸟窝时，大家曾将普通的小盒子作为模型，于是大家找了好多小盒子过来，顶在头上。孩子们发现，有的盒子太大，直接把整个头部套进去了；有的盒子太小，根本不能戴上去。有小朋友说："每个人的头大小不一样，帽子的尺寸肯定也不一样。"是啊，只是机械地找盒子作为模型也不行，只有"私人订制"的模型才适合每一个小朋友。看来，草帽的模型也要小朋友自己来做。

2. 制作草帽

### 环节一：制作模型

小朋友们开始思考怎样制作草帽的模型。小逸想到"建筑工地"上的帽子是老师用不织布做成的。那种布比较坚硬，不容易塌，可能那种材料就可以用来做草帽模型。我们邀请了曹老师和心灵手巧的欣欣妈妈同大家一起制作，他们负责将一整块不织布裁剪成长条，便于大家操作，而小朋友们要用那些长条形的布来围成帽顶。皓皓很积极，拿到不织布就把它围起来，变成了一个圆柱形，经过固定之后，他迫不及待地想试戴。

    小华：你的帽子戴不上去，太小了。
    皓皓：那怎么办呀，我都做好了。
    雯雯：你可以先量一量啊。

既然是"私人订制"的草帽，肯定要按照适合自己的尺寸来做。所以，小朋友又邀请自己的好朋友来帮忙量头围，先把不织布沿着头绕一圈，再请欣欣妈妈固定，帽顶的模型就做好啦！

帽顶做完了，就要做帽檐了。帽檐是平平的，孩子们就在帽顶的下面贴了一层平平的布。

    一一：我喜欢花朵的形状。
    妮妮：我的帽子要圆圆的。
    西西：我的帽檐要方方的。

根据之前的草帽设计图，小朋友先用勾线笔在不织布上打了个草稿，然后自己裁剪出帽檐的形状。小朋友们裁剪出了很多奇特的造型，各种各样的帽子模型就诞生了。

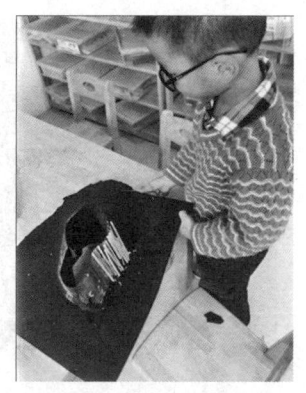

**环节二：装饰帽顶**

接下来就准备装饰帽顶了。之前，大家想到的是用稻草进行装饰。我们班正好有很多稻草秸秆，所以，小朋友们大部分是用秸秆进行装饰。

小朋友们先将秸秆在帽顶上比出大致的长度，然后进行修剪，再用糨糊把秸秆粘贴在帽顶外侧。

【劳动经验链接】幼儿在装饰草帽的过程中，逐渐掌握运用剪刀、糨糊等工具和材料的技能，并进行细致的粘贴工作。

欢欢：我把糨糊一点一点涂上去，然后再把秸秆贴上去。

小智：我的糨糊都涂完了，秸秆全部贴上去了。

在小朋友操作的过程中，我们发现，女孩子在装饰帽顶的时候比较细致。她们小心翼翼，一根一根地粘贴，而男生则是大刀阔斧，他们会一下子将很多糨糊平铺在上面，然后再把秸秆全部贴上去。后来，小朋友们还发现了一种能够"批量生产"秸秆的方法：把几根秸秆对齐，一起修剪。这样速度就更快了。

经过两天的努力，大家已经将帽顶一圈全部用秸秆细密地贴好了。

 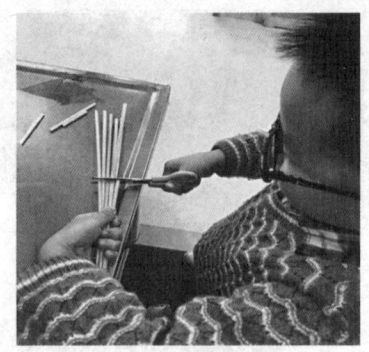

**环节三：装饰帽檐**

在装饰帽檐时，皓皓提出了自己的想法：光贴帽顶就贴了两天，而帽檐更大，还要干多久？为了不让孩子们的耐心消耗殆尽，我引导他们想出更多装饰帽檐的方法。我抛出问题："除了可以像排队一样贴秸秆，还可以怎么装饰呢？"

萌萌：可以一隔一，有规律地贴。

小智：把秸秆弯一弯变成三角形。

一一：横着竖着都可以，像蜘蛛网一样。

于是，小朋友们用各种形式装饰帽檐，趣味十足，"工作"效率也大大提高。没过一会儿，帽檐上已显现出漂亮的花纹。我们的草帽已经初现雏形。

我又抛出问题："还可以怎么装饰我们的草帽？"妮妮马上说："可以用勾线笔画上图案。"因为之前剪帽檐时是用勾线笔打底的，所以，她下意识地提出了这个想法。很快，她在自己的草帽上画了几朵小花。小夏说道："老师，我可以用超轻黏土装饰吗？我要做一辆小汽车。"小朋友们一片赞同。大家都开始在自己的草帽上用超轻黏土进行装饰。草帽变得更加漂亮了！

3. 使用草帽

**环节一：草帽的标签**

草帽已经做好了，那如果很多草帽放在一起，怎样才能知道哪一顶是自己的帽子呢？要不要给它们做个标签呢？大家集思广益，给自己心爱的帽子想出了很多可爱的名字。

【劳动经验链接】幼儿能将自己的劳动成果创造性地运用于生活中，体会劳动带来的快乐和劳动成果给生活带来的便利。

可可：我要叫它"花花帽子"，因为上面有很多漂亮的小花。

小新：我给它起的名是"警察帽"，上面有警车。我最喜欢小汽车了。

浩浩：我要叫它"太阳帽"，这样戴着就不冷了。

说完，小朋友们拿起画笔给自己的帽子画上专属标签，并贴在了旁边。

### 环节二：帽子怎么玩

既然草帽已经全部完成了，我们可以怎么玩呢？这应该是大家最兴奋的时刻。

小然：可以戴着帽子去表演，像模特一样。

乐乐：我想戴着帽子讲《小红帽》的故事。

轩轩：我要把帽子放在超市卖。

小益：还可以玩娃娃家的时候戴，谁当了爸爸就戴，还可以给宝宝戴。

原来帽子还可以用来装饰，用来表演，用来玩游戏，这已经大大超越了一顶普通帽子的本来意义。在孩子们的世界里，所有的事物都是有趣、有生命的，更别说是自己的劳动成果了！

### 环节三：帽子送给谁

草帽陪伴小朋友度过了一天又一天。这一天，我带小朋友们在种植园地散步时，妮妮突然对我说："我想把帽子送给外面的稻草人。冬天太冷了，送给稻草人一顶小帽子，他或许能温暖一点。"她的话也温暖了我们的心，我们为站在泥地里的稻草人戴上草帽。后来，我们给保安叔叔送上草帽，给阿姨送上草帽。原来，小小的帽子更可以分享！

关于草帽的活动虽然已经接近尾声，但孩子们热爱手工劳作的心一直不会变，善良、分享之花会尽情绽放在他们稚嫩的心田里……

### （四）幼儿劳动能力评估检核表

班级：_____  评价对象：_____  实施时间：_____

| 活动内容 | | 一场帽子的甜蜜之旅 | 评价等级 | | |
|---|---|---|---|---|---|
| | | | ★★★ | ★★ | ★ |
| 评价指标 | 劳动认知 | 1. 感知稻草秸秆笔直坚硬、中间空洞的特征。 | | | |
| | | 2. 知道草帽有帽盖、帽檐、帽绳等基本结构。 | | | |
| | | 3. 知道草帽具有挡风遮雨、遮阳等用途。 | | | |

续表

| 活动内容 | | 一场帽子的甜蜜之旅 | 评价等级 | | |
|---|---|---|---|---|---|
| | | | ★★★ | ★★ | ★ |
| 评价指标 | 劳动能力 | 1. 尝试用剪刀修建秸秆，将其剪成适合的长度后再粘贴。 | | | |
| | | 2. 能够利用双面胶、糨糊等粘贴材料进行制作。 | | | |
| | | 3. 能够尝试自己设计帽檐的形状并进行装饰。 | | | |
| | 劳动思维 | 1. 能用简单的语言表述自己的劳动过程。 | | | |
| | | 2. 劳动过程中能想到并设计出各种不同形状的帽子。 | | | |
| | | 3. 先设计帽顶，再设计帽檐，劳动操作过程清晰。 | | | |
| | 劳动情感 | 1. 能够坚持完成作品，不半途而废。 | | | |
| | | 2. 能够积极动脑，乐于尝试各种装饰帽子的方法。 | | | |
| | | 3. 感受劳动获得的快乐，完成后喜欢自己制作的草帽。 | | | |

## （五）主题活动评估反馈表

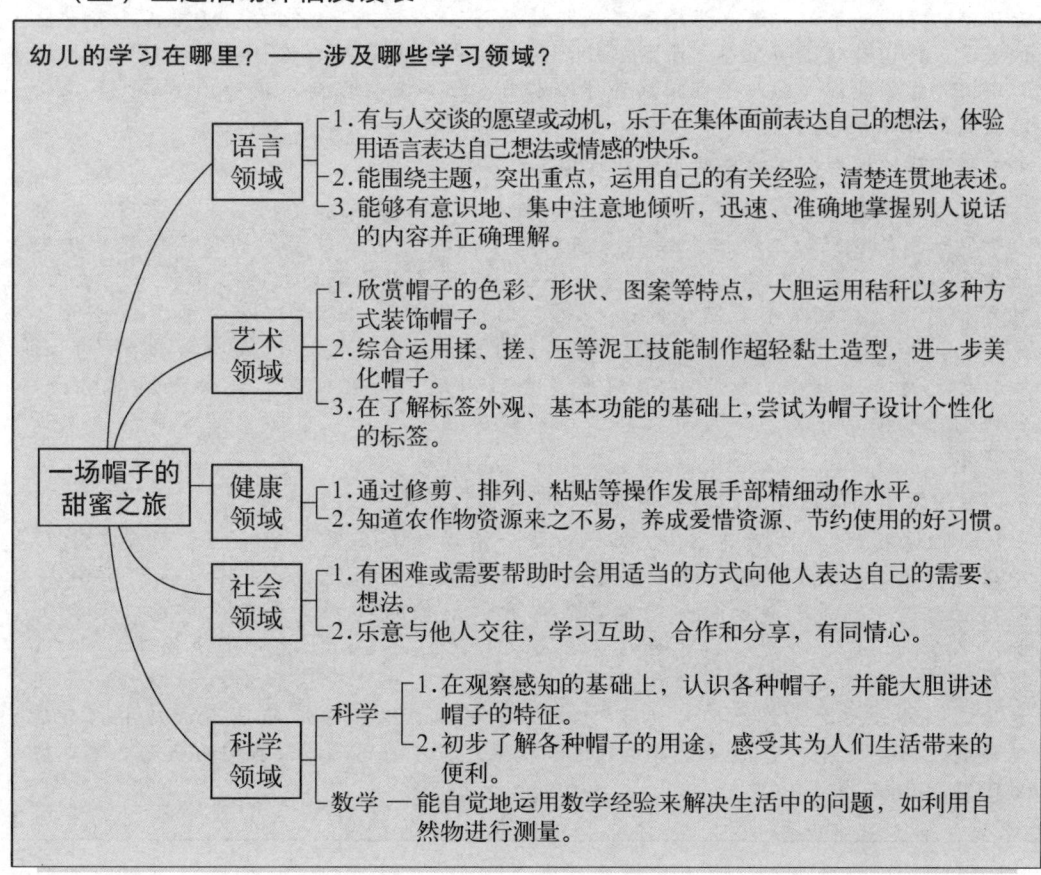

续表

**幼儿的经验在哪里？——获得了哪些具有挑战性的新经验？**

挑战1：帽子是什么样的？

新经验：通过查阅资料、亲子调查等多种方式，丰富对帽子种类、特征、功用的认知。

挑战2：如何制作帽子？

新经验1：在知道帽子基本构造的基础上，先通过测量确定所需帽子的尺寸，再在不织布上打好草稿，制作帽子的模型。

新经验2：运用秸秆，以多种方式装饰帽顶和帽檐，捏制各种超轻黏土造型，进一步美化草帽。

新经验3：基于对标签特征、用途的了解，尝试为草帽设计个性化的标签。

**教师的反思与评价**

● 回顾课程，想一想：在主题选择上你学到了什么？这个主题为什么适合幼儿？

经历了整个探索过程，回眸我们的故事，令我感到欣喜的是，孩子、老师都得到了成长和发展。

幼儿主动探究、深入思考的学习品质有了质的飞跃与发展。只有亲身经历的探索过程才是最真实的，孩子们在此过程中产生的疑问大多是通过自己的力量解决的。例如，在制作草帽的初期，幼儿还不知道怎么做，我们先通过观察来了解草帽，从而拉开活动的序幕。第二，进一步培养了幼儿的观察、审美、劳动能力。这类工艺劳动看似普通，但调动起了幼儿各方面的技能，从而组成一个完整的故事链。粘贴帽顶、装饰帽檐等操作能锻炼幼儿手部精细动作的水平，给草帽制作标签是幼儿想象力以及绘画技能提升的表现。

● 主题活动过程中，你的支持策略在哪里？

在活动过程中，我始终鼓励孩子大胆提出问题，在发表不同意见的同时，也学会听取别人的观点，汲取他人经验。在此理念的指引下，孩子们的思考和探索迸发出了无尽的火花：他们满心欢喜地与同伴分享、交流自己调查到的帽子特征、款式、种类和用途，全班孩子对帽子的认知也由此建构起来，这为活动向纵深推进做了充分的经验准备。与此同时，我引导孩子们自由选择、自由探索、操作摆弄，而我自己则适当地放手，给予孩子们更多发现问题、面对问题、解决问题的机会，让他们在碰撞、冲突、协商中找到合适的解决方案，并从中感受思考带来的收获和快乐。

● 你会给未来实施这一主题的教师提供哪些建设性意见？

我在这个活动中也有所感悟。第一，这一活动使我更系统地了解、感受工艺劳动课程。以前，我认为藤草类的编织劳动离我们生活很遥远，但是，有了这次体验之后，我发现带领孩子们一起观察、探索、制作的过程是乐趣无穷的。我会更加沉下心来，以合作者、引导者的身份去思考问题，与幼儿共同解决困难。第二，课程之所以能称之为课程，必然是集体活动、日常生活、区域游戏的联动，是在方方面面的合力之下产生的"协奏"。制作草帽不局限于单一的区域活动中，而是延伸到了社会、艺术、数学等多元领域。相信更宽广的思路能让我们的研究之路走得更踏实、有力。

## 三、粽叶飘香润童心

### （一）主题活动由来

"五月五，是端阳，门插艾，香满堂，吃粽子，撒白糖，龙舟下水喜洋洋。"听到熟悉的童谣，才恍然发觉又到一年端午时。对于端午，孩子们最深刻的印象就是品尝美味的粽子，不过，粽子究竟是用什么做出来的呢？外面的叶子是什么植物的叶子呢？能不能用其他的叶子来代替呢？……《纲要》中明确指出："要善于发现幼儿感兴趣的事物、游戏和偶发事件中隐含的教育价值，把握时机，积极引导。"于是，我追随孩子们的疑问，同他们一起开始了一场关于粽叶的探究旅程。

### （二）主题活动脉络

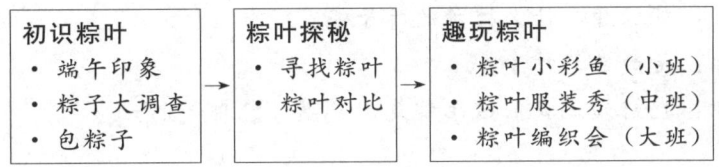

### （三）主题活动实录

1. 初识粽叶

**环节一：端午印象**

淡淡粽叶香，浓浓世间情。为弘扬传统文化，让幼儿更直观地了解端午节，我组织孩子们观看了"端午节的风俗与来历"相关视频，让幼儿了解端午节的来历以及节日的独特风俗。

老师：小朋友们，你们知道端午的由来吗？端午节我们要做些什么呢？

小杰：端午节是为了纪念一位楚国的爱国诗人而设立的。

小兰：我知道，是为了纪念屈原而设立的。

老师：那端午节我们要做些什么呢？

伊伊：端午节要吃粽子、划龙舟。

小杰：我奶奶每年在端午节都会包粽子给我们吃呢，可好吃了！

伊伊：那今年我们也来包粽子吧，然后可以和老师、家人分享！

伊伊的提议很快得到了大家的响应，大家纷纷表示想在今年的端午节之前自己包一次粽子，体会一个与众不同的端午节。可是包粽子需要哪些东西呢？怎么包呢？为了解决这些问题，孩子们带着调查表和爸爸妈妈们一起对粽子进行了一次大调查。

### 环节二：粽子大调查

几天后，孩子们纷纷带来了他们的调查结果，他们一起分享着自己的发现。

涵涵：我发现粽子原来还有不同的样子，比如有三角形的三角粽、长长的长方形粽，还有小脚粽呢！

小杰：我还知道有的粽子里面是有馅的，我最爱吃肉馅的！

伊伊：还有蛋黄馅、红枣馅的！

豪豪：我知道包粽子需要粽叶、糯米还有绳子！

老师：那粽叶是什么植物的叶子呢？

涵涵：是箬竹的叶子。

伊伊：我奶奶说我们这儿都是用芦苇叶包粽子的。

  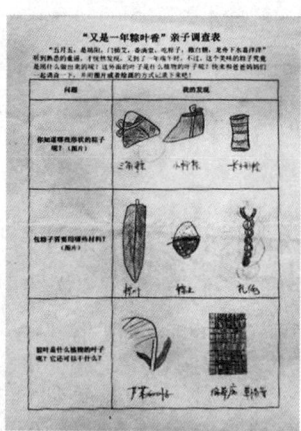
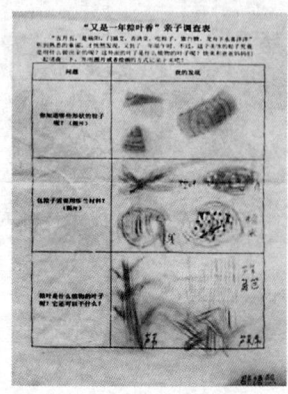 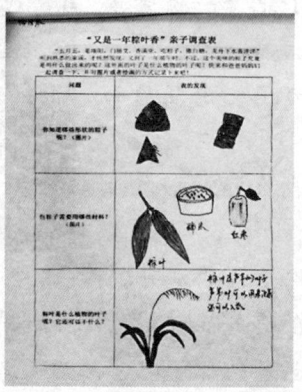 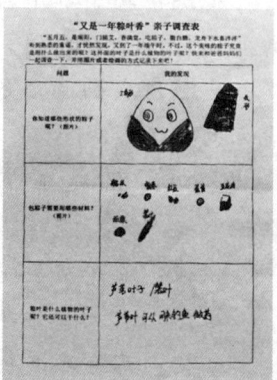

以往孩子们都是直接品尝现成的粽子，粽子对他们来说是一种熟悉而又陌生的事物。在这次亲子调查中，孩子们和父母一起了解了粽子的形状，以及包粽子需要准备的材料，他们对粽子有了更加深入的了解和认识。而这样一次调查活动，不仅激发了孩子们探究事物的好奇心，丰富了他们对粽子的直接经验，也发展了他们观察、思考、概括等方面的能力，初步培养了他们科学探究的意识。

环节三：包粽子

明天就是端午节了，孩子们一起准备好了包粽子的材料——糯米和粽叶，都迫不及待地想要包粽子了。

问题探究一：粽叶要怎么包住米呢？

花花：怎么用粽叶来包住糯米呢？

晨晨：你看，这样抓住两端，往上一卷，就可以变成一个装米的东西了。

小雨：这个下面还要尖尖的，不然米就容易漏出去哦！

花花：原来要卷成尖尖的像漏斗那样的啊！我懂了！

问题探究二：怎么裹粽叶？

晨晨：你看，你的粽叶没有把周围的小缝隙包裹上，所以米才会漏出来。

小韩：那怎么办呢？

晨晨：那你再拿一张粽叶，像我这样把这些缝隙全部裹起来吧！

小韩：现在果然不漏了，原来裹粽叶的时候要把所有缝隙都包起来，还要把米压一压！

问题探究三：我的绳子怎么松开了？

小雨：咦，我的绳子怎么松开了呢？

花花：你绑得太松了！

晨晨：不能只绕着一个方向绑，就像我们角色游戏里包裹中药包一样，每个方向都要绕。

琳琳：还要多绕几圈，最后要打一个结，不然也会松开的。

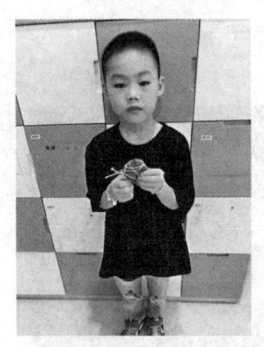 

哇，一个个粽子终于完工啦！虽然包粽子过程中孩子们遇到了许多困难，但是他们都没有放弃，而是共同思考，相互帮助，努力把这些困难一一克服。他们不仅掌握了包粽子的方法，发展了包裹、捆扎、打结等方面的技能，而且也懂得了探索与思考的重要性。

【劳动经验链接】幼儿在包粽子的过程中，包裹、压实、捆扎、打结等手部精细动作都得到了很好的锻炼。

2. 粽叶探秘

**环节一：寻找粽叶**

自从上次品尝了粽子之后，孩子们对粽子的"外包装"——粽叶十分感兴趣。为了满足孩子们对粽叶以及芦苇的好奇心，我们请教了幼儿园里对植物非常了解的沙老师。沙老师告诉我们，其实幼儿园里也有芦苇，就在玻璃房旁边。孩子们听到后非常激动，立刻带着芦苇的照片去玻璃房那儿寻找它的身影。很快，孩子们就发现了它，他们开心地围着芦苇开始观察。

豪豪：芦苇是高高的，你们看，这个比我还高呢！

伊伊：芦苇还是细细的，它的枝干和我的手指一样粗细。

涵涵：哇，我发现芦苇的叶子了，你看它们的叶子是绿色的、长长的！

豪豪：而且这个叶子摸上去很光滑。

原来，这片长长的、很光滑的绿色叶子就是芦苇的叶子，也就是粽叶。这下孩子们终于见到粽叶的"真面目"了，任何言语都抵不过亲眼所见对孩子们的影响之大。有了这次经历，孩子们对粽叶的来源已经有了更深入的认识和了解。

### 环节二：粽叶对比

孩子们一起在幼儿园里寻找了粽叶，还采摘了几片粽叶带回班级，正好班级里还有一些其他植物的叶子，大家便兴致勃勃地观察起来。

涵涵：你看，粽叶是长长的、大大的；榉树的叶子是小小的、椭圆形的。

豪豪：榉树叶子的边缘是锯齿状的，粽叶的边缘很光滑。

小杰：你看，粽叶的叶脉都是长长的，从底部一直到最上面；香樟树的叶脉，中间只有一根长长、粗粗的主叶脉，然后从中间延伸出许多细细的叶脉到叶边上。

伊伊：芋头的叶脉是从中间开始向四周生长，而且它的叶脉很粗，粽叶和香樟叶的叶脉都是细细的。

豪豪：我发现其他叶子对折之后都会断裂，而粽叶基本没有痕迹……

孩子们专心致志地将这些叶子进行比对，在此过程中，他们发现了粽叶的许多特性，比如：它的形状是大大、长长的，叶子比较柔韧不易断裂，它的叶脉也和其他叶子不同……有的孩子还把他们的发现记录了下来。通过这次活动，孩子们不仅加深了对粽叶特征的了解，还锻炼了观察、比较、操作能力。

3. 趣玩粽叶

粽叶除了可以包粽子，还可以用来干什么？正好上次大班的孩子包粽子还剩下了许多粽叶，可以怎么利用它们呢？快来看看大家的创意吧！

环节一：粽叶小彩鱼（小班）

老师：你们看，这个叶子就是粽叶，它是什么样子的呢？

清清：它是绿色的，长长的。

一一：哇，这个粽叶好像一条小鱼哦！

博博：嗯嗯，那我们一起来画一条粽叶小鱼吧。

一一：我看到海里的小鱼身上都有漂亮的花纹和颜色呢！

博博：那我们也可以用颜料给它们画上美丽的花纹！

 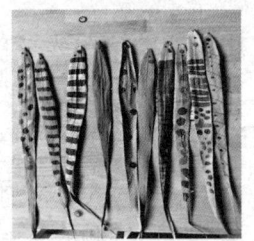

有的孩子用点画的方式绘画小鱼，有的孩子用涂色的方式，还有的孩子用一隔一画条纹的方式来装饰小鱼……这些五彩缤纷的粽叶小鱼是孩子们表达美和创造美的鲜活载体，也是他们大胆想象、艺术创造的结晶。

老师：那这些小鱼可以用在哪里呢？

清清：可以放在我们的香香店里。

熙熙：我觉得可以把它们穿起来，放在架子上，我上次在超市里看到的。

清清：我们可以像玩穿项链游戏那样，在小鱼上打一个孔，再把它们穿起来。

熙熙：卖鱼喽！你们要来买鱼吗？

然然：我们这里有新鲜的鱼干。

【劳动经验链接】幼儿在打孔、穿编小鱼的过程中，压、穿等手部动作得到了有效发展，为下一阶段的劳动奠定基础。

 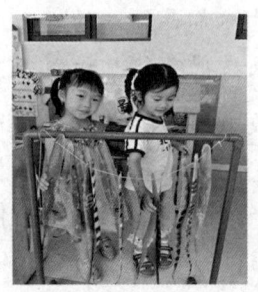

小班孩子通过对粽叶进行点画、涂色、打孔、穿线等操作活动，最后将制作的粽叶小彩鱼成品运用到日常的游戏中。这一系列活动，让幼儿手部精

细动作得到了锻炼与发展,他们的语言交流能力和艺术创造能力也都得到了一定的提升。

**环节二:粽叶服装秀(中班)**

小舞台上的服装都已经破旧了,只剩一件稍好些的了,但是有三个小演员需要服装。孩子们想到之前用稻草做过草裙,那这次可以用粽叶来编织几件表演服吗?他们把这个想法告诉了美工区的小朋友。

美工区的几位小朋友欣然答应,还为粽叶服装画好了设计图。

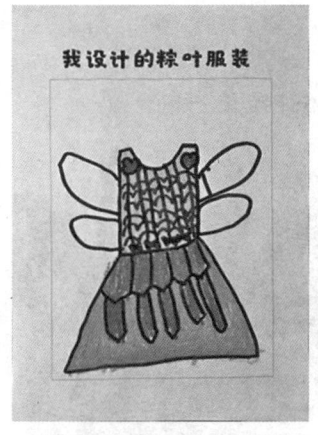
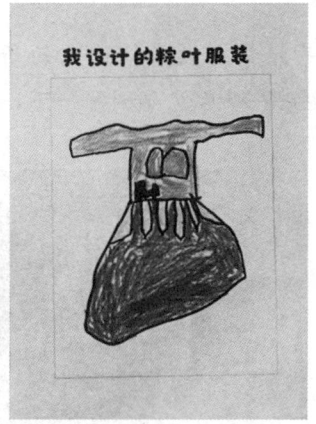

设计图完成后,孩子们要开始正式的编织制作了。

问题探究一:怎么利用粽叶进行编织呢?

  莉莉:我要先把粽叶头对头排排齐,横着放好,再把剩下的粽叶竖着放在上面。

  小安:咦,你编织的衣服怎么拿不起来呢?
  莉莉:那可怎么办呢?
  老师:幼儿园里有编织机玩具,你们一起去看一看它是怎么编织的吧!

莉莉：原来要把粽叶先横着排好，再把竖着的粽叶像针一样一根上一根下交替穿插进去，这样才行。

果然，掌握了编织方法之后，将粽叶横、竖交错穿在一起，就可以牢牢"锁"住了。

问题探究二：叶子总是动来动去，不好编织，怎么办呢？

莉莉：这个粽叶怎么总是动来动去的？怎么办啊？

小安：我觉得可能是叶子太大了，我们小朋友不好编，可以把它们撕成两半再来试一试。

莉莉：我觉得你要是能帮我按着边边上的话，应该也会好编的。

敏敏：我觉得你们编完一根后就要调整一下，不能随便一穿。

这次，孩子们将粽叶沿着中间撕成两半，又将粽叶按照上下交替穿插的方式进行编织，有了小伙伴的帮助，果然顺利多了。

问题探究三：怎样让这件"衣服"变得更漂亮呢？

敏敏：这个边边上有许多刺的，我们可以用剪刀来修剪一下，要剪得一样长哦！

莉莉：我看到教室里有许多干花，正好我的粽叶裙上还缺一些小花。

三件表演服装做好啦！哇，既合身又漂亮，快穿上它们，一起去表演节目吧！

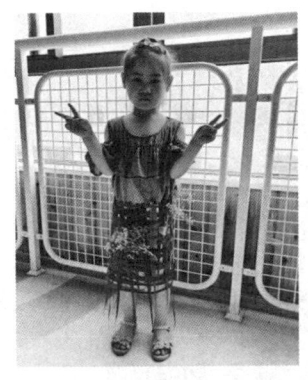 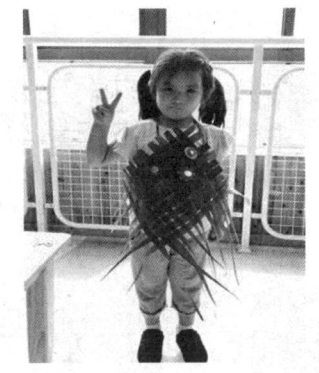 

因为有了上学期用稻草编织草裙的经验，中班的孩子们联想到用粽叶来制作表演的服装。在编织的过程中，他们遇到了许多困难，比如他们一开始只是把粽叶交叉叠放在一起，发现不能成形，然后他们从幼儿园的编织玩具中学习编织方法，再次进行尝试。就这样，孩子们在不断试错、不断改正的过程中，对编织技能掌握得越来越好，直至最后成功完成三件漂亮的服装。这次操作活动不仅让孩子们掌握了一种横竖交替的编织方法，还让他们交流、合作、解决问题的能力得到了较好的锻炼。

【劳动经验链接】中班幼儿在制作服装的过程中，不仅发展了横竖交替穿插编织的技能，而且锻炼了裁剪、撕贴等技能。

### 环节三：粽叶编织会（大班）

花花：我上次看到草编坊的帘子上有许多作品都旧了。

小羽：那我们可以用粽叶来编织一些好看的作品装饰上去。

花花：我觉得我们可以用粽叶编一条手链。

小羽：嗯嗯，我觉得还可以用粽叶编一朵小花。

花花：那我们快带着材料去草编坊吧！

花花和晨晨正在编一条粽叶手链。

问题探究一：粽叶总是滑来滑去，不好编，怎么办？

花花：这个粽叶不太听话，总是滑来滑去。

晨晨：你把它用力捏住，再按一下，压出折痕就好啦！

花花：果然好多了！

问题探究二：粽叶长短不一样，怎么办？

花花：哎呀，两根粽叶怎么不一样长呢？你看这根都不够了！

晨晨：肯定是你没从粽叶的中间开始编。

花花：那我再来试一次！这次我要先把粽叶两端对折，找到中间的位置再开始编。

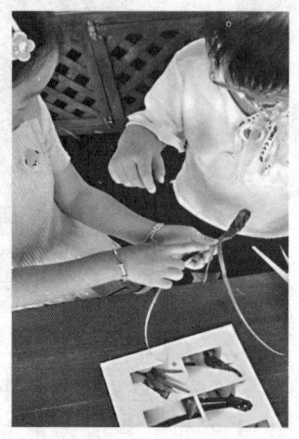

花花开始了第二次尝试。她从粽叶的中间开始编，一边说着编手链的口诀"左边、右边，中间转一转"，一边专心地编着粽叶手链，这一次尾端果然没有一根长一根短。哇，编好的手链真好看！

问题探究三：怎么其中一根粽叶不够了呢？

小羽正在编一朵小花。

  小羽：先把两根粽叶头对头放好，留出一段距离，再把粽叶一根接一根轮流往后折。

  晨晨：我感觉你这根粽叶可能不够了呢！

  小羽：我想想，可能是我刚才找的两根粽叶不一样长，所以有一根就不够了。

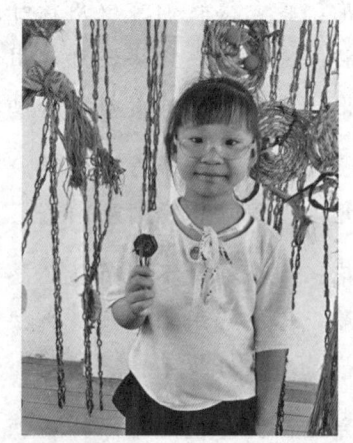

小羽根据她的猜想，通过比对的方法，找到了两根一样长的粽叶，开始了第二次尝试，这一次果然成功了，看来她的猜想是对的！

第四章 草艺劳动

【劳动经验链接】立体编织对大班幼儿手部动作的精细度和熟练度有了更高的要求。在这个活动中，压实、翻折、扭转、穿插等动作都得到了较好的融合与发展。

大班孩子各方面的能力相对于中班的孩子有了更大的发展，因此，在活动中，我尽量给予孩子们更多思考和尝试的机会，让他们在自主探索中发现解决问题的方法，从而引发幼儿进一步探索与学习。

主题活动"粽叶飘香润童心"给予孩子们的是能力、知识、情感的提升，虽然告一段落，但是孩子们的兴趣不减，今后我们将继续探索粽叶与我们生活的紧密联系，例如粽叶的药用价值等，我们也会将关于粽叶的探索进一步延伸至课程实施的各个领域，充分挖掘大自然蕴含的科学知识，促进幼儿探究能力，以及艺术审美与表现、社会性合作与分享等能力的提升。

（四）幼儿劳动能力评估检核表

班级：_____ 评价对象：_____ 实施时间：_____

| 活动内容 | | 粽叶小彩鱼（小班） | 评价等级 | | |
|---|---|---|---|---|---|
| | | | ★★★ | ★★ | ★ |
| 评价指标 | 劳动认知 | 1. 知道端午节是我国的传统节日，了解端午节的风俗和来历。 | | | |
| | | 2. 观察、感知粽子的形状和品种，了解其制作方法和所需材料。 | | | |
| | | 3. 通过观察，了解粽叶的基本特征，并初步感知粽叶的用途。 | | | |
| | 劳动能力 | 1. 能运用不同的点线排列、色彩组合方式装饰粽叶，绘制粽叶小彩鱼。 | | | |
| | | 2. 在认识打孔器的基础上，熟练掌握打孔器的使用方法。 | | | |
| | | 3. 打孔后，能将绳线穿过洞口，通过缠绕、打结等技能，将粽叶小彩鱼悬挂起来。 | | | |

续表

| 活动内容 | | 粽叶小彩鱼（小班） | 评价等级 | | |
|---|---|---|---|---|---|
| | | | ★★★ | ★★ | ★ |
| 评价指标 | 劳动思维 | 1. 敢于表达，乐于提问，遇到困难时学会以适当的方式寻求帮助。 | | | |
| | | 2. 开放思维，创造性地将作品运用在日常游戏、活动和生活中。 | | | |
| | 劳动情感 | 1. 感受作品的色调、色彩之间关系的变化，喜欢欣赏、评价自己与他人的作品。 | | | |
| | | 2. 激发对传统文化的兴趣，萌发民族自豪感。 | | | |
| | | 3. 体验在活动中保持信心、坚持努力去实现目标的成就感。 | | | |

班级：_____  评价对象：_____  实施时间：_____

| 活动内容 | | 粽叶服装秀（中班） | 评价等级 | | |
|---|---|---|---|---|---|
| | | | ★★★ | ★★ | ★ |
| 评价指标 | 劳动认知 | 1. 了解粽叶的用途，知道粽叶可以用来制作衣服、裙子等。 | | | |
| | | 2. 知道正确使用剪刀的方法，能将长短不合适的粽叶修剪成需要的长度。 | | | |
| | | 3. 初步了解粽叶服装的制作方法和步骤，能够按照步骤一步一步制作。 | | | |
| | 劳动能力 | 1. 绘制粽叶服装设计图，有意识地进行细节装饰。 | | | |
| | | 2. 通过测量、比对等方式，将不同长度的粽叶修剪成相同的长度。 | | | |
| | | 3. 掌握横竖交替穿插的编织技巧，解决编织时粽叶对不齐、中途粽叶长度不够等问题。 | | | |
| | 劳动思维 | 1. 具有初步的长短概念，能够通过一端对齐的方式来比较事物之间的长短。 | | | |
| | | 2. 能够积极探索粽叶的编织方法，并能将自己的发现较清楚地表述出来。 | | | |
| | | 3. 有较清晰的粽叶服装制作思路，明确自己的职责，不慌乱。 | | | |

续表

| 活动内容 | | 粽叶服装秀（中班） | 评价等级 | | |
|---|---|---|---|---|---|
| | | | ★★★ | ★★ | ★ |
| 评价指标 | 劳动情感 | 1. 体验到与同伴分工合作制作出粽叶服装的成功感与归属感。 | | | |
| | | 2. 乐意参与粽叶服装的制作活动，体验穿着粽叶服装进行表演的快乐。 | | | |
| | | 3. 感受中华传统文化的源远流长、博大精深，萌发民族自豪感。 | | | |

班级：_____ 评价对象：_____ 实施时间：_____

| 活动内容 | | 粽叶编织会（大班） | 评价等级 | | |
|---|---|---|---|---|---|
| | | | ★★★ | ★★ | ★ |
| 评价指标 | 劳动认知 | 1. 通过比较观察，感知了解粽叶的特征及其与其他叶子的不同。 | | | |
| | | 2. 知道编织是民间传统手工艺中的一种，了解多样的编织品种、编织材料和编织方法。 | | | |
| | | 3. 感受手工编织与人们生活的密切关系。 | | | |
| | 劳动能力 | 1. 能按照一定步骤（如借助示意图），耐心、细致地将手链、挂饰等编织完成。 | | | |
| | | 2. 掌握压、折、绕等编织方法，在与同伴的交流中解决关于编织的问题。 | | | |
| | 劳动思维 | 1. 知道在遇到问题或困难无法自己解决时，可以主动寻求帮助，理解求助是解决问题的好方法。 | | | |
| | | 2. 主动参与讨论，表达自己的经验和想法，通过比对、压折等方法解决编织过程中遇到的问题。 | | | |
| | 劳动情感 | 1. 欣赏编织工艺品的美，萌发对手工编织的兴趣。 | | | |
| | | 2. 懂得面对困难应该勇于尝试，不轻易放弃，体验坚持完成目标的成就感。 | | | |
| | | 3. 萌发关爱他人的美好情感，懂得并学会帮助他人。 | | | |

## （五）主题活动评估反馈表

**幼儿的学习在哪里？——涉及哪些学习领域？**

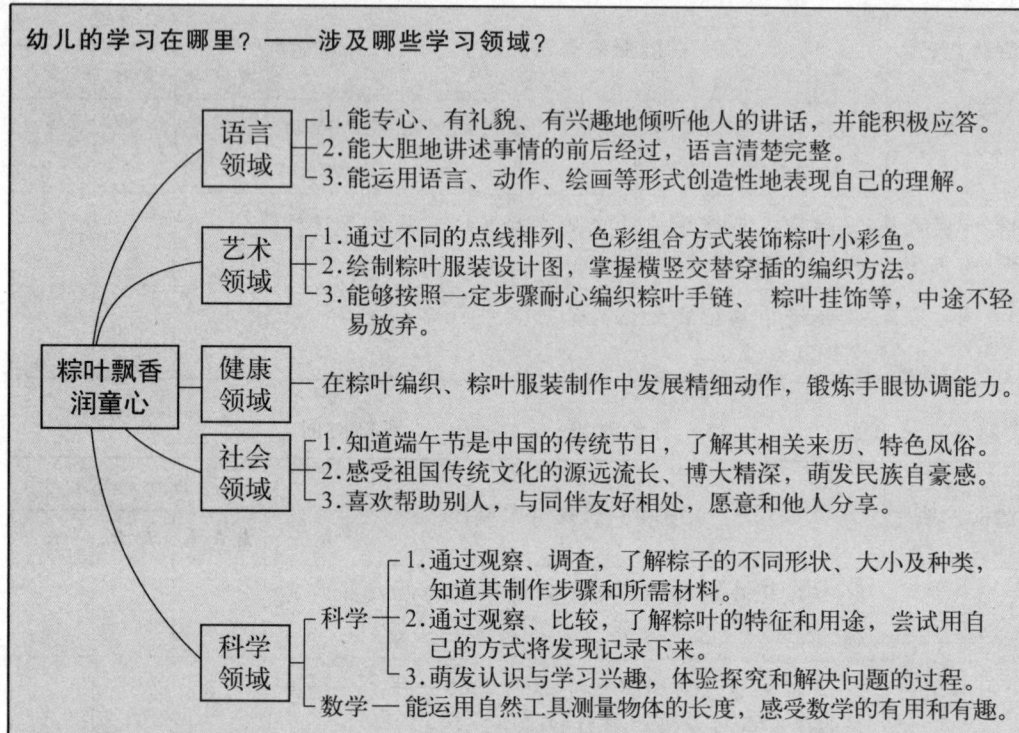

```
                  ┌─ 语言领域 ─ 1.能专心、有礼貌、有兴趣地倾听他人的讲话，并能积极应答。
                  │            2.能大胆地讲述事情的前后经过，语言清楚完整。
                  │            3.能运用语言、动作、绘画等形式创造性地表现自己的理解。
                  │
                  ├─ 艺术领域 ─ 1.通过不同的点线排列、色彩组合方式装饰棕叶小彩鱼。
                  │            2.绘制棕叶服装设计图，掌握横竖交替穿插的编织方法。
                  │            3.能够按照一定步骤耐心编织棕叶手链、棕叶挂饰等，中途不轻
                  │              易放弃。
  粽叶飘香 ───────┤
  润童心           ├─ 健康领域 ─ 在粽叶编织、粽叶服装制作中发展精细动作，锻炼手眼协调能力。
                  │
                  ├─ 社会领域 ─ 1.知道端午节是中国的传统节日，了解其相关来历、特色风俗。
                  │            2.感受祖国传统文化的源远流长、博大精深，萌发民族自豪感。
                  │            3.喜欢帮助别人，与同伴友好相处，愿意和他人分享。
                  │
                  │          ┌ 科学 ─ 1.通过观察、调查，了解粽子的不同形状、大小及种类，
                  │          │        知道其制作步骤和所需材料。
                  └─ 科学领域 ┤        2.通过观察、比较，了解粽叶的特征和用途，尝试用自
                             │        己的方式将发现记录下来。
                             │        3.萌发认识与学习兴趣，体验探究和解决问题的过程。
                             └ 数学 ─ 能运用自然工具测量物体的长度，感受数学的有用和有趣。
```

**幼儿的经验在哪里？——获得了哪些具有挑战性的新经验？**

挑战1：认识粽叶。

新经验：在了解端午节由来和习俗的基础上，自发展开调查，查阅资料，由此知道粽子的外形特征和制作工序，并通过与其他树叶的对比观察，进一步了解粽叶的特点和用途。

挑战2：如何制作粽叶服装？

新经验1：绘制设计图，掌握横竖交替穿插的编织方法。

新经验2：利用干花、超轻黏土等进一步装饰、美化编织好的粽叶服装。

挑战3：如何进行粽叶编织？

新经验1：解决编织时粽叶对不齐、中途粽叶长度不够等问题，保持耐心和细致，不轻易放弃。

新经验2：能够按照一定步骤（如借助示意图）将手链、挂饰等编织完成。

**教师的反思与评价**

● 回顾课程，想一想：在主题选择上你学到了什么？这个主题为什么适合幼儿？

通过"粽叶飘香润童心"的一系列活动，幼儿在初识粽叶、探秘粽叶、趣玩粽叶的过程中，丰富了对粽子外形特征及制作工序的认识和了解。在幼儿充分感知粽叶的基础上，将"粽叶"作为编织活动的主材，鼓励各年龄班的幼儿在自身发展水平的基础上，展开丰富的想象，创造性地利用粽叶进行相关有趣的活动，从而发展幼儿动手操作、解决问题以及艺术表现与创造等多方面的能力。

● 主题活动过程中，你的支持策略在哪里？

　　回望整个活动，我以关键经验为主线，将劳动教育贯穿始终，坚持源源不断地给孩子们提供自主、自由创造的机会，让孩子们直接从自己的劳动体验中学习、认知、思考、感觉和行动，用眼睛去捕捉生活的符号，用双手去擦亮生活的窗户，获得最直接、最真实的经验，让孩子们在劳动中获得自信和满足。

● 你会给未来实施这一主题的教师提供哪些建设性意见？

　　整个主题实施以来，我深刻地感受到，在日常生活中蕴藏着许多学习的机会，作为教师要有敏锐的教育意识，充分利用每一次机会。我们还要根据幼儿的即时表现，适时予以必要的支持，从而激发幼儿在这些活动中的学习主动性，收获有益经验。我们要鼓励、支持幼儿自己解决问题，这也要求我们要有课程意识、支架意识，用心去体验幼儿的"问题世界"，善于捕捉幼儿的兴趣和需要，以此做出价值判断。在今后的活动中，我们应注意做一个有意识的教师，给幼儿更大的放飞思想与展现能力的空间，让工艺劳动成为幼儿主动学习、探索、创造的肥沃土壤，有力地促进其全方位、深层次的发展。

## 四、草绳趣多多

### （一）主题活动由来

　　秋天美丽多姿，是个丰收的季节，是个充满喜悦的季节，是个处处都蕴含着教育契机的季节。在这美丽的季节里，大自然是孩子们最广阔的教室，赋予孩子们取之不尽的知识源泉。我园地处虞山周边，丰富的自然资源为幼儿提供了众多的探究机会。

　　在开展"秋天"主题活动时，孩子们收集了许多代表秋天的物品，其中嘉嘉带来的水稻引起了大家的特别关注和激烈讨论，"草绳趣多多"课程故事翻开了篇章。

### （二）主题活动脉络

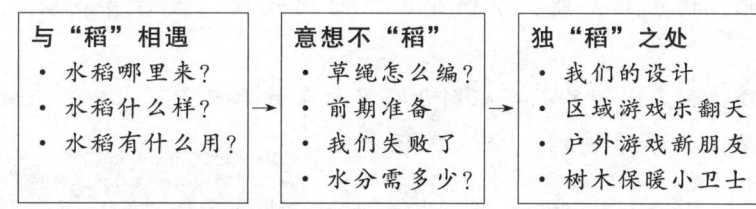

### （三）主题活动实录

1. 与"稻"相遇

环节一：水稻哪里来？

　　语祺：这些一粒粒的都是什么呀？

一然：这好像是水稻，我家旁边的田里就有。

嘉嘉：这是稻子，这里面有大米。

陶陶：我家旁边没有水稻，我从来没有见过。

孩子们关于水稻的讨论逐渐变得热烈起来，他们想去稻田的欲望越来越强烈。于是在这浓浓秋意的渲染、熏陶中，一群孩子踏上了探寻水稻之旅。带着调查表，孩子们和爸爸妈妈一起寻找答案，他们来到田野里，与水稻不期而遇。在观察、记录、亲自收割的真实体验中，孩子们和水稻来了一次亲密的接触，体会到了置身田野的乐趣，也对水稻有了初步的认识。

### 环节二：水稻什么样？

孩子们将水稻带到了幼儿园中，和好朋友们分享自己了解到的知识，他们看一看、闻一闻、摸一摸，用各种感官去探索、感受水稻的秘密。

沐恩：原来水稻之前是绿色的。

亮亮：水稻上结的果子叫稻子，是我们吃的大米。

小雅：稻草上面粗，下面细；下面比较硬，上面有点软；摸上去刺刺的。

瑶瑶：稻草上面的壳可以剥开，里面像竹子一样。

星星：稻草蓬蓬的，坐上去还挺舒服的。

### 环节三：水稻有什么用？

孩子们在稻田探寻的时候，边探索边记录，将自己的发现都记录到了调查表上，并带到班级和小伙伴们分享交流。他们围绕水稻的用途讨论起来。

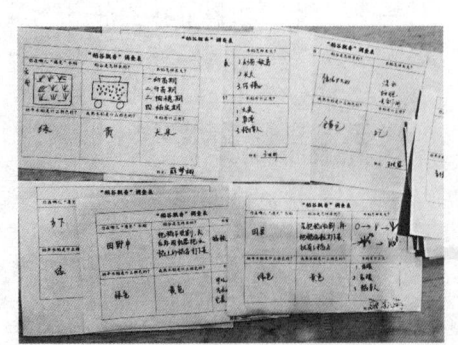

曦曦：水稻的稻壳可以作为植物的肥料。

梦栩：稻草可以放在屋顶上，使屋子变得更暖和。

楠楠：水稻最大的用处就是里面有我们吃的大米！

妮妮：我爷爷说稻草还可以做草绳呢！

2. 意想不"稻"

### 环节一：草绳怎么编？

妮妮的答案引起了大家的讨论，有的说稻草不能编草绳，有的说草绳不是用稻草编出来的，孩子们讨论的热度不断提升，我们决定做一次尝试。我做好了调查表，请孩子们带着调查表回家和爸爸妈妈、爷爷奶奶一起寻找答案。

阳阳：稻草真的可以编成绳子！

妮妮：两只手来回搓，就可以把它们搓成草绳了！

梦栩：不对，我爷爷说要往一个方向搓才能搓成草绳呢！

楠楠：那我们来试一试不就知道了！

小波：那我们也得先有稻草才可以编出来呀！

### 环节二：前期准备

（1）找一找

经过一番讨论，孩子们热情高涨，于是自发分组收集材料，有的收集稻草，有的准备工具，忙得不亦乐乎。

（2）晒一晒

收集来的稻草是杂乱的，孩子们要做的第一件事情就是整理。他们将稻草平铺到地上，挑出里面的杂草，再将稻草排列整齐，等待稻草晒干。

### 环节三：我们失败了

（1）我们失败了

稻草晒干了，孩子们觉得终于可以一展身手了。阳阳拿起一把稻草就开始来回搓动，可是搓了半天还是原来那个样子，他不禁疑惑起来。这时，小伙伴们发现了问题，并尝试解决问题。

问题一：可能是稻草拿得太多了。

解决方法：尝试减少稻草的量，再次搓动。

问题二：可能是搓的方向不正确。

解决方法：再次尝试往一个方向搓动。

孩子们经过自己的思考，不停地做尝试，但是不管如何尝试，都不成功，这让孩子们很失落。怎样才能编出草绳呢？我们决定借助网络工具的力量——来到百草园，使用电脑查找搓草绳的方法，边看边讨论，总结自己的失败之处。

【劳动经验链接】在反复搓动稻草的过程中，孩子们的手部精细动作得到了发展。

曦曦：原来是要把稻草分成两份才能搓的呀！

小好：确实是要往一个方向搓的！

心心：你看他们就拿了几根稻草，肯定是太多了搓不动！

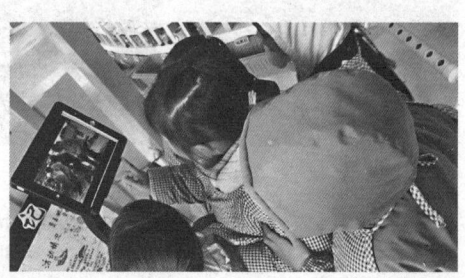

（2）我们又失败了

找到了正确的搓草绳方法之后，大家迫不及待地想要尝试。曦曦学着视频中的样子，将一把稻草分成两份，开始往一个方向搓动，搓了几次之后，又出现了新的问题：稻草总是散开。这可怎么办呢？于是大家又开始集思广益，试图解决新出现的问题。

方法一：用胶水将散开的稻草粘住。　　方法二：用绳子绑住散开的部分。　　方法三：用水软化稻草之后再次搓草绳。

 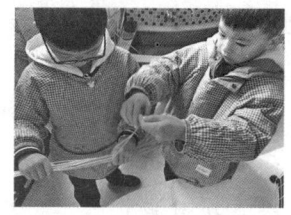 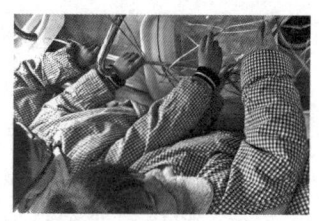

**环节四：水分需多少？**

孩子们将稻草浸入水中，发现稻草确实可以变软，但是随之而来的问题是：水太多了，根本没有办法搓草绳。那浸多少水才正好够呢？在讨论中，孩子们做了几次尝试，他们一次一次地将稻草的一部分浸入水中，并做上标记，最后看哪个标记的稻草最适合搓草绳。

首先，他们在稻草不同的位置做上标记，其次，根据标记高度往水中浸入稻草。

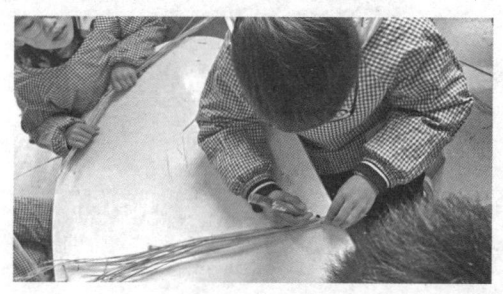 

然后看一看哪种稻草最适合搓草绳。

最终，他们找到了稻草上的"最合适位置"。孩子们按照这个标记的位置，将其他的稻草也浸入水中，将这些稻草软化之后，再次搓草绳，这一次终于成功了！一条长长的草绳在他们的小手中诞生了，孩子们的兴奋之情溢于言表，成就感油然而生！

3. 独"稻"之处

### 环节一：我们的设计

"我们可以用草绳做什么呢？"我的提问又引起孩子们热烈的讨论。

子轩：可以做成草船，放在水里。

梓宸：可以做成垫子，放在娃娃家里。

梦栩：可以做成呼啦圈，用来玩跳圈游戏。

阳阳：我们还可以用它来拔河呢！

孩子们把自己的想法绘制成一张张设计图，再根据设计图付诸行动。

### 环节二：区域游戏乐翻天

在美工区，孩子们利用草绳装饰相框。在科学区，用草绳探索沉浮现象。在生活区学习制作草垫。

**环节三：户外游戏新朋友**

编出的草绳还成为非常好的体育游戏材料呢。瞧，可以做跳绳，促进手脚动作的协调性。

可以用来拔河，锻炼四肢力量。还可以用来玩"揪尾巴"游戏，提高孩子们的反应速度和身体的灵敏性。

**环节四：树木保暖小卫士**

孩子们还将自己搓的草绳缠绕在我们种植园地的柿子树上，给柿子树穿上了一件"草衣"，帮助它温暖过冬。

【劳动经验链接】幼儿运用不同的缠绕方法将草绳固定在树干上。在这一过程中，幼儿需要按照一定的顺序（如从左到右、从下到上）缠绕，这培养了他们主动思维的能力，以及专注力和耐心。

"草绳趣多多"活动余音袅袅。我们欣喜地看到了这个活动所蕴含的多重价值。的确,"植根于孩子的生活,真正来自孩子,让孩子做主角,自主推进课程"的进程,是这样美好,这样有趣……

### (四)幼儿劳动能力评估检核表

班级：_____  评价对象：_____  实施时间：_____

| 活动内容 | | 草绳趣多多 | 评价等级 | | |
|---|---|---|---|---|---|
| | | | ★★★ | ★★ | ★ |
| 评价指标 | 劳动认知 | 1. 观察、解剖、区分水稻的根、茎、叶、果实,进一步梳理植物的特点。 | | | |
| | | 2. 从水稻的功用中感知"农作物"的概念,知道爱惜粮食。 | | | |
| | | 3. 感受水稻的种植历史及其与人们生活的密切关系。 | | | |
| | 劳动能力 | 1. 掌握搓草绳的基本方法,学会往一个方向搓草绳。 | | | |
| | | 2. 盘绕草绳,制作成草垫,在盘绕过程中固定草绳边缘。 | | | |
| | | 3. 能按照一定顺序(如从左到右、从下到上)将草绳缠绕在树干上,并尝试打结固定。 | | | |
| | 劳动思维 | 1. 能与同伴协商合作,共同解决草绳搓不动、易散开等实际问题。 | | | |
| | | 2. 通过做标记的方法,将稻草浸入水中,找到稻草上"最合适的位置"浸水,以软化稻草。 | | | |
| | | 3. 打开思路,大胆想象,思考草绳成品的用途并巧妙地将其利用在活动、生活中。 | | | |
| | 劳动情感 | 1. 了解水稻的生长过程,懂得粮食的来之不易,知道平时要爱惜粮食。 | | | |
| | | 2. 感受编草绳这一传统编织工艺,萌发对手工编织的兴趣。 | | | |
| | | 3. 体验用自己的双手制作作品并用其装点环境、美化生活的快乐。 | | | |

## （五）主题活动评估反馈表

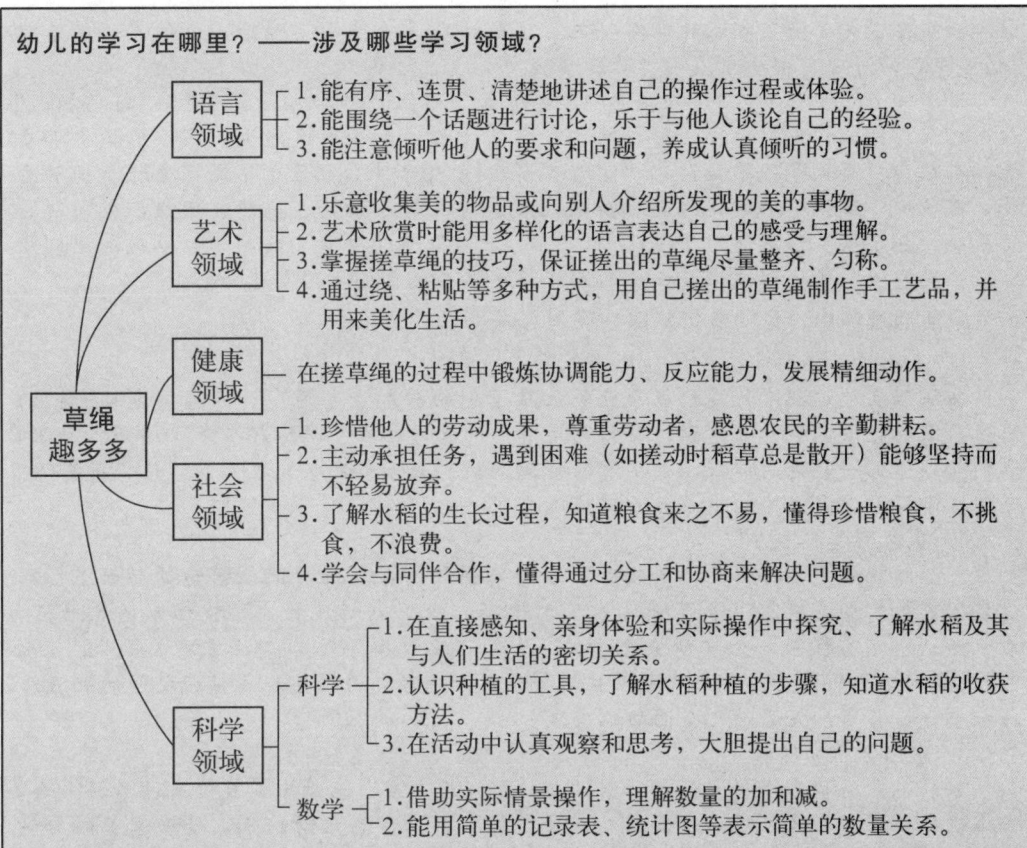

幼儿的经验在哪里？——获得了哪些具有挑战性的新经验？

挑战1：认识水稻。

新经验：在积极参与实地考察、亲子调查的过程中观察、感知水稻的外形特征和基本构成，了解其生长习性、价值功用。

挑战2：如何制作长长的草绳？

新经验1：掌握正确的搓草绳方法，将一把稻草分成两份，向一个方向搓动，并尝试固定住草绳的端部。

新经验2：将稻草浸入水中，通过做标记的方式找到稻草上"最合适的位置"浸水，成功软化稻草。

挑战3：草绳可以用来做什么？

新经验1：绘制草绳用途设计图，利用草绳装饰相框、探索沉浮现象，将草绳盘绕起来制作草垫等。

新经验2：将草绳按一定顺序（如从下到上）缠绕树干并尝试固定，为大树制作"草衣"，帮助其温暖过冬。

**教师的反思与评价**

● 回顾课程，想一想：在主题选择上你学到了什么？这个主题为什么适合幼儿开展？

一次偶然的机会，孩子们发现了身边的一大片稻田，并对水稻产生了极其浓厚的兴趣。在发现并了解了水稻的外形特征、生长过程、价值功用之后,他们又萌发了对"搓草绳"的好奇,由此生成了"草绳趣多多"这一活动。

活动分为三个环节:"与稻相遇""意想不'稻'""独'稻'之处"。"与稻相遇"这一环节以探索、发现水稻的形态结构、生长过程、生活用途为主,孩子们凭借调查表,在稻田中自主寻找答案;在"意想不'稻'"环节中,孩子们不断探索搓草绳的方法,在多次"试误"中发现问题、解决问题,终于通过讨论、设想、实践,成功搓出了草绳,也掌握了搓草绳的技巧;"独'稻'之处"则是孩子们将搓出的草绳运用到生活中,满载着孩子们创造力与快乐的草绳正丰富着他们的学习与生活。

● **主题活动过程中,你的支持策略在哪里?**

1. 资源利用拓思路

在课程实施过程中,我们敏锐地关注孩子们的兴趣点,用多种方式拓宽孩子们的思路,同时挖掘课程资源意识,有效利用身边的资源。在"草绳趣多多"这一活动里,我们与孩子们一起走向田野,在丰富的资源面前,孩子们积极与其互动,他们的探索、合作、学习便在自我建构中自然而然地发生了。

2. 灵动生成显活力

正如陈鹤琴先生提出的"活教育"理念所倡导的,我们尝试让活动灵动起来。通过查阅资料、调查研究、专题研讨等多元途径,我们剖析现状,寻找活动的生长点,尝试变"研究怎样教"为"研究怎样学",变"注重指导"为"注重观察",变追求"新、奇、特"的活动内容为"贴近生活"的活动内容,力图实现各领域之间的相互渗透和整合,多角度促进幼儿全面协调发展。

3. 家园合力助课程

家长也是课程资源中宝贵的财富。在"草绳趣多多"活动中,我们通过多种平台,如班级群、家园联系栏等,邀请幼儿家长共同了解、讨论活动内容,借助家长的力量丰富活动形式、深化活动内涵。"草绳趣多多"活动正是有了家长的热心参与和细致的工作,孩子们才有了"走向田野"的机会。通过实地调查、查阅资料等亲子活动,孩子们参与活动的积极性得到了提高,亲子感情也更加融洽。

● **你会给未来实施这一主题的教师提供哪些建设性意见?**

在主题实施过程中,教师需要明白在哪些方向上做出努力、支持是恰当的,而不是做出无意义的,甚至是有反作用的行动。对于孩子们的自发活动,教师需要身处孩子们中间,观察他们的日常行为。通过观察,教师要深入思考,要有一个价值判断,进而做出必要的行动决策、方法决策,及时调整支持策略。

教育的温度,基于对生命的理解与尊重,基于对孩子的追随和成全。当与孩子们共同亲历,我们会发现生活是美的,学习是快乐的,体验是多样的,感受是丰满的……

# 5 第五章 木艺劳动

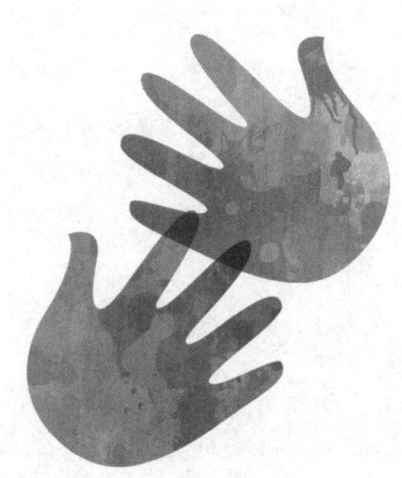

## 第一节
## 木艺劳动操作指南

### 一、定义阐释

木艺劳动是以竹、木资源为对象,通过对传统木工工具和工艺的学习与使用,对竹、木材料进行创造性的艺术加工的劳动方式。我园兼顾幼儿的个体性与整体性,将其划分为"流水线"木艺劳动、"区域"木艺劳动、"木艺坊"社团木艺劳动,从而促进幼儿劳动认知、劳动能力、劳动情感、劳动品质等全方位的提升。

### 二、关键经验

（一）健康领域

1. 在木艺劳动中能够使用常见的劳动工具,了解并掌握安全使用木艺劳动工具的方法。

2. 在木艺劳动过程中,运用钉、锯、钻、锉等劳动技能,将木工材料连接或分割,并重新组合。

（二）语言领域

1. 愿意运用图画、符号、讲述等多种方式来表现木艺劳动的过程与作品内容。

2. 愿意大胆表达在木艺劳动中的体验和情绪情感。

（三）社会领域

1. 乐意参与木艺劳动的各项活动,能够遵守木艺劳动的活动规则。

2. 了解木艺的由来与历史,产生对中国民间传统木艺的喜爱之情以及民族自豪感。

3. 能够根据自己的需要选择木艺劳动材料，爱惜木艺坊中的物品，养成在劳动结束后对工具、材料按类别进行整理的习惯。

4. 喜欢进行木艺劳动活动，学会欣赏自己或他人的木艺劳动作品，乐意将自己的劳动成果运用到生活中。

### （四）科学领域

1. 能够通过观察、比较与分析，发现并描述不同木料的种类，以及木料被切割后形态发生的变化。

2. 初步了解木艺作品与人们生活的密切关系。

3. 感知木艺制作中物体的形体结构特征，能够有创意地拼搭和画出其造型。

### （五）艺术领域

1. 愿意与他人分享自己的木艺作品，交流自己喜爱的作品与美感体验。

2. 能够设计简单的木制物品的外观造型，并根据设计图进行制作，尝试用多种工具、材料或不同的手法来表现自己的感受与想象。

## 三、环境设计

### （一）整体构思

幼儿园木艺坊是一个运用"木"进行感知、构思、创造的木艺劳动实践场所，它以木为媒介，为幼儿打造了一个可以天马行空地编织"造物梦"的理想空间。木艺坊融合了生活的质朴，氤氲了纯朴的木艺气息，自然的原木色充斥着宽敞明亮的空间。我园精心打造劳动模式"空间线"，在同一空间里设置设计区、防护区、材料储存区、工具区、"工匠"操作区、木艺展览区六大工作区，各个工作区之间灵活可调、相互连通，形成开放式的自由想象空间。此外，将幼儿劳动与学习的经历积累沉淀，形成"小工匠"劳动轨迹"时间线"，以照片、视频等形式记录、还原、展示幼儿的学习与劳动轨迹，通过与幼儿回顾木艺活动的历程，一起发现亮点、寻找问题、探索研究……木艺坊的整体创设，为幼儿提供了适宜的"木玩空间"，激发了幼儿参与木艺劳动的兴趣，规范、有序的幼儿木艺活动的环境与流程促进幼儿自我管理与有序工作能力的发展，多样化与富有挑战意义的木工材料与工具为幼儿提供肌肉动作、手眼协调以及科学探究能力发展的机会。木艺坊是具有自然、生态情境的幼儿学习空间，也是幼儿进行观察、操作，其感性与理性思维碰撞的实践场所。

### （二）区域划分及材料

木艺坊里，一个个"树桩"替代了一张张桌子，一把把榔头、锯子、螺丝刀代替了画笔，一块块木头成了"纸张"，一枚枚钉子与木块的联结成为幼儿创造与想象的素材，幼儿能在木艺坊的各个区域中寻找适合自己的小角落，认真、专注地学习、探索……

1. 设计区

幼儿稚嫩的笔触、动作等往往蕴含着丰富的想象与情感，木艺坊的设计区是幼儿对木艺活动的计划与设想。本着"以幼儿为本"的理念，木艺劳动内容的确定建立在征求幼儿意见的基础上，我们通过投票等方式选出木艺劳动主题，在设计区中幼儿可根据主题内容创作简易设计图，再
围绕设计图讨论分工，开展"木工制作"小调研，并在发生问题时及时修改设计。本区域的设置充分给予幼儿展示自我、拓展思维、放飞想象力与提高创造力的平台。

2. 防护区

齐全的防护设备为幼儿的木工活动保障安全，木艺坊的防护区配备了木工专用防护眼镜、防割手套及围裙等。每次活动前，木艺坊的"安全管理员"需对"小工匠"们的穿着、设备及工具进行检查，确保每一次活动的安全开展。

**防护区防护用具表**

| 序号 | 名称 | 使用说明 |
| --- | --- | --- |
| 1 | 护目镜 | 用以保护眼睛。 |
| 2 | 防割手套 | 用以保护双手。 |
| 3 | 围裙、袖套 | 用以保持衣物清洁。 |

3. 材料储存区

木艺坊材料储存区由主材区与辅材区两个部分组成,旨在为木艺坊活动提供支持性材料,家长、教师、幼儿皆为参与者,三方共同收集、甄选、整理。

**材料储存区工具材料表**

| 类别 | 序号 | 名称 | 使用说明 |
|---|---|---|---|
| 主材类 | 1 | 木块 | 用于制作木块小人等。 |
| | 2 | 木片 | 用于木片涂鸦、制作木片小人等活动。 |
| | 3 | 竹子 | 用于竹篱笆制作活动。 |
| | 4 | 竹筒 | 用于制作竹筒收纳墙。 |
| | 5 | 木条 | 通过装订的方式将其组合成日常家具。 |
| | 6 | 树枝 | 用于树枝创意制作活动。 |
| 辅材类 | 1 | 超轻黏土 | 给予幼儿想象、创造的空间,利用材料进一步装饰、美化木艺作品。 |
| | 2 | 毛根 | |
| | 3 | 毛线 | |
| | 4 | 颜料、排笔 | |
| | 5 | 钉子(不同规格、尺寸) | 辅助幼儿探索木的组合、拼接、固定等,使木的形态发生多样性改变。 |
| | 6 | 金属合页 | |
| | 7 | 拉手 | |
| | 8 | 白乳胶 | |

4. 工具区

幼儿在木艺坊中的活动不是无意识行为,而是结合了对材料、工具的直观感知,以及对现实生活经验的有意识模仿。木艺坊中的木工工具种类繁多,如榔头、锯子、钉子等,这些工具本身就具有一定的危险性,在家长的支持下,幼儿园甄选出一系列适合幼儿使用的木工工具。在工具的摆放上,打破传统的摆放模式,围绕安全性与便捷性两个特征,通过集体讨论得出以下方案:

(1)工具柜的格子有高有低,高处格子中存放的工具是危险性较高且需要教师协助才能使用的工具,危险性较低且幼儿能自主熟练操作的工具则放在低处格子内,方便幼儿自主取放。

(2)每次投放新工具前教师要先做介绍,再示范正确的使用方法,然后幼儿才可以自主操作。

本区域有助于培养幼儿的责任意识,养成良好的取拿、摆放、规整物品的习惯。

**工具区工具表**

| 序号 | 名称 | 使用说明 |
|---|---|---|
| 1 | 卷尺 | 打开开关，随意拉动尺子，将尺子的0刻度紧紧贴着被测量物体的一端，尺子另一端拉至物体尾端，视线与尺子上的刻度保持垂直，读取数据。 |
| 2 | 三角尺 | 用于画线、测量以及校验作品组装后形成的角度。 |
| 3 | 直尺 | |
| 4 | 毛刷 | 1. 装饰物体：根据涂色需要选择不同大小的毛刷，蘸取涂料进行有序涂色。<br>2. 清理物体：对被刨物体的表面进行清理。 |
| 5 | 木刨 | 左右手的食指伸出向前压住刨身，拇指压住刨刃的后部，其余各指及手掌紧捏手柄；刨身放平，两手用力均匀向前推刨。 |
| 6 | 螺丝刀 | 根据螺丝顶端的卡槽形状选择十字螺丝刀或一字螺丝刀，对准卡槽，顺着一个方向旋转手柄。顺时针方向旋转为嵌紧，逆时针方向旋转为旋出。 |
| 7 | 羊角锤 | 选择与自己手掌大小、手臂力量相适合的锤子，掌握锤面的中心位置，通过多次锤面与接触面的敲击，固定物体；羊角锤的另一段则是用于起钉子。 |
| 8 | 工具箱 | 1. 按照工具箱内的卡槽设置进行工具的整理和收纳。<br>2. 根据不同的工具箱选择箱子内所需的工具。 |
| 9 | 三叉套筒扳手 | 具有三种规格大小的套筒，根据被拧螺栓的尺寸选择合适的套筒，套好后进行旋转即可将螺栓嵌紧或旋出。 |
| 10 | 橡胶锤 | 选择与自己手掌大小、手臂力量相适合的锤子，掌握锤面的中心位置，通过多次锤面与接触面的敲击，固定物体。 |
| 11 | 锯子 | 选择适合自己手臂力量、手掌大小的手锯，使用锯子时右手握紧锯柄，斜着锯木头，逐渐熟练后锯子与被锯物体可接近垂直。 |
| 12 | 木工夹 | 根据木板的厚度选择合适的木工夹进行固定。 |
| 13 | 电动螺丝刀 | 根据钉子的粗细、长短选择合适的电动螺丝刀钻头，对准钉子卡槽进行固定或起钉。 |
| 14 | 木工刻刀 | 用于在木头、树根上雕刻图案、花纹。 |
| 15 | 砂皮 | 研磨木材表面，使木材光洁平滑。 |

5."工匠"操作区

木艺坊"工匠"操作区，是幼儿根据设计图，运用木工工具，通过敲、打、钻、刨等操作，对材料进行加工、改造，制作出具体、可视艺术形象的平台。通过一次次操作，幼儿不仅能掌握木工技术，更能提

升使用工具的灵敏度,并将"木"与多彩艺术、学科原理、生活美学等相融合,在制作劳动中发挥潜藏的能量。幼儿通过发现、思考,探索自己、他人和外在世界的美好,逐渐拥有建构美好的愿望和能力。

### 6. 木艺展览区

作品展示是一种分享和相互学习的方式,木艺展览区以融"木"于环境和生活的理念引导幼儿将劳动成果运用到生活中,真正做到"学用相长"。同时设置"未完成区",以摆放幼儿未完成的作品,便于幼儿在下次活动中继续完成。本区域的设置赋予幼儿作品以活力,幼儿在互相欣赏作品的过程中能生动表达自己的劳动故事,同时也激发起后期创作的欲望与兴趣。

## 四、活动内容

| 主题 1. 竹筒收纳墙 ||||| 
|---|---|---|---|---|
| 年龄班 | 活动内容 | 材料准备 | 核心经验 | 作品用途 |
| 小班 | 装饰竹筒(涂鸦) | 主料:不同粗细的竹筒<br>工具:排笔、颜料 | 在竹筒口边缘进行刷色。 | • 环境装饰<br>• 收纳 |
| 中班 | 装饰竹筒(线描画) | 主料:小班幼儿刷好色的竹筒<br>工具:油性笔 | 用线描画的方式进行创作。 | |
| 大班 | 竹筒收纳墙(组合) | 主料:小、中班幼儿装饰好的竹筒<br>辅料:木架子 | 根据颜色、图案对竹筒进行排列、组合。 | |

| 主题 2. 小小竹筏 |||||
|---|---|---|---|---|
| 年龄班 | 活动内容 | 材料准备 | 核心经验 | 作品用途 |
| 小班 | 装饰小竹筏(涂鸦) | 主料:竹筷<br>工具:排笔、颜料 | 1. 选择恰当的颜色。<br>2. 在竹竿上进行简单的刷色涂鸦。 | • 微缩池塘景观装饰 |
| 中班 | 装饰小竹筏(装饰帆) | 主料:竹筏帆<br>工具:排笔、颜料 | 在帆上绘制不同花纹进行装饰。 | |
| 大班 | 制作小竹筏 | 主料:竹筷子<br>辅料:绳、布<br>工具:勾线笔、白纸、剪刀 | 1. 自主设计小竹筏及帆的造型。<br>2. 合作制作小竹筏。 | |

## 主题3. 树皮畅想

| 年龄班 | 活动内容 | 材料准备 | 核心经验 | 作品用途 |
|---|---|---|---|---|
| 小班 | 树皮贴画 | 主料：树皮<br>辅料：卡纸<br>工具：白乳胶、排笔、颜料 | 利用树皮进行创意贴画。 | • 环境装饰 |
| 中班 | 树皮造型 | 主料：树皮<br>辅料：其他自然物 | 运用树皮等自然物进行创意拼搭。 | |
| 大班 | 树皮画 | 主料：树皮<br>工具：排笔、颜料 | 在树皮上进行创意绘画。 | |

## 主题4. 木块变身

| 年龄班 | 活动内容 | 材料准备 | 核心经验 | 作品用途 |
|---|---|---|---|---|
| 小班 | 装饰木块 | 主料：木块<br>辅料：超轻黏土 | 1. 练习简单的搓、揉、卷等技能。<br>2. 进行木块创意装饰。 | • 环境创设<br>• 娃娃家<br>• 语言区 |
| 中班 | 木块组合 | 主料：木块<br>辅料：毛根、麻绳<br>工具：剪刀、白乳胶 | 利用多种材料制作人物、造型等。 | |
| 大班 | 木块组合（微缩社区） | 主料：小、中班装饰好的木料<br>辅料：树枝等自然物 | 1. 自主设计微缩社区。<br>2. 合作创建一个微缩社区。 | |

## 主题5. 竹篱笆

| 年龄班 | 活动内容 | 材料准备 | 核心经验 | 作品用途 |
|---|---|---|---|---|
| 小班 | 装饰竹篱笆（涂鸦） | 主料：竹篱笆<br>工具：排笔、颜料 | 1. 选择恰当的颜色。<br>2. 在竹竿上进行简单的刷色涂鸦。 | • 环境装饰<br>• 生活用品 |
| 中班 | 装饰竹篱笆（制作篱笆装饰物） | 主料：竹篱笆<br>辅料：不织布<br>工具：剪刀、勾线笔 | 1. 自主设计装饰图案。<br>2. 按照自己设计的内容剪下装饰物进行装饰。 | |
| 大班 | 制作竹篱笆 | 主料：竹竿<br>辅料：麻绳<br>工具：勾线笔、白纸、剪刀 | 1. 自主设计竹篱笆样式。<br>2. 合作制作竹篱笆。 | |

## 主题 6. 树枝创意

| 年龄班 | 活动内容 | 材料准备 | 核心经验 | 作品用途 |
|---|---|---|---|---|
| 小班 | 树枝造型（装饰） | 主料：树枝<br>辅料：颜料、毛线、花布、扭扭棒<br>工具：剪刀、排笔 | 用自己喜欢的方式装饰树枝。 | • 环境装饰 |
| 中班 | 二十四节气图 | 主料：树枝<br>辅料：麻绳、藤等<br>工具：剪刀 | 1. 自主设计节气图。<br>2. 按照自己的设计制作、装饰节气图。 | |
| 大班 | 树枝造型（拼搭） | 主料：树枝<br>辅料：超轻黏土、毛根、麻绳<br>工具：剪刀 | 1. 自主设计树枝造型。<br>2. 根据设计图搭建不同的树枝造型。 | |

## 主题 7. 百变木片

| 年龄班 | 活动内容 | 材料准备 | 核心经验 | 作品用途 |
|---|---|---|---|---|
| 小班 | 木片造型 | 主料：木片<br>辅料：超轻黏土 | 利用超轻黏土拼搭木片立体造型。 | • 环境装饰<br>• 生活用品 |
| 中班 | 制作杯垫 | 主料：木片<br>工具：颜料、排笔 | 1. 自主设计木片杯垫图案。<br>2. 能够根据设计图绘制杯垫图案。 | |
| 大班 | 木片吊坠 | 主料：木片<br>辅料：毛线<br>工具：颜料、排笔、剪刀 | 1. 设计自己喜欢的吊坠图案。<br>2. 根据设计制作吊坠。 | |

## 主题 8. 创意家具

| 年龄班 | 活动内容 | 材料准备 | 核心经验 | 作品用途 |
|---|---|---|---|---|
| 小班 | 挂衣钩 | 主料：树枝<br>辅料：白乳胶、毛根、超轻黏土<br>工具：排笔、剪刀 | 1. 共同制作树枝挂衣钩。<br>2. 用颜料、毛根等装饰挂衣钩。 | • 生活用品<br>• 户外娃娃家 |
| 中班 | 小椅子 | 主料：木材<br>辅料：麻绳<br>工具：尺子、记号笔、剪刀 | 1. 自主设计椅子样式。<br>2. 能够小组合作制作椅子。 | |
| 大班 | 制作柜子 | 主料：木料<br>工具：锤子、钉子、排笔、颜料 | 1. 测量、裁锯木条。<br>2. 装订木条组合成柜子。 | |

## 五、活动建议

### （一）感受与欣赏

1. 和幼儿一起深入了解、发现、感受传统木艺的文化与历史，欣赏生活中富有美感的木艺作品。

（1）带领幼儿通过参观、调查等方式，讲讲关于传统木艺的由来与历史。

（2）与幼儿一起讨论和交流对木艺作品美的感受。

2. 和幼儿一起发现木在生活中的运用。

（1）通过谈话、调查等方式，发现、收集生活中各种各样的木制品，了解它们的用途。

（2）鼓励幼儿将自己的木艺劳动作品投放并运用到生活中。

3. 创造条件让幼儿接触多种木艺作品。

（1）通过网络、电视媒体等方式让幼儿接触木艺作品，丰富幼儿对木艺劳动的感受与体验。

（2）采用"请进来，走出去"的方式，邀请园内擅长木工的后勤人员成为木艺活动的助力者，开展参观红木厂等社会实践活动，拓展木艺活动内容。

4. 尊重幼儿的兴趣和独特感受，理解他们欣赏时的行为。

（1）理解和尊重幼儿在欣赏各类木艺作品时的行为表现。

（2）当幼儿主动介绍自己喜爱的木艺作品时，耐心倾听，并给予积极回应和鼓励。

### （二）表现与创造

1. 在尊重幼儿创作的同时，引导幼儿积累基本的木艺技能技巧。

（1）在木艺劳动中，鼓励幼儿尝试利用材料、工具掌握钉、磨、敲、拧等劳动技能。

（2）幼儿进行木艺劳动时，鼓励年龄稍大的幼儿自己构思设计木艺作品，大胆创作，赞扬幼儿富有创造性的独特想法。

2. 支持幼儿自发的艺术表现和创造，让幼儿敢于并乐于表达表现。

（1）增设可见可用的区域支持幼儿的木艺劳动。教师可根据幼儿的需要，与幼儿共同讨论设置的区域，比如，在木工活动中，有孩子提出材料区的材料多而杂，可以将材料区分成主材区与辅材区，更方便取用、整理；作品展示区增设"未完成区"，鼓励幼儿在下一次木艺活动中继续完成作品。

（2）探寻灵活多样的评价方式鼓励幼儿的木艺劳动。一方面，教师针对幼儿在活动中的表现，根据评价表中的指标对幼儿进行客观性评价；另一方面，肯定幼儿木工活动的劳动成果，除了以一定方式对作品进行陈列、展示，引导幼儿开展互相评价外，还可以引导幼儿选择适宜的木工作品投放到环境、游戏中，增加幼儿的成就感与自豪感。

（3）给予幼儿主动探索的空间，鼓励幼儿大胆尝试。根据幼儿的劳动时间及实际能力，帮助幼儿增加或降低设计造型的难易度，鼓励幼儿大胆尝试，帮助幼儿建立求新、求变的创作思路。

## 第二节
## 木艺劳动课程故事

### 一、小小竹筏

#### （一）主题活动由来

周末，立立去虞山公园划船，来到幼儿园后，他迫不及待地在语言区与小朋友们分享划船趣事。立立说："我周末和爸爸妈妈去划船了，特别好玩。"边上的宸宸说："我也去划过船，那个船是五颜六色的，船长说能乘4个人呢！"妍妍听到了十分羡慕："哇，我也想乘船，要是幼儿园里也能划船就好了。"立立想了想："我们不是有一条小河的吗？我们可以做一艘船呀！"可是宸宸觉得船太大了，小朋友做不了，所以他提议：大家一起做小一些的船。宸宸的建议被大家采纳了，于是"小小竹筏"之旅就这样开始了……

#### （二）主题活动脉络

| 我心目中的船 | 制作小船 | 制作船帆、装饰小船 |
|---|---|---|
| • 世界上有哪些船？<br>• 自己来设计船<br>• 投票"哪种船最适合放在小河里" | • 做竹筏要选择什么样的主材？<br>• 做竹筏要用哪些工具？<br>• 竹筏为什么变形了？<br>• 弯弯的船身怎么做？ | • 送"船帆订单"<br>• 用什么材料做船帆？<br>• 送"装饰小船订单" |

#### （三）主题活动实录

1. 我心目中的船

**环节一：世界上有哪些船？**

在这个世界上有许许多多的船，它们是什么样子的呢？有哪些用处呢？孩子们对船的兴趣异常浓厚，你一句我一句，滔滔不绝地交流着。为了让孩子们的知识体系更具有逻辑性和科学性,教师建议以调查表的形式,请孩子们回家与爸爸妈妈共同查阅资料,了解船的种类和用途。

孩子们在对船进行了初步的调查后,难抑内心的激动,迫不及待地向同伴介绍自己的调查结果。

宸宸:我知道船有很多种类型,我调查的这艘船是一艘军舰,无人飞机可以在它的这个区域起飞和降落。它非常大,在它的身体里有100多个房间。

妍妍:我调查的船叫游轮,它们是供游客去旅游、参观、举行游览活动的船,在船上有很多漂亮的房间。这是一种旅游船。

立立:我周末和爸爸妈妈去尚湖里乘了船,爸爸妈妈说那个是小竹筏,是用很多根竹子搭成的,它不像游轮,也不像军舰那么大,它很小,看上去也很轻,但是它能乘很多人。

### 环节二:自己来设计船

通过调查,孩子们了解到世界上有很多船,而且每种船都有不同的用处,有的用来进行军事活动,有的用来运货,有的用来旅游度假……

【劳动经验链接】幼儿在调查、了解的过程中知道了船是由船身、船桨、船帆等结构组成。

那放在小池塘里的小船要设计成什么样子的呢?教师引导孩子们从船的材料、牢固性和实用性等几个方面进行思考。他们想出了好几个点子,教师协助进行梳理:

(1)什么材料能够漂浮在水面上?
(2)什么材料好收集、好制作?
(3)船怎样设计才能载更多的东西,而且不漏水?
(4)用什么工具能让船连接牢固?

带着这些思考,孩子们开始设计自己的小船,一边画一边思考着自己的问题。他们根据之前调查了解的一些船的款式和材质进行设计。

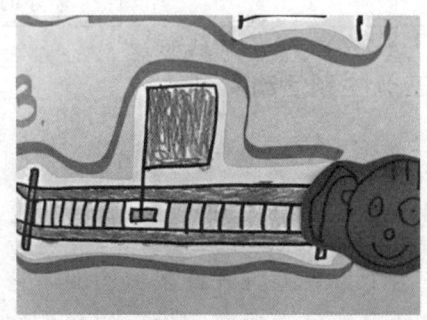

**环节三：投票"哪种船最适合放在小河里"**

三位孩子设计好了船的样式，那到底要选择谁的设计图纸呢？到底哪种船更合适呢？三个小朋友你争我抢，都觉得自己的船最适合。就在孩子们争执不出一个结果的时候，教师提醒他们："是不是可以采取投票的方法呢？"孩子们恍然大悟，觉得让其他小朋友来评判是最公正的。于是，在教师的帮助下，他们制作了"小船设计比拼"投票展板。

　　越越：我觉得3号小船会漏水，它下面都是一个一个的洞。

　　泽泽：2号小船不错，有个小马达，能够自己开起来。

　　妍妍：我觉得1号小船最好，你看它两边是弯弯的，不会漏水进去。

孩子们对三只小船都有自己不同的见解，一旁的3号船设计者按捺不住了，着急地向小朋友们介绍："这艘船我打算先用木头铺个底，然后在船头和船尾用木棒再固定一下。下面一条一条的其实不是漏洞，它其实是一根根木棒粘起来的。"

1号、2号船的设计者也分别做了介绍。

"1号是我设计的船,弯的船身不会漏水,我还设计了一个红色船帆,风一吹,船就能动了。我打算用木头之类的材料制造,因为它可以浮在水面上。"

"我设计的是2号船,我的船底下有螺旋桨,还有玻璃,这些他们(设计的船)都没有,你们可以选我的。就是我的船是用铁做的,但是没有铁。"

2. 制作小船

### 环节一:做竹筏要选择什么样的主材?

在小设计师介绍完之后,孩子们从可操作性、设计的巧妙程度等元素综合考量,最后得票数最高的是1号小船。1号船的设计者喜笑颜开,迫不及待准备开工了。这时立立说道:"那你准备用什么材料来做呢?"

宸宸罗列了一堆可以做小船的材料:纸板、石头、KT板、竹筷子、树叶。立立马上提出了质疑:"石头会沉下去的,不行!""那其他材料行不行呢?""我们一起试一试不就可以了吗?"

教师为孩子们准备了一盆水,孩子们找来了材料,开始实验。

妍妍:石头不行,这个树叶可以浮着。

宸宸:哎哟,这个竹筷子也是浮起来的!

立立:KT板和纸板都能浮起来,我们看看哪个待在水里的时间长。

妍妍:哎呀,这个纸板在烂了!

妍妍:只有竹筷子、KT板和树叶还漂着了,但是树叶太脆弱了,一撕就碎了,很容易坏。

立立:那KT板和竹筷子呢?

一旁的妍妍徒手掰断了KT板,拿着筷子说:"这个我掰不动,这个又防水又牢固。"于是大家一致决定用竹筷子作为主材。

### 环节二:做竹筏要用哪些工具?

选定主材后,接下来就是准备制作工具了,看看小工匠们的思考吧!

 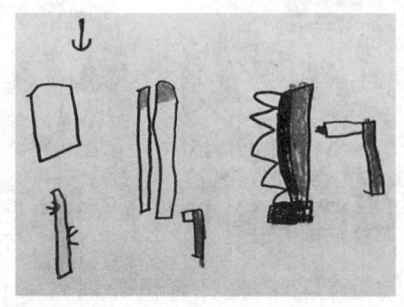

【劳动经验链接】幼儿利用各种各样的工具将材料进行拼搭、固定，在劳动工具的使用水平上有了进一步的提升。

孩子们准备了麻绳、剪刀、小木棒、白乳胶、透明胶、胶枪等工具，考虑得十分周到。有了这些工具，孩子们就开工了！他们按照设计图，用竹筷子先铺设一层船底，但是发现竹筷子两头是不一样粗细的，如果是头靠头、尾靠尾的话，船底会变形。于是孩子们尝试了多种拼搭方式，最后发现按照头与尾一隔一的方法拼出来的船底是最规整的。

船底拼好了，要用什么工具固定呢？妍妍选择了胶枪，立立选择了胶带，宸宸选择了白乳胶，一场对比试验开始啦……

  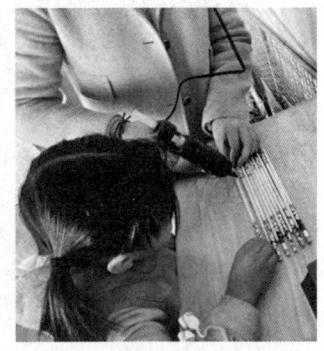

**环节三：竹筏为什么变形了？**

"哎呀，我用胶带绑的筷子都拱起来了！"立立做的船身经过胶带的层层缠绕，很快就拱了起来。一旁的妍妍跑过去帮忙，用手把一根根竹筷子往下压，但是一边压平了另一边又拱起来了。见妍妍没有成功，立立说："我和你一起来压。"两个孩子一左一右一起用力，发现胶带被绷得紧紧的，要么左边压不平，要么右边压不平。"可恶，怎么弄不平呢？是不是胶带绑得太紧了？我来拆掉试试吧！"立立又开始了新的探索。

**环节四：弯弯的船身怎么做？**

"辰辰，你设计图上的这个弯弯的船尾怎么做啊？"设计图上的弯船尾引发了大家的思考。竹筷子是直的，怎么变弯呢？而且身边也没有弯的东西啊，怎么办呢？

这个难题没有难倒爱动脑筋的孩子们，立立先想到了一个好办法。

立立：我们可以这样斜着摆一下。

宸宸：但是这样不行，你这个是平面的，那个船是立体的。

妍妍：我想到一个好办法，之前我们搭过的积木从侧面看就是弯弯的，只要像搭楼梯一样搭就可以了。

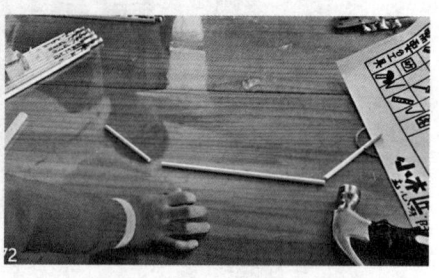

孩子们觉得妍妍的方法听上去不错，可以一试。于是大家找到了许多小木块，将木块按照大小进行简单的分类，大的搭在下面，小的搭在上面，侧面就有了一个弯弯的效果。

3. 制作船帆、装饰小船

### 环节一：送"船帆订单"

我们的小船雏形出来啦，赶快把"船帆"订单送给中班的小朋友，让他们做起来吧！小设计者们将自己的小船造型画了下来，有想法的立立小朋友还绘制了正面图和侧面图呢，让中班的小朋友看起来更清楚、明了。

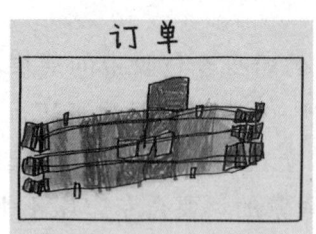  

欣欣：哥哥姐姐的船帆要做成长方形的。

怡怡：他们在船上都画好了标记。

小设计者们不仅送去了"船帆订单"，还把船帆的制作要求也和小"加工员"交代清楚了。

**环节二：用什么材料做船帆？**

中班孩子们接到订单后，开始讨论：选什么材料来做船帆呢？有孩子提议：在纸上画下来。立刻有孩子反驳：纸会被水弄湿的。那怎么办呢？到底要用什么材料来做船帆呢？孩子们决定去找一找教室里的材料。他们找来了牛皮纸、塑封膜和彩纸，那到底选择哪种材料呢？哪种材料是不会被水弄湿的呢？

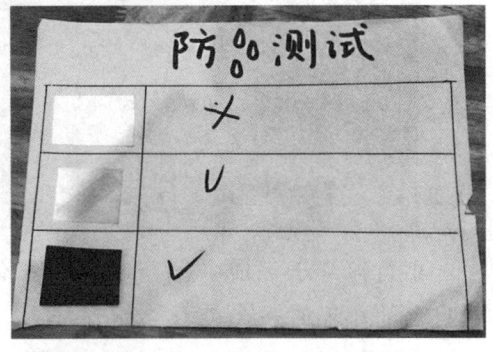

在教师的帮助下，孩子们开始了防水测试小实验。

通过猜测和实验操作，孩子们发现牛皮纸和塑封膜在水里都不会烂，而彩纸在水里是会烂掉的。于是孩子们分成两组，一组用牛皮纸设计船帆图案，一组用塑封膜设计船帆图案。

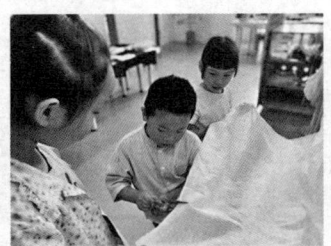

瞧，漂亮的船帆做好啦！赶紧送给小班弟弟妹妹去装饰小船吧！

**环节三:送"装饰小船订单"**

哥哥姐姐们送来了漂亮的小竹筏,小班的孩子们围成了一团。

恩恩:这么漂亮的小竹筏是怎么做出来的呀?
翊翊:这个小竹筏设计得好特别呀!
美昕:刚才哥哥姐姐说要给小竹筏涂颜色。
恩恩:是的是的,要按照订单上的颜色来涂的。

小竹筏终于完成啦!当小设计师们拿到自己的小船时,个个喜笑颜开!

拿到船后,孩子们迫不及待要去放行啦!他们奔跑着,来到小池塘边,将自己的小船放在水里。

"哎呀,我的船成功了!"

"哎呀,我的沉下去了!"

到底怎么回事呢?我们的探索故事仍在继续……

**(四)幼儿劳动能力评估检核表**

班级:_____ 评价对象:_____ 实施时间:_____

| 活动内容 | | 小小竹筏 | 评价等级 | | |
|---|---|---|---|---|---|
| | | | ★★★ | ★★ | ★ |
| 评价指标 | 劳动认知 | 1. 能仔细、认真地观察竹筏,了解竹筏的外形特征。 | | | |
| | | 2. 初步了解竹筏的构造及制作方法。 | | | |
| | | 3. 了解竹筏的用途。 | | | |
| | 劳动能力 | 1. 了解船帆的性质,选择合适的材料制作船帆。 | | | |
| | | 2. 能够裁剪出合适大小的船帆,并安装在竹筏上。 | | | |
| | | 3. 学会在船帆上采用线条画的形式进行装饰。 | | | |

续表

| 活动内容 | | 小小竹筏 | 评价等级 | | |
|---|---|---|---|---|---|
| | | | ★★★ | ★★ | ★ |
| 评价指标 | 劳动思维 | 1. 学习由外及内地观察事物，并用完整的话语表述自己的观察发现。 | | | |
| | | 2. 在船帆的制作过程中，感受船帆与竹筏的比例，以及船帆颜色协调的美感。 | | | |
| | | 3. 正确地面对问题和困难，能积极地想办法去解决问题。 | | | |
| | 劳动情感 | 1. 享受自主探究的乐趣，体验通过努力从失败到成功的快乐。 | | | |
| | | 2. 体验成功的喜悦之情，萌发对劳动者及其劳动成果的尊重。 | | | |
| | | 3. 萌发用自己制作的作品装点环境、美化生活的愿望。 | | | |

（五）主题活动评估反馈表

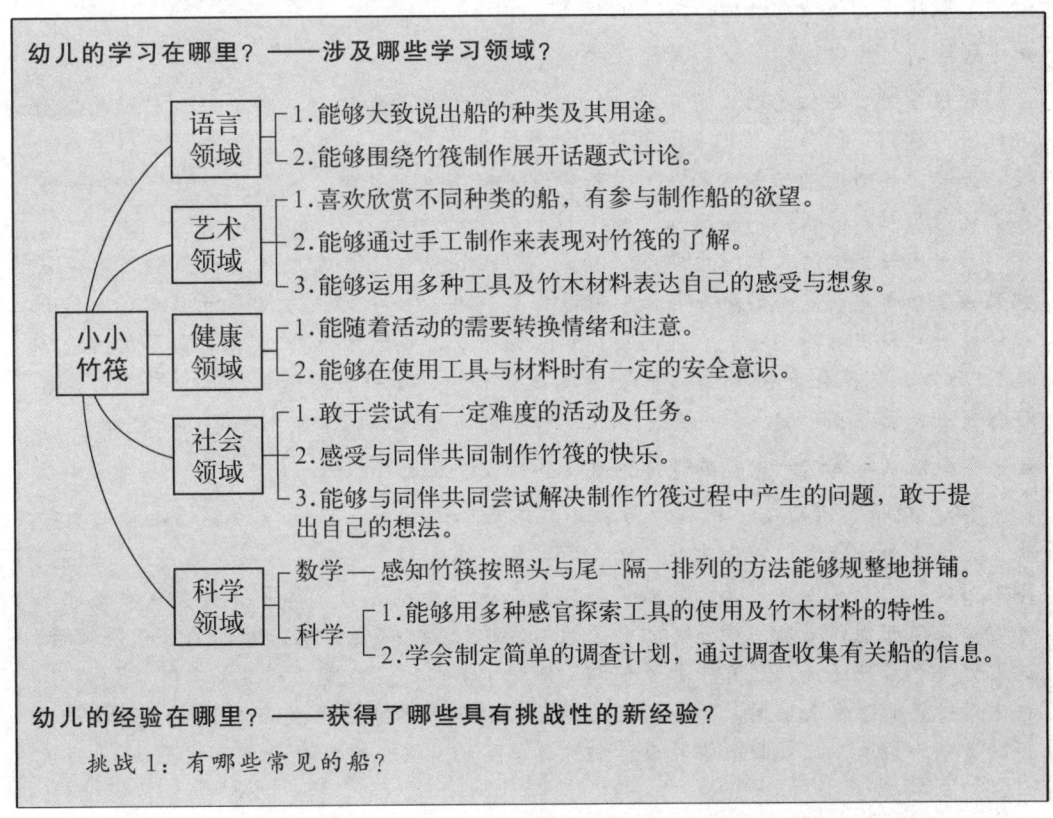

幼儿的学习在哪里？——涉及哪些学习领域？

小小竹筏
- 语言领域
  - 1. 能够大致说出船的种类及其用途。
  - 2. 能够围绕竹筏制作展开话题式讨论。
- 艺术领域
  - 1. 喜欢欣赏不同种类的船，有参与制作船的欲望。
  - 2. 能够通过手工制作来表现对竹筏的了解。
  - 3. 能够运用多种工具及竹木材料表达自己的感受与想象。
- 健康领域
  - 1. 能随着活动的需要转换情绪和注意。
  - 2. 能够在使用工具与材料时有一定的安全意识。
- 社会领域
  - 1. 敢于尝试有一定难度的活动及任务。
  - 2. 感受与同伴共同制作竹筏的快乐。
  - 3. 能够与同伴共同尝试解决制作竹筏过程中产生的问题，敢于提出自己的想法。
- 科学领域
  - 数学——感知竹筏按照头与尾一隔一排列的方法能够规整地拼铺。
  - 科学
    - 1. 能够用多种感官探索工具的使用及竹木材料的特性。
    - 2. 学会制定简单的调查计划，通过调查收集有关船的信息。

幼儿的经验在哪里？——获得了哪些具有挑战性的新经验？

　　挑战1：有哪些常见的船？

新经验：能够大致说出船的种类及其用途。

挑战2：船由哪些部分构成？

新经验：船由船身、船桨、船帆等结构组成。

挑战3：什么材料可以制作船？

新经验1：竹筷子可以浮起来。

新经验2：竹筏是由竹子制作而成的。

挑战4：竹筷子平铺后形状不规整。

新经验1：竹筷子两头粗细不同。

新经验2：将竹筷头与尾一隔一规律平铺，能够使形状规整。

**教师的反思与评价**

- **回顾课程，想一想：在主题选择上你学到了什么？这个主题为什么适合幼儿？**

从幼儿与同伴的谈话中可以很好地了解幼儿的兴趣点。在语言区游戏幼儿的自由交谈中，教师发现幼儿对船非常感兴趣，通过观察，教师甄选出"船"这个生成性课程。幼儿通过与爸爸妈妈开展亲子调查，对船的了解不断深入，自然地萌发了制作小船的欲望，又通过考虑与衡量制作的难度来决定将要制作的船的种类。这些活动由面汇聚成点，"小小竹筏"的故事自然生发，幼儿也能够在与教师、同伴、材料的不断互动中，获得经验的递增与学习能力的提高。

- **主题活动过程中，你的支持策略在哪里？**

利用多种资源拓宽幼儿前期活动经验。受限于年龄和生活经验，幼儿对船的已有经验较为匮乏，仅为表层感知（外表、功能、颜色），关于船的深层次的知识较为欠缺，因此，教师调动了图书资源、家长资源等周围可用资源，来帮助幼儿更好地认识船，使幼儿对船的认知不断深入。

利用问题推进幼儿的深度学习。深度学习理论认为，幼儿的过程性体验学习不是被动接受知识，而是主动地参与活动开展探究。在"小小竹筏"课程活动中，制作竹筏的过程也促使幼儿思考一系列问题，如"做竹筏选择什么材料""做竹筏要用哪些工具""为什么竹筏会变形""弯弯的船身怎么做"等。每一个问题产生后，教师都会抓住探究点，引导孩子们进行尝试，在此过程中幼儿的逻辑思维能力也得到了提升。

- **你会给未来实施这一主题的教师提供哪些建设性意见？**

"小小竹筏"活动是一场教师与幼儿共同成长的旅行。教师作为幼儿活动的引导者、支持者和合作者，首先应站在幼儿的思维角度去考虑问题，与幼儿共同发现问题、解决问题。比如在活动一开始，教师指出可以通过查阅资料、记录、有条理地列计划等方法来梳理制作小船的步骤，还引导幼儿通过科学的实验和反复地试验来获得经验。这些方法在后期的活动过程中孩子们都运用到了。其次，教师应学会捕捉"哇"时刻，来思考幼儿的可发展区间。随着活动的开展，孩子们的想法总是天马行空，给教师更多的灵感和启迪。比如孩子们在画"船帆订单"的时候，有个孩子在他的订单上画了

续表

船的不同视角的图片，有从侧面看的，有从正面看的，还有从上面往下看的；在与中班小朋友交代任务的过程中，他能够向别人清楚地介绍自己的设计图的含义。这是非常值得肯定和赞赏的，教师应注意到这一点。最后，教师应认识到课程活动不是单纯意义上的说教，更不是一张图片、一段视频可以解决的问题，而是教师在发现幼儿的兴趣时，需要有一双智慧的眼睛，及时捕捉幼儿的闪光点，陪伴幼儿共同成长进步。

## 二、遇见竹篱笆

### （一）主题活动由来

孩子们在自然的生活场景中发现问题，他们内心的感受成为打开他们与生活、自然、他人交流的通道。"遇见竹篱笆"的故事发生在孩子们晨间锻炼的时候。有一回，天天的皮球滚到了操场边的种植园地里，种植园地中的植物被皮球压弯了腰，孩子们内心保护植物的想法油然而生，而后，大班的孩子们动脑思考保护植物的最佳方法，用投票的方式选出了他们心目中最有效、最持久的方法——搭建竹篱笆。

### （二）主题活动脉络

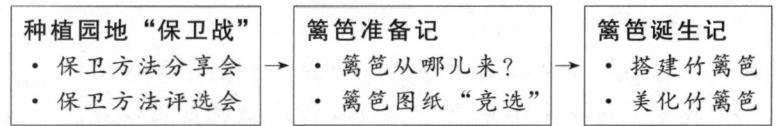

### （三）主题活动实录

1. 种植园地"保卫战"

幼儿园的操场边是每个班级的种植园地，里面种植着各种各样的植物，在孩子们和保育员、老师的精心照料下，种植园地里的植物郁郁葱葱。户外活动时间是孩子们最为快活的时刻，但是皮球、飞盘等体育玩具总是"不受控制"地飞向了那一片充满生命力的种植园地，孩子们发现种植园地的植物总是被"破坏"，于是他们一起开启了种植园地的保护之旅……

**环节一：保卫方法分享会**

种植园地的植物被"破坏"，这样的小"意外"总是在幼儿园里上演着，虽然老师多次提醒孩子们要注意，但是效果并不明显。

早晨，班级里的成成、欣欣、恬恬又看到了这样的画面。

成成：老师，球又滚到种植园地里了！

欣欣：植物又被弄坏了！

恬恬：老师，我看到好多次了！

老师：那我们该怎么办呢？

孩子们陷入了沉思。我们一起把问题带回活动室，和班级里的其他小朋友一起讨论保护种植园地的方法。

天天：也许我们可以画个宣传画，告诉幼儿园里所有的小朋友要小心点。

佑佑：我们可以在早上的时候轮流去看看，提醒小朋友不要靠近种植园地。

欣欣：我们还是做个标志提醒他们吧！

翊翊：可以拿砖头围起来！

思宇：那我们还可以做个篱笆！我家的小花园就有篱笆！

孩子们讨论着，小小记录员安琪则将他们的想法用图画的形式记录下来……

### 环节二：保卫方法评选会

这么多的方法，到底哪一种最有效、可靠呢？当我把问题抛给孩子们的时候，孩子们纷纷表达了自己的想法。

垲垲：我觉得砖头围起来不错！我看到种植园地那里就有很多的砖头呢！

景泰：砖头不太安全，会砸到脚。还是做一个提示牌吧！

澄澄：我觉得请一个小朋友去当种植园地管理员比较好！

欣瑶：做篱笆比较好，因为篱笆做好以后，就能一直保护我们的种植园地了。

从孩子们的讨论中，我们甄选出三种观点：篱笆保护、管理员保护和提示牌保护。孩子们陷入为难之时，成成提出可以用"投票"的方式来决定。

最终，用篱笆保护植物的方法得到了大部分孩子的赞同。

2. 篱笆准备记

第二天一早，孩子们就开始讨论制作篱笆用什么材料的问题。

老师：你们觉得需要什么样的材料呢？

浩浩：一定是要很牢固的。

小雅：要好看一些的。

**环节一：篱笆从哪儿来？**

孩子们围绕"牢固""美观"两个关键词在幼儿园里进行了"地毯式搜索"，最终锁定了木艺坊中的材料。孩子们认为木艺坊里的材料数量比较多，并且比较牢固，满足篱笆制作的需要。

但是，木艺坊里有许多材料，到底哪种才最适合制作篱笆呢？有的孩子选择了木条，有的孩子选择了竹子……他们都认为自己选择的材料最适合制作篱笆。

成成：木条很牢，一定是木条比较合适。

斌斌：竹子细细的，比较容易插进泥土里。

两个人各有各的道理，其他孩子听了，也不知道该选择哪种，晴晴提出来："那就去试试。"于是他们带着材料来到种植园地，借助锤子把材料钉到泥土里，果然竹子很快就进入了泥土，而木条却没有那么容易进入泥土，最后孩子们决定把竹子作为制作篱笆的主材。

【劳动经验链接】幼儿通过使用劳动工具锤子对两种材料进行了"实验"，发现了细而尖的材料更容易插入泥土中。

**环节二：篱笆图纸"竞选"**

关于材料的问题，孩子们在"实验"后顺利解决了，那孩子们心目中的"竹篱笆"究竟是什么样的呢？我们在班级中发起了"竹篱笆"设计大赛。

孩子们的积极性很高，纷纷拿起画笔，把他们心目中的篱笆描绘出来。才两天的时间，就收到了许多小设计师的作品。这么多的篱笆设计图，该怎么选择呢？为了公平，孩子们提出请小、中班的弟弟妹妹来进行评选，最后，通过投票选出了两幅简洁、美观的设计图纸。

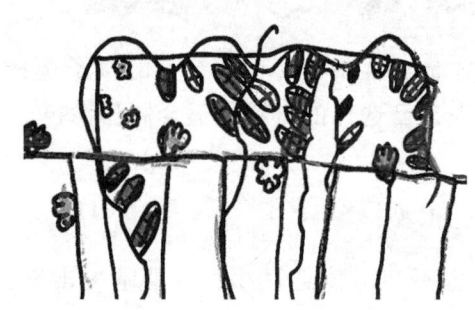 

3. 篱笆诞生记

**环节一：搭建竹篱笆**

当设计图画好后，新的问题产生了——制作篱笆需要哪些工具呢？孩子们围绕工具的问题讨论了起来。

【劳动经验链接】幼儿探讨需要用到的劳动工具及其用途，为后期的劳动奠定基础。

天天：篱笆需要绳子固定。
琳琳：我觉得还需要锯子。
敏敏：还有锤子，要把篱笆敲进泥土里。
秋亿：可能还需要勾线笔做记号。

成成：还要尺子来测量篱笆的长度。

孩子们通过讨论，梳理出了竹篱笆制作工具清单，并对照着清单准备好了工具。

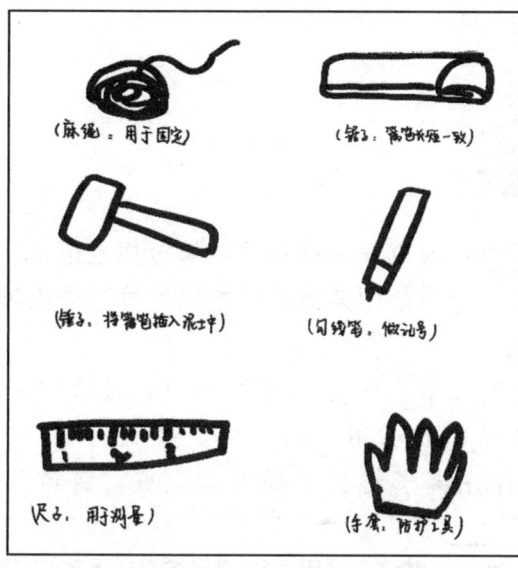

孩子们带上工具，来到种植园地，分成了两个小队，开启了竹篱笆的搭建之旅。

"成成分队"的成成和斌斌说干就干，拿起竹竿就想把它插进地里面，在一旁的晴晴看到了，拿起设计图纸。

晴晴：你们还是先看看设计图上是什么样的吧！

成成：我们先搭好架子。

斌斌：我力气大，我先把篱笆插到地里面。

琳琳：那我就来绑篱笆。

孩子们"动工"了。成成拿起竹竿就往地里面插，斌斌说："高度要一样，不然不好看，我来帮你量一量吧！"

【劳动经验链接】在使竹竿长短变得一样的过程中，幼儿选择使用锯子来进行切割，使用锯子的劳动技能得到了提升。

两个人分工合作，配合默契。突然，成成发现有些竹竿长短相差很大，他便想找记号笔来做个记号，斌斌提醒他可以直接用其他长短相同的竹竿来比较，然后进行切割。

很快，一根根长短一致的竹子被孩子们固定到了泥土里，接着继续篱笆的固定。在一旁的晴晴和琳琳将麻绳剪成了相同的长度，斌斌提出："我来帮你们扶着吧！"于是，孩子们合作用绳子将竹子横向固定好，篱笆的大致框架就搭建好了。

"成成分队"的搭建进度很快，"天天分队"也不甘示弱。在组长天天的带领下，很快他们也进行了简单明确的分工：天天和宇宇负责搭建篱笆的大致框架，敏敏和瑶瑶负责固定竹子。一开始，搭建进行得很顺利，但是到最后，孩子们遇到了一个难题：竹子不够了。

天天：我们的竹子好像不够了，如果上面没有竹子固定，那么一定会倒下来的，怎么办呢？

敏敏：能不能用绳子拉住呢？

瑶瑶：那就试试看吧！

【劳动经验链接】在竹篱笆的制作中，幼儿体会到了在劳动中合作的作用，篱笆搭建时间较长，幼儿从中也获得了坚持不懈等劳动情感。

瑶瑶用装饰绳把所有的竹子连接了起来，

到最后,天天提出,可以把绳子系在"长颈鹿"水管的脖子上,那样可以更牢固。

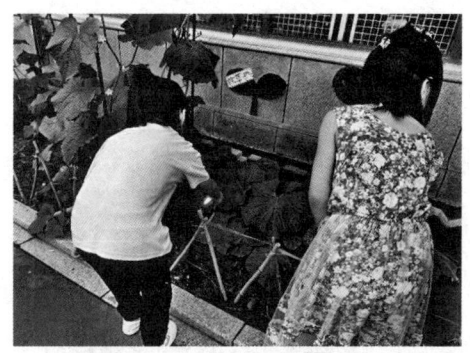 

就这样,在孩子们的"头脑风暴"下,"天天分队"的竹篱笆也完成了。

**环节二:美化竹篱笆**

竹篱笆搭建好以后,孩子们围绕"美化竹篱笆"的话题进行了讨论。

老师:竹篱笆完成了,我们之前一起看到过很多漂亮的竹篱笆,有什么办法可以让我们的篱笆变得更好看呢?

可可:可以用颜料上点颜色。

彤彤:也可以装饰一下。

成成:之前我看过一本绘本《竹篱笆和牵牛花》,还可以做一些花上去。

这时,晴晴悄悄地问我:"种植园地是弟弟妹妹们的,老师,可以让弟弟妹妹一起制作吗?"我点了点头:"当然可以啦!"于是孩子们向弟弟妹妹们发送了订单,还请小代表将订单送到了弟弟妹妹手中。

订单一:请小班弟弟妹妹们为篱笆涂上漂亮的五彩颜色。

接到订单的小班孩子们很快行动起来,他们穿上护衣,选择好颜料、排笔、刷子,走向种植园地,开始为篱笆"穿新衣"。美昕用排笔仔仔细细地涂着颜色,突然发现身旁的佑佑已经涂了两根竹竿了。

【劳动经验链接】小班幼儿在涂色劳动中发现在不同工具的帮助下会有不同的劳动效率,他们发现用大刷子可以让涂色更省力,也可以加快上色速度。

美昕:你怎么这么快呀?

佑佑:我的大刷子涂得最快。

婷婷:老师,我们也用大刷子吧?

我点头同意。果然，换上大刷子，孩子们涂色的进度变快了，不一会儿就涂完了。

订单二：请中班弟弟妹妹们制作装饰物装饰竹篱笆。

接到订单的中班孩子们也热烈地讨论起来。

可可：装饰物一定得可以淋雨的，所以纸就用不了了。

远远：那用什么呢？我们去材料区找一找吧！

经过商量，孩子们选择海绵纸作为主材，制作了玫瑰、牵牛花等。篱笆有了它们的点缀，果然变得更漂亮了！

在篱笆搭建完的第二天，就开始下起大雨，之后几天还是接连不断地下大雨，随后，孩子们发现种植园地的泥土变得松烂，而搭建的竹篱笆变得歪歪扭扭的，甚至有的还倒下来了。

看到这样的场景后，孩子们拿起锤子、绳子，自发形成了"篱笆维护小分队"，查看竹篱笆的情况，并进行了修整、维护……

### （四）幼儿劳动能力评估检核表

班级：_____ 评价对象：_____ 实施时间：_____

| 活动内容 | | 遇见竹篱笆 | 评价等级 | | |
|---|---|---|---|---|---|
| | | | ★★★ | ★★ | ★ |
| 评价指标 | 劳动认知 | 1. 能认真仔细地观察竹竿，了解竹竿的外形特征。 | | | |
| | | 2. 初步了解竹子的构造及生长习性。 | | | |
| | | 3. 知道竹篱笆的作用和制作方法。 | | | |
| | 劳动能力 | 1. 掌握为竹篱笆刷颜料的方法。 | | | |
| | | 2. 能够用一些辅助材料如麻绳、彩纸等装饰竹篱笆。 | | | |
| | | 3. 掌握一些手工制作的方法，如剪裁、粘贴等。 | | | |

续表

| 活动内容 | | 遇见竹篱笆 | 评价等级 | | |
|---|---|---|---|---|---|
| | | | ★★★ | ★★ | ★ |
| 评价指标 | 劳动思维 | 1. 学习由外及内地观察事物，并用完整的话语表述自己的观察发现。 | | | |
| | | 2. 在装饰竹篱笆的过程中，感受色彩鲜艳的竹篱笆的美感。 | | | |
| | | 3. 正确地面对问题和困难，能积极地想办法去解决问题。 | | | |
| | 劳动情感 | 1. 享受自主探究的乐趣，体验通过努力从失败到成功的快乐。 | | | |
| | | 2. 体验作品完成后的喜悦之情，萌发对劳动者及其劳动成果的尊重。 | | | |
| | | 3. 萌发用自己制作的作品装点环境、美化生活的愿望。 | | | |

## （五）主题活动评估反馈表

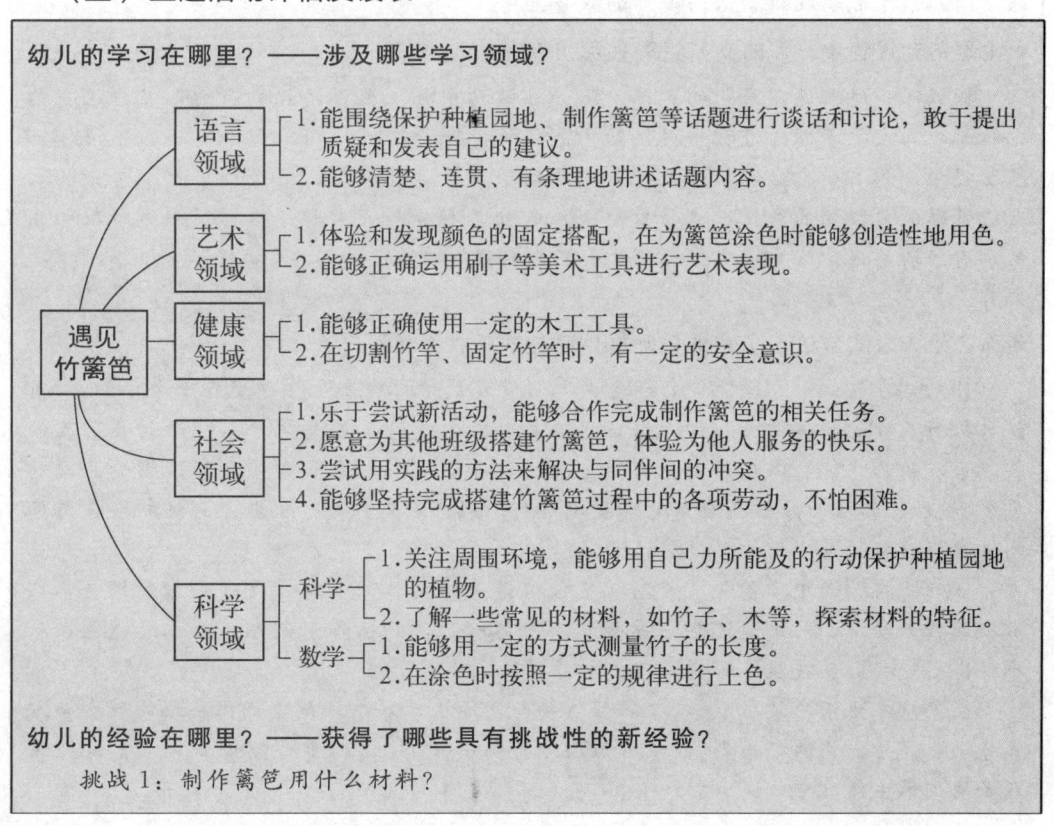

幼儿的学习在哪里？——涉及哪些学习领域？

幼儿的经验在哪里？——获得了哪些具有挑战性的新经验？

挑战1：制作篱笆用什么材料？

新经验1：尖尖的、细细的材料更容易插进泥土中。

新经验2：竹竿可以用来制作篱笆。

挑战2：怎样使搭建的篱笆更为牢固？

新经验1：篱笆可以有不同的造型。

新经验2：将竹竿搭成三角形的造型更稳定。

挑战3：如何将竹竿切割成相同的长度？

新经验：选取一根适合的竹竿作为标准，对比着进行切割。

**教师的反思与评价**

- 回顾课程，想一想：在主题选择上你学到了什么？这个主题为什么适合幼儿？

本次主题活动来源于幼儿生活中的一个"小场景"，当孩子们发现自己的体育玩具让种植园地中的植物遭受破坏以后，引发了他们保护种植园地的思考——用篱笆来保护。因此，在主题的选择上，教师密切地观察幼儿的日常生活，关注他们在平时遇到的问题、感兴趣的探索等，并围绕这些关键点甄选适合开展的主题。

"遇见竹篱笆"主题活动来源于幼儿质朴的日常生活，使用的材料以自然物中的竹、木为主，幼儿亲历竹篱笆的制作、美化劳动，感知"劳动服务于生活"，所以，本活动不仅仅停留于"劳动"本身，更是一场"学用相长"的亲自然、亲生活的艺术之旅，幼儿从中能够收获生活与劳动的双重经验。

- 主题活动过程中，你的支持策略在哪里？

提供了一种"远距离"的支持。比如在活动中深入观察幼儿的行为，把握恰当的支持时机，在篱笆制作过程中提供幼儿需要的材料。

提供一种"小先生制"的支持。在活动中有效设置分组，请每个组中能力强的幼儿去带动能力较弱的幼儿，从而推动幼儿的分工与合作。同时，根据不同年龄段幼儿的已有经验，采取"订单"方式进行"流水线"式的活动，有效促进幼儿的分工、合作。

- 你会给未来实施这一主题的教师提供哪些建设性意见？

让幼儿在自然中"学"。"自然主义"教育观的核心理念主要表现在三个方面："重视自然对儿童的积极影响"，"运用自然、本真的方式引导儿童学习"，"让幼儿园里的人、事、物都回归和保持原本就有的自然的样子，形成一个和谐的气场，影响儿童的发展"。幼儿的活动应当在自然的环境中进行，教师应充分给予幼儿思考的机会，与幼儿一起以自然、真实的方式进行活动。

让幼儿在劳动中"学"。"劳动"不仅仅是身体动作的表现，更是思维的锻炼，在本次课程活动中，幼儿通过直接感知、亲身体验、实际操作来制作、美化竹篱笆，从中获得了一些劳动技能，如锤、钉、打结等。

让幼儿在生活中"用"。本次课程活动与实际生活联结，孩子们用自己的节奏与方式劳动，而竹篱笆的"出现"，使种植园地得到了保护，孩子们的劳动成果自然地运用在了他们的生活之中。

## 三、我和椅子的故事

### （一）主题活动由来

常熟素有"江南福地"的美誉，土壤膏沃、岁无水旱的土壤与气候条件孕育出物产丰裕的生态环境，滋养出钟灵毓秀的人文风韵。我园师幼围绕"竹木课程"开展实践，依托家乡的木艺资源，对树木进行了一系列深入探究，引导孩子们了解了树木的价值和用途。

在与孩子们一起寻找生活中的木制品时，歆歆带来了她的发现："家具是用木头做的，我还看到了一种特别的家具，它的颜色是红色的！"她的发现引发了孩子们的讨论："我家里也有，上面还有漂亮的花纹！""爸爸告诉我那是红木做的。"孩子们已等不及走进熟悉又陌生的红木世界了，"我和椅子的故事"便拉开了序幕。

### （二）主题活动脉络

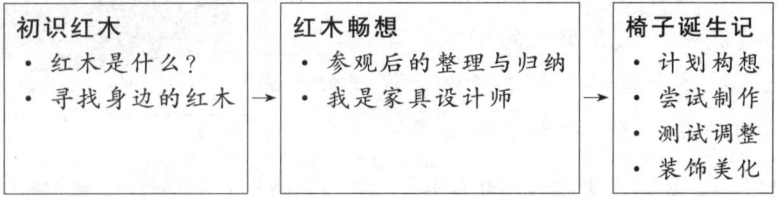

### （三）主题活动实录

1. 初识红木

**环节一：红木是什么？**

孩子们寻找着日常生活中的木制品，他们将自己的收获带到班级，大家围绕着自己的发现议论纷纷。

歆歆：我发现家具是用木头做的，我还看到了一种特别的家具，它的颜色是红色的。

辰辰：我也看到过，上面有漂亮花纹的椅子和桌子！

睿睿：爸爸和我说过，这样的是红木家具。

小雅：可是红木是什么呀？

洋洋：是红色的木头吗？

【劳动经验链接】精美的红木家具激发了幼儿探索红木的兴趣，教师鼓励幼儿通过多种途径主动去寻找、发现红木的特征、功用，初步认识红木。

在孩子的懵懂认知里，"红木"就是"红色的木头"。于是，教师与孩子们一起查阅资料，了解到红木是家具用材的一种，有着丰富的种类，大多是红褐色的。

### 环节二：寻找身边的红木

"红木的本领可真大，可以做成精美的家具！""还有什么也是红木做的呢？"孩子们问我。我说："那我们和爸爸妈妈一起找一找吧！"于是，我们开展了一次"走近红木"亲子调查，请孩子们和爸爸妈妈一起寻找身边的红木家具以及红木制品，还进行了红木家具价格调查，并将自己的发现记录下来。

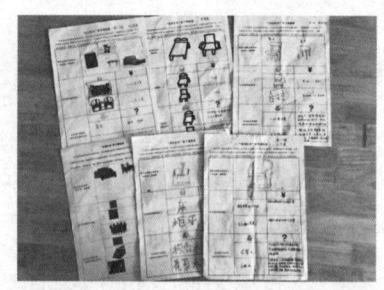

涵涵：我和妈妈看到有红木做的沙发和柜子！

畅一：我发现有红木做的漂亮的储物盒，还有一些可爱的小动物。

歆歆：我看到红木家具上有着很多不同的花纹，有花朵，还有小鱼的图案。

晨晨：我和妈妈一起查资料，发现红木还有不同的种类，它们有着不同的用处。

孩子们热烈地讨论着自己的发现，在与好朋友分享的过程中，他们描述着自己身边的红木家具，将家具的颜色、款式和精巧花纹娓娓道来，也进一步了解了红木家具的价格和不同种类红木的功用。

2. 红木畅想

### 环节一：参观后的整理与归纳

幼儿与红木的相遇是真实、奇妙、美好的。孩子们观察感知了木材特性，活动后注重经验的梳理，教师鼓励孩子通过完成"红木家具怎么做——幼儿参观记录表"回顾过程，了解红木家具的制作步骤和所需工具。

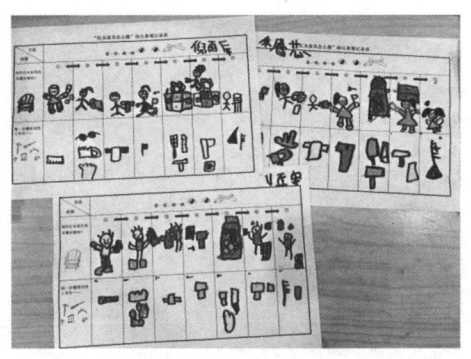

【劳动经验链接】回顾不同于简单的"回忆",幼儿在活动结束后,不仅需要思考自己"做了什么",还要思考自己"学到了什么"。对活动的回顾可使幼儿的经验得到提升,进一步增强幼儿活动的目的性、计划性。

**环节二:我是家具设计师**

在观看红木家具制作视频和参观红木制品展览时,细致用心的制作工序和造型精美的红木制品引发了孩子们的关注与讨论。"哇,这些人有着丰富的表情!""木匠师傅的手可真灵巧呀!"孩子们围着红木家具赞叹不已。突然,有孩子说:"如果我们也能做一个这样的家具就好了!"听到这个建议后,大家都附和,表示赞同。

可是,要怎么制作出一种属于孩子自己的家具呢?针对这个问题,教师和孩子们进行了讨论。

睿睿:我想要做一张漂亮的床!

心心:我想要像木匠师傅一样,做出一把给我们小朋友坐的椅子。

孩子们议论纷纷,讲述着自己的奇思妙想。基于孩子对家具的相关经验,教师向他们提议:不如我们来当小小设计师,将自己设想的家具用设计稿的方式绘制出来!孩子们一听,都跃跃欲试,他们创作的火花一下子被点燃了。有的孩子细细描画有着对称图案的衣柜,有的孩子精心设计和幼儿园中一样带扶手的小床,还有的孩子为茶几涂上缤纷的色彩……

之后,我与孩子们一起开展了"我的家具设计图展",小小设计师们纷纷介绍自己的"设计理念",并想办法为自己的设计拉票。孩子们很快通过投票选出了自己心中最喜欢的设计,最后魏琳小朋友设计的椅子"脱颖而出"。

3. 椅子诞生记

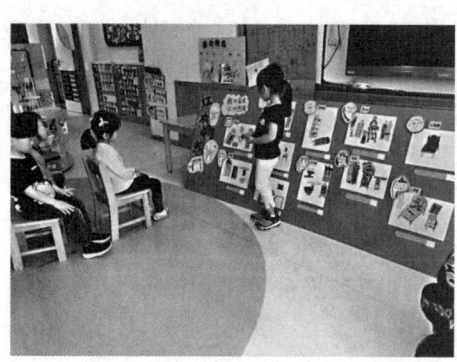 

**环节一:计划构想**

当幼儿把设计图画好后,新的问题产生了——要做一把多大的椅子呢?孩子们围绕椅子的尺寸讨论起来。

漪漪:我想要做一把大椅子,越大越好,就像我们去参观的时候看到的红木椅子那么大。

忻忻:我想为小朋友们制作一把小椅子,就和我们幼儿园里坐的椅子一样。

孩子们听到了忻忻小朋友的提议,高兴地拍起手来,说:"我也喜欢小椅子!""太棒啦,做好了我们也可以坐在上面!"我们又进行了一次投票,最后,孩子们决定制作一把和幼儿园里的椅子大小一样的椅子。

**环节二：尝试制作**

应该用什么样的材料制作椅子？孩子们异口同声地说："要用木头！"教师继续问道："木头去哪里找呢？"璐璐小朋友说："我们可以去幼儿园的木工间里看一看！"于是，孩子们在木工间里寻找适合制作椅子的木材。有的孩子找到了两根细细的木棒，有的孩子手拿两根粗粗的却长短不等的木条……在与自己平时所坐的小椅子比较后，孩子们发现，应选择两根又粗又长且长度一致的坚硬木条作为椅背两侧的支撑，椅子的前腿应选择长度较短且一致的粗硬木条。

已有木条大多是长木条，很难寻找到长度一致的短木条，这时，一个声音冒了出来："我们可以用锯子把长木条锯短一点！"可是，锯短容易，如何锯出长度合适且相等的木条才是需要突破的关键问题。

老师：怎样保证锯下来的木条是我们需要的长度呢？

桢桢：要拿木条和我们幼儿园里的小椅子比一下！

小雅：还可以量一量木条有多长！

可孩子们又发现了新的难题：该用什么样的工具测量呢？睿睿提议用尺子来测量木头，但是工具测量对中班孩子来说有些难度，有的孩子不明白尺子刻度中黑色的线是什么意思，有的孩子会数10、20、30，但后面的数字就不会数了，工具测量成为孩子们制作椅子的一大"瓶颈"。

老师：还可以用什么来代替尺子进行测量呢？

心心：我想到啦，老师带我们学过测量的本领，之前我们用的是小纸片！

科羽：可是木工间里没有小纸片，该怎么办呢？

晨晨：没关系，我们可以找一找别的。

睿睿：我找到了勾线笔！

小雅：可是勾线笔太少了，我们都不够用。

孩子们环视四周，寻找着可以代替尺子进行测量的物品，最后他们找到了数量足够多的小木棒，开始了对木条长度的测量。依据先前掌握的自然测量经验，振振小朋友先将小木棒一头与椅背一端对齐，接着将一根根小木棒头尾相接整齐排列，直到有一根超出椅背另一端，梓钰小朋友用勾线笔在最后一根小木棒上做好相应标记，并将小木棒依次排列在木条上，标记出木条需要截取的长度，最后孩子们合力将木条的多余部分锯了下来。

【劳动经验链接】幼儿在观察、比较中发现问题，尝试与同伴分析问题。工具测量引发了孩子们的深入探究，在寻找替代品的过程中，幼儿已有的自然测量经验被适时唤醒，他们通过合作将经验运用于新的学习活动，在不断尝试中解决问题。孩子们在活动中能与同伴分工合作，遇到困难能一起克服。

 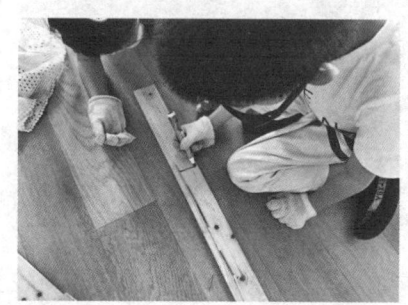

制作椅子所需的木材已经准备完毕，这时孩子们又遇到了新的问题：如何将这些木条组装成一把椅子？在仔细观察幼儿园中的小椅子后，教师与幼儿一起尝试分解椅子的各部件，即将木条先分别组合成椅背、把手和前腿，幼儿合作在木条的连接处用钉子进行加固。

椅背、把手和前腿已初具雏形，一部分幼儿用力按住组装部件，一部分幼儿轮流用钉子进行组装，最后剩下椅座还空着了，该怎么办？果果从木材中寻找出一块正方形木板，在尝试用钉子固定时，孩子们发现木板太硬钉子无法钉入。教师提出问题："现在只有一些木条，而我们需要一整块木板，可以怎么办呢？"孩子们在地面上摆弄尝试，辰辰说："我们可以用木条拼出来！"孩子们再次尝试用小木棒测量出椅座的宽度,并在小木棒上做好标记,再利用小木棒上的标记量出相应长度的木条,最后锯出三根长度一致的短木条,紧密排列组合成椅座。

### 环节三:测试调整

一把小椅子已制作完成,在挪动椅子时,孩子们发现椅子的前腿会扭动,并不牢固,他们再次仔细观察、比较自制的椅子与幼儿园中小椅子的异同,这时睿睿有了新发现:"你们看,幼儿园椅子的前腿中间还有一根木条!"辰辰连忙说:"要不我们也来试着加一根吧!"在增添一根木条后,孩子们发现椅子比之前牢固了。为了让椅子的牢固性更高,孩子们在两侧的椅腿之间又分别增加了一根木条。

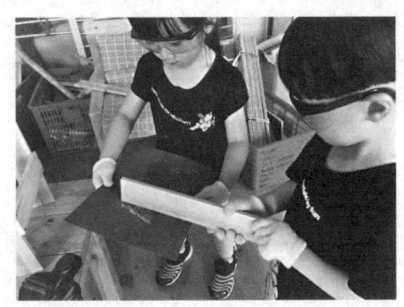 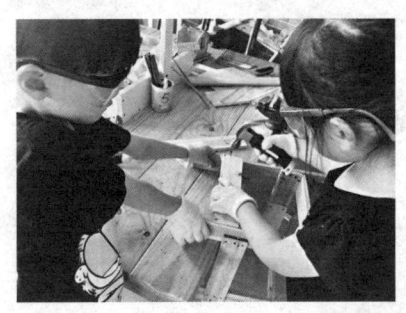

### 环节四:装饰美化

为了让椅子更加漂亮,孩子们进行了商量和讨论,在设计图的基础上制定出自己的"设计方案"。他们合作为椅子涂上亮丽的颜色,画上有趣的图案,一把专属于孩子们的"定制款"椅子终于诞生了!当孩子们看着自己用心制作的椅子时,一个个欢呼雀跃起来!

## （四）幼儿劳动能力评估检核表

班级：_____ 评价对象：_____ 实施时间：_____

| 活动内容 | | 我和椅子的故事 | 评价等级 | | |
|---|---|---|---|---|---|
| | | | ★★★ | ★★ | ★ |
| 评价指标 | 劳动认知 | 1. 能仔细、认真地观察木制家具，了解木制家具的外形特征。 | | | |
| | | 2. 知道生活中各种各样的木制家具。 | | | |
| | | 3. 初步了解椅子的构造及制作方法。 | | | |
| | 劳动能力 | 1. 能够选择合适的材料进行椅子的制作。 | | | |
| | | 2. 能够切割出长度适合的木条并进行拼接组合。 | | | |
| | | 3. 尝试用钉的方式固定、组合小椅子。 | | | |
| | 劳动思维 | 1. 学习由外及内地观察事物，并用完整的话语表述自己的观察发现。 | | | |
| | | 2. 在制作椅子的过程中，感受椅背、椅面、椅子腿相协调的美感。 | | | |
| | | 3. 正确地面对问题和困难，能积极地想办法去解决问题。 | | | |
| | 劳动情感 | 1. 享受自主探究的乐趣，体验通过努力从失败到成功的快乐。 | | | |
| | | 2. 体验作品完成的喜悦之情，萌发对劳动者及其劳动成果的尊重。 | | | |
| | | 3. 萌发用自己制作的作品装点环境、美化生活的愿望。 | | | |

## （五）主题活动评估反馈表

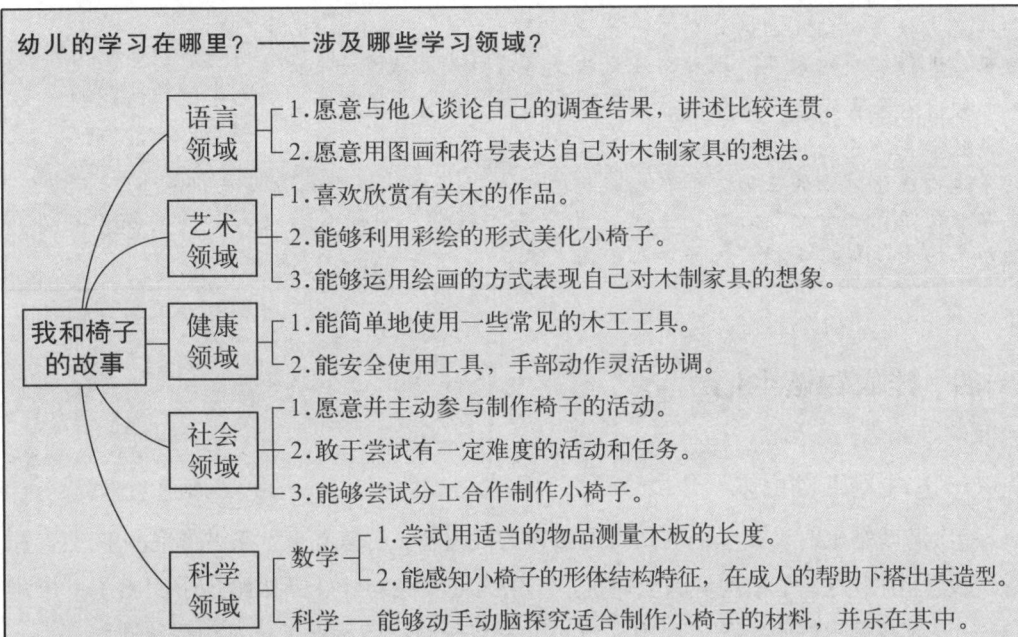

幼儿的经验在哪里？——获得了哪些具有挑战性的新经验？

　　挑战1：如何锯出长度合适且相同的木条？
　　新经验1：用测量的方式可以获得长度相同的木条。
　　新经验2：将一根根小木棒头尾相接依次排列也可以进行测量。
　　挑战2：如何将木条组装成一把椅子？
　　新经验：尝试分解椅子的各部件再组合。

**教师的反思与评价**

● 回顾课程，想一想：在主题选择上你学到了什么？这个主题为什么适合幼儿？

　　《指南》中强调：要"关注幼儿学习与发展的整体性"。《纲要》中也明确指出：要"为幼儿的探究活动创造宽松的环境，让每个幼儿都有机会参与尝试，支持、鼓励他们大胆提出问题，发表不同意见，学会尊重别人的观点和经验"。在"初识红木""红木畅想""椅子诞生记"这一完整的学习链中，孩子们获得的不仅仅是关于红木与红木家具制作的劳动经验，更获得了精细动作的发展、审美视野的拓宽、社会交往能力的提升以及科学探究的思维方式和乐于思考的学习品质。制作椅子的过程使幼儿的多元知识得以融通，促进了幼儿综合能力的发展。比如测量与比较操作发展了幼儿的数学思维能力，锯木与组装活动提高了幼儿的动作发展水平，多种操作和尝试培养了幼儿的科学探究品质，椅子框架搭建活动深化了幼儿对工程艺术的感知，装饰美化活动进一步发展了幼儿工艺劳动的审美意识。在与同伴合作探索的过程中，幼儿已成为活动、学习的思考者、研究者、行动者。

● 主题活动过程中，你的支持策略在哪里？

　　首先是创造条件给予幼儿接触多种木工作品的机会。如本次活动就是由参观红木厂所引发的劳艺活动。其次是创造机会和条件支持幼儿的艺术表现与创造。很多时候

续表

> 一些能力较强的幼儿的设计作品受关注度高,但是活动中教师将所有幼儿的作品汇集起来,进行"我的家具"设计图展,给予每一位幼儿表现自己的机会。
> ● 你会给未来实施这一主题的教师提供哪些建设性意见?
> 　　教师在尊重幼儿天性的同时,也应予以幼儿更多的关注、引导。幼儿在自发的活动中建构属于自己的王国,也在不断的体验和尝试中认识自己所生活的世界,教师需要孩童之眼与孩童之心,唯有如此,才能真正领会游戏精神,深入幼儿的探索世界,为幼儿的发展提供支持,并与幼儿一同成长。

## 四、挂衣钩诞生记

### (一) 主题活动由来

一次游戏结束时,孩子们在认真地整理游戏材料,你来帮我,我来帮你。忽然,原本挂着娃娃围裙的一个粘钩从墙上掉落,几条无处安放的娃娃围裙给孩子们出了一个难题——该放在哪里好呢?孩子们用真诚的思考与行动,衍生出了挂衣钩制作计划。

真实的课程源于幼儿真实的生活,源于幼儿的经验,教育的真谛在于教给幼儿生活的方式、生活的思维。基于幼儿的生活和经验,教师与幼儿一起开启了挂衣钩的制作之路。在活动过程中,我尝试让孩子们自主发现问题、分析问题和解决问题。在逐步深入的制作过程中,我们引导小班幼儿围绕关键经验进行思考和观察,形成了属于孩子们自己的独特成长故事——"挂衣钩诞生记"。

### (二) 主题活动脉络

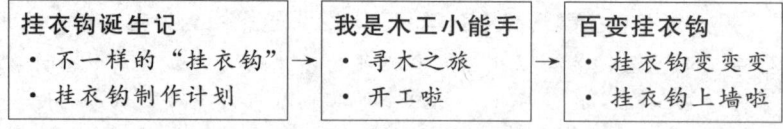

### (三) 主题活动实录

1. 挂衣钩诞生记

**环节一:不一样的"挂衣钩"**

游戏时间到了,孩子们都在热火朝天地整理游戏材料,突然听到"啪"的一声,发生什么事情了?孩子们的目光在扫视了一圈后,最终聚在了娃娃家的墙边,原来是挂着娃娃围裙的粘钩从墙上掉了下来。

热心的孩子们赶紧找来挂娃娃衣服的小挂衣钩,个子最高的佑佑举起长长的围裙,想把它挂上去。可是刚挂上去,围裙就滑落了下来。到底该怎么挂呢?

小雅：这样挂不行，围裙又长又滑，挂上去就要掉下来的。

滔滔：我们要不换一个挂衣钩吧。

孩子们找了一圈，试了好几个不同大小的挂衣钩，围裙始终会滑下来，到底是什么原因呢？

景泰：这个挂衣钩太小了，围裙又长又重，挂不上去。

飞飞：得找一个有小"钩子"的挂衣钩才能把围裙挂上去的。

孩子们似乎被这个难题困住了，他们用期盼的眼神看着我。我摇了摇头，说："飞飞说得对，我们需要一个带有小钩子的挂衣钩。"可是孩子们找遍了整个班级，都没有找到带"钩子"的挂衣钩。"怎么办呢？"我问孩子们。

【劳动经验链接】劳动意识是从日常生活经验中萌发而来的，孩子们的劳动服务精神开启了本次的木工劳动之旅。

澄澄：我们可以自己做一个挂衣钩呀！

婷婷：对呀对呀！我们自己做一个带"钩子"的挂衣钩吧！

飞飞：怎么做挂衣钩呢，老师？

小宇：我也想做挂衣钩！

孩子们立刻兴奋起来了，都想给娃娃围裙制作一个新的挂衣钩。他们回到班级，和小伙伴们一起讨论制作方案。

### 环节二：挂衣钩制作计划

翊翊说："娃娃家的钩子坏了，我们要做一个新的！"其他孩子有些不明白。"是做一个新的有钩子挂衣钩！"婷婷在一旁补充。"用什么材料做挂衣钩比较合适呢？"我问孩子们。孩子们纷纷回答。

皓皓：可以用黏土做一个！

婷婷：不行，肯定会不牢的。

澄澄：我们教室里有好多竹子，可以用竹子。

【劳动经验链接】孩子们根据自己的生活经验进行了一系列的观察、讨论与思考，对比不同材料的长短和粗细，最终将挂衣钩制作计划画在纸上，记录下了自己需要的材料。

佑佑自告奋勇去教室的角落里拿了一根竹子出来，孩子们立刻凑上前来观察："不行，围裙挂在竹子上，不一会儿就掉下来了。"孩子们纷纷点头表示赞同。

这时，景泰有了新的发现："你们快看！"原来是上学期遗落在班级角落里的一根小树枝，树枝的中段有一个小枝丫，做"小钩子"再合适不过了。

景泰：可以用这个树枝！

婷婷：对呀对呀，正好有个"小钩子"。

飞飞：我去把围裙拿过来试试！

孩子们尝试把围裙挂到树枝上，"啪嗒！"围裙仍然掉了下来。"要将挂脖子的这根绳子挂上去！"婷婷说。于是孩子们把围裙套脖绳挂了上去，只听"咔"的一声，小树枝的枝丫断了。孩子们面面相觑："怎么回事呢？"

飞飞：树枝太细了，挂上去就断了。

景泰：这个小枝丫有点短。

老师：那什么样的树枝才比较合适呢？

景泰：要稍微粗一点，不能太细和太短。

 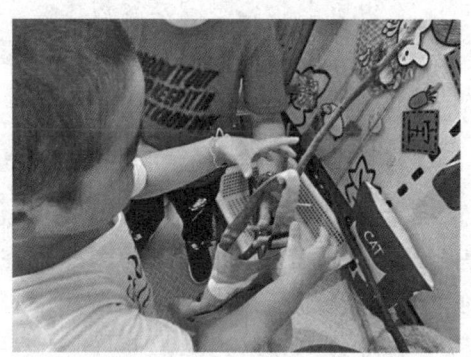

孩子们决定去幼儿园的小树林里寻找合适的树枝。

2. 我是木工小能手

### 环节一：寻木之旅

六月天，翠绿的树林里，挺拔的大树用自己魁梧的身躯挡住了烈日，微风阵阵，在地面上留下斑驳摇曳的树影。到达小树林后，孩子们兴高采烈地拿着自己的工具开始寻找适合做挂钩的材料。

飞飞：老师，这个可以吗？

天天：我的树枝太长了，我要把它截断一点。

美昕：这根树枝有点细，还需要找一根粗点的。

【劳动经验链接】孩子们在寻找材料的过程中初步认识了简单的劳动工具，在对比、挑选时自主劳动，同时能和伙伴互帮互助，在劳动中发展了动手能力和基本的安全意识。

孩子们精心挑选后，终于在众多树枝中挑选出了一部分合适的，他们将树枝不用的部分锯掉，留下合适的，便于携带。在锯木头时，孩子们互帮互助，共同完成。

筱雅：我来帮你！这个锯子要竖过来锯，那样锯得更快。

子依：要戴好手套，不然手指会被划破的！

大部分孩子都坚持独立完成了任务，还有一些孩子在好朋友的帮助下也找到了

合适的树枝，孩子们一起整理好工具，带着挂衣钩原材料，准备进一步加工打磨。

### 环节二：开工啦

孩子们带上挑选的树枝回到了班级，他们可兴奋了，一会凑上去看一看，一会拿起来摸一摸，分享着自己的成果。我问孩子们："现在的挂衣钩有没有什么小问题呢？"

垲垲：老师，我的挂衣钩摸上去刺刺的，不太好拿。

翊翊：我的也是，而且树枝表面还有凸出来的地方。

我点点头，告诉孩子们，现在的挂衣钩还只是个半成品，想要把它变成光滑、牢固的挂衣钩，还需要进一步加工。

翊翊：怎么加工呢，老师？

老师：我们一起去木工间看看吧！

首先要解决挂衣钩上毛刺太多、不光滑的问题。我拿了两个工具向孩子们介绍："这是刨子和砂纸，可以将木头表面变得光滑。"对照着木工手册，我和孩子们共同研究，将树枝固定在桌子边，开始打磨起来。一些勇敢的男孩子自告奋勇想要尝试，仿佛一个个熟练的小木匠。

这时，细心的飞飞又提出了新的问题：半成品挂衣钩长短各不相同，要进一步加工挂衣钩。那如何把挂衣钩锯成差不多长短的呢？孩子们把目光转向了一旁的工具区，不一会儿他们就发现了几把小木尺。

飞飞：这个小木尺的长度正好，挂衣钩也是这么长。

璐璐：我的挂衣钩太长了，要锯掉一点。

经过进一步的测量后，孩子们把过长的挂衣钩锯得和其他的一样长了。加工的过程中，孩子们还不忘戴好防护工具。经过一小时的加工，挂衣钩成品终于"新鲜出炉"了。

3. 百变挂衣钩

**环节一：挂衣钩变变变**

木工活动告一段落了，在挂衣钩准备上墙的前一周，班级里的"小博士"飞飞和妈妈去上海参观了艺术家居馆，他带来了精心拍摄的照片和小朋友们分享……

这时，美术达人澄澄提出来：我们可不可以也做一些带有"艺术色彩"的家具呢？小朋友们的注意力随即转到了刚完工的挂衣钩上。"我们可以怎样装饰我们的挂衣钩呢？"我问孩子们。

景泰：可以在上面涂颜料！

美昕：还可以用黏土装饰，装饰成小动物的样子。

安琪：还可以用毛根卷卷卷……

【劳动经验链接】孩子的想象天马行空，在装饰挂衣钩的过程中，工艺劳动带给他们的不仅是技法与技巧的发展，更是工艺之美对孩子们的熏陶，是艺术创造与审美感受的独特体验。

通过讨论，孩子们决定在班级美工区中寻找装饰挂衣钩的材料。他们分成若干小组，开始了挂衣钩的进一步装饰。

有的孩子开始对挂衣钩进行涂色，我发现孩子们在一根挂衣钩上涂上了几种颜色，于是问："为什么涂这两种颜色呢？"

飞飞：我的挂衣钩是"海底世界"风格的，所以我用蓝色和深蓝色。

子依：我想涂成"森林"风格的，我要用绿色。

于是，各种风格特色的挂衣钩诞生了……

另一组孩子选用纸黏土做装饰材料，原木色的挂衣钩在孩子们的装饰下变成了一个个带有童趣色彩的独特物件。

佳熠：我做了一个"小蜜蜂"挂衣钩。

皓皓：我给挂衣钩穿的是小碎花衣服。

毛根也是孩子们喜爱的装饰材料之一，他们用小手慢慢地将毛根卷缠在挂衣钩上，卷了一圈又一圈……

老师：小宇的挂衣钩穿的衣服真漂亮，你是怎么卷的？

小宇：我给它穿的是条纹衣服，一条黄，一条绿，一条黄。

环节二：挂衣钩上墙啦

孩子们的挂衣钩已经完工了，接下去就是上墙任务了。"哪里可以挂上我们的挂衣钩呢？"孩子们讨论哪些地方需要挂衣钩，发现不止班级里的娃娃家需要，幼儿园里还有一些地方也用得上。

筱雅：娃娃家！先安装在娃娃家里吧！

景泰：三楼的印刻吧也有围裙，我们可以装在那里，这样整个幼儿园的小朋友都可以用了！

孩子们带着挂衣钩来到了娃娃家和印刻吧，飞飞还提出来，安装这些挂衣钩时还可以摆一些创意造型。几个小伙伴一起动脑筋，不一会儿，挂衣钩都安装好了。

孩子们用自己的想象和热情赋予小手动力，创造了这些简单而充满童真的美的装置。

## （四）幼儿劳动能力评估检核表

班级：_____　评价对象：_____　实施时间：_____

| 活动内容 | | 挂衣钩诞生记 | 评价等级 | | |
|---|---|---|---|---|---|
| | | | ★★★ | ★★ | ★ |
| 评价指标 | 劳动认知 | 1. 能认真仔细地观察生活中的挂衣钩，了解其外形特征。 | | | |
| | | 2. 初步了解树枝可以制作成挂衣钩。 | | | |
| | | 3. 知道用树枝挂衣钩的制作方法。 | | | |
| | 劳动能力 | 1. 能够在成人的帮助下使用常见的劳动工具进行制作。 | | | |
| | | 2. 掌握涂、卷、粘等简单的劳动技能。 | | | |
| | | 3. 能够测量、比较树枝的长短。 | | | |
| | 劳动思维 | 1. 学习由外及内地观察事物，并用完整的话语表述自己的观察发现。 | | | |
| | | 2. 在装饰挂衣钩的过程中，感受色彩鲜艳的挂衣钩的美感。 | | | |
| | | 3. 能正确地面对问题和困难，积极地想办法解决问题。 | | | |
| | 劳动情感 | 1. 享受自主探究的乐趣，体验通过努力从失败到成功的快乐。 | | | |
| | | 2. 体验作品完成后的喜悦之情，萌发对劳动者及其劳动成果的尊重。 | | | |
| | | 3. 萌发用自己制作的挂衣钩装点环境、美化生活的愿望。 | | | |

## （五）主题活动评估反馈表

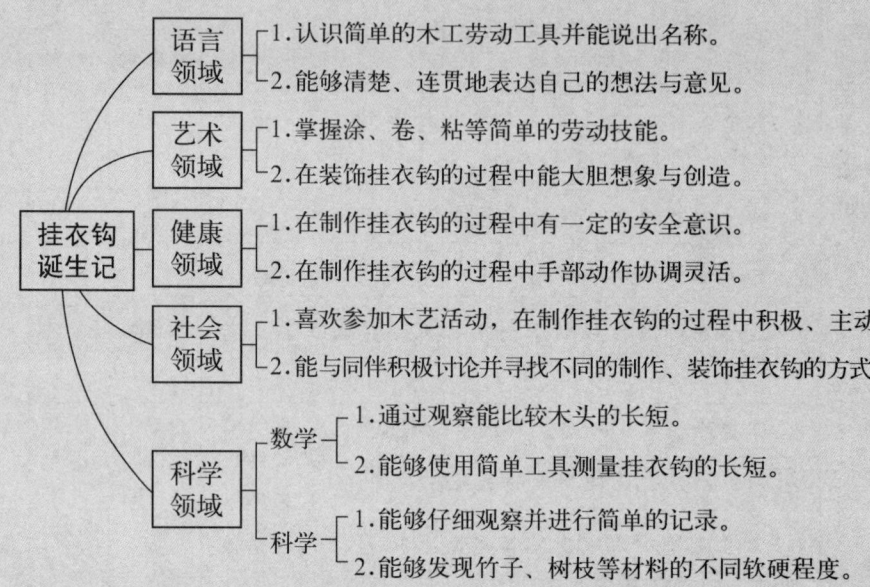

**幼儿的经验在哪里？——获得了哪些具有挑战性的新经验？**

挑战1：挑选制作挂衣钩的材料。

新经验：通过思考、讨论并比较各种材料，幼儿发现不同材料的软硬程度与光滑程度。

挑战2：打磨加工挂衣钩的过程。

新经验1：掌握简单的打磨、锯木等木工技巧。

新经验2：尝试用一些简单的自然工具进行测量。

挑战3：装饰挂衣钩。

新经验：使用低结构材料来美化挂衣钩。

**教师的反思与评价**

● 回顾课程，想一想：在主题选择上你学到了什么？这个主题为什么适合幼儿？

本次主题源于幼儿日常生活中真实发生的故事，当幼儿遇到问题与困难时，主观、积极的内在探求需要是开启主题劳动课程最好的契机。所以，基于幼儿的生活和经验，教师与幼儿一起开启了挂衣钩的制作之路。活动中，幼儿与教师一起发现问题、思考问题、解决问题，这个过程既是教师不断思考、完善主题活动的环节与内容的过程，也是幼儿不断成长、收获新经验的过程。

● 主题活动过程中，你的支持策略在哪里？

教师在幼儿积极性、主动性较高的时候选择比较低控的支持策略，给予幼儿足够的思考、想象空间，同时也增加了幼儿接触团队的机会，增强了合作能力、交流表达能力。例如：在寻找挂衣钩制作材料、装饰挂衣钩的过程中，教师给予幼儿支持性的意见，并提供了自主、开放的材料与活动时间，让幼儿充分感受与思考。

续表

给予幼儿全面的评价也是教师在活动过程中支持幼儿的一种表现。教师要以幼儿的已有经验作为衡量标准，对幼儿多方面的发展进行全面、有效评估。在主题活动的进行过程中，教师通过制定详细的评价量表，从语言发展、社会性交往、数理逻辑、肢体动作等多维度设计了多层次的预定目标，也根据幼儿的个体差异、年龄层次设计了纵向的追踪评价表。

● **你会给未来实施这一主题的教师提供哪些建设性意见？**

在活动过程中，也发现了一些客观存在的问题。教师层面：教师的建构学知识比较薄弱，对于一些木工工具还不够了解，对幼儿的选择与操作带有主观判断与先入为主的思考，甄选关键子主题的主导性太强。评价层面：更重视可见、可评价的操作过程与操作结果，忽视幼儿在操作过程中的内在发展与成长。

因此，未来开展这一活动时，需要把握课程的以下特性：适宜性、价值性、可调节性。在之前的课程实践中，活动更偏向培养幼儿动手操作的能力，如开展木工制作、涂鸦等活动，从而导致幼儿经验发展的倾斜性。在今后的活动中，教师应当更注重幼儿生活经验的获得、生活劳动技能的发展以及社会活动的体验等，注意活动开展的弹性、可调节性。可以将课程实施目标与《指南》相关目标进行链接，将健康、语言、社会、科学、艺术五大领域有机结合，平衡五大领域的核心经验，引导幼儿在玩中学、学中玩。

# 第六章 泥艺劳动

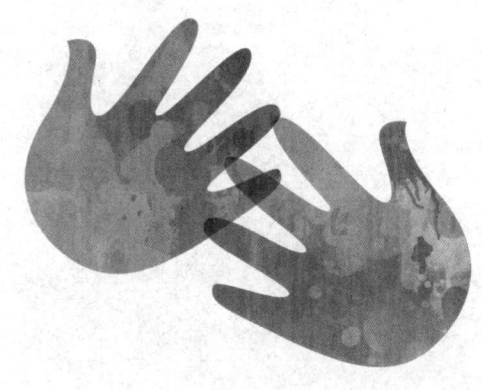

## 第一节
## 泥艺劳动操作指南

### 一、定义阐释

泥艺劳动,是指采用以泥、沙、石为主的自然材料进行创造性再加工的一种劳动方式。借助泥、沙、石这类材料肌理的独特性与较强的可塑性等特点,引导幼儿在堆积、粘接、捏塑等立体造型的过程中获得想象力、审美感、社会性、合作能力等的多元发展。

### 二、关键经验

**(一)健康领域**

1. 知道并掌握刻刀、刮刀、针锥、刷子等陶艺工具的基本使用方法,掌握揉、捏、搓等泥塑技巧,动作灵活协调。

2. 坚持完成任务,并学会按类别整理工具,具有一定的劳动意识和安全自护意识。

**(二)语言领域**

愿意用图画、符号、讲述等多种方式记录、表现泥沙石工艺劳动的内容和过程,能大胆表现表达自己的体验和情绪情感。

**(三)社会领域**

感受泥瓦匠、陶艺师等民间手工艺人的高超技巧,对民俗泥文化产生自豪感、荣誉感。

**(四)科学领域**

1. 发现并描述泥、沙、石形态结构的异同,以及各种材料在不同活动中的特点,能通过观察、比较与分析,主动探索并尝试找出最适宜的泥艺劳动方法、步骤。

2. 能在活动中运用点数、统计、比较、分类、规律排序、测量等数学思维进行创作，感知泥艺劳动中数学的有用和有趣。

### （五）艺术领域

在观察、欣赏、操作泥、沙、石的劳动中，了解并掌握基本的艺术表现手法，协调色彩冷暖、层次的搭配，关注整体布局，体会用多种材料组合创作的效果，能够运用自己喜欢的方式进行艺术创作并乐在其中。

## 三、环境设计

### （一）整体构思

泥艺活动区是幼儿园"工艺劳动课程"之"泥沙组"的系列活动场地，基于不同的活动特点，泥艺活动场地主要分为户外的泥趣坊和室内的印刻吧、展览馆。

大型泥艺、石艺活动主要安排在泥趣坊，如：在泥水墙上画泥浆画，在操作区里制作泥砖等，在这里，幼儿穿上防护服，可以不受空间限制释放天性。印刻吧里主要安排小型的、精细的泥艺活动，幼儿在这里学习使用各类工具，获得相应的泥艺技巧。展览馆以陈列、展示各种幼儿作品为主，兼有沙艺活动操作空间，展示与操作相结合，动静相宜。在每个区域内，分别基于所开展的活动设置了实物操作区、材料摆放区和作品陈列区，从不同角度，尽可能全面地支持幼儿的活动需求。除此以外，课堂也是本课程实践研究的主阵地。

### （二）区域划分及材料投放

#### 1. 泥趣坊

泥趣坊是泥艺活动的户外主场地，也是泥艺活动区中空间最大的区域。偌大的区域皆是幼儿的操作区，也是幼儿施展本领的舞台。在该区域中，孩子根据喜好挑选石头，并发挥想象力在石头上进行涂鸦创作；利用模具制作泥砖并砌成创意泥水墙，不断发展手部精细动作，锻炼坚持不懈的学习品质；利用沙、水、泥以及在户外唾手可得的自然材料创作泥浆画，用泥浆拓印，不断提高创造性和艺术表达能力。

**泥趣坊工具材料表**

| 类别 | 序号 | 名称 | 使用说明 |
| --- | --- | --- | --- |
| 主材类 | 1 | 泥、水 | 用以制作泥砖，进行泥浆拓印、泥浆画等活动。 |
| | 2 | 沙、水 | 用以进行染沙等活动。 |
| | 3 | 石头 | 用以进行石头涂鸦、石子拼画等活动。 |
| 辅材类 | 1 | 贝壳、花瓣等自然材料 | 给予幼儿想象、创造的空间，幼儿将其自由运用到自己的作品中。 |
| 工具类 | 1 | 刷子、排笔、牙刷、颜料等绘制工具 | 用以进行与颜色有关的各类活动，可根据实际情况选用。 |
| | 2 | 泥砖模具、自制模具、雕刻工具等 | 用以进行泥砖探索活动。 |
| | 3 | 围裙、雨鞋、手套等 | 供幼儿在活动时穿着，帮助幼儿在活动中全心投入；活动结束后由幼儿尝试整理。 |

2. 展览馆

展览馆是泥艺活动区的室内活动场所之一，该区域以陈列幼儿的泥沙石作品为主，同时进行沙子系列活动和一些与石头相关的较精细的创作活动。幼儿在该区域大胆想象、动手动脑，增强了手眼协调能力，促进了创造力的发展，也促进了动作灵活性。

(1) 实物操作区

泥艺坊中摆放了操作桌和沙画台,供幼儿在此操作、演示。还设立了石头地图操作区,引导幼儿在摆放立牌的同时逐步加强对祖国各区块的认识,使幼儿萌发对祖国的热爱之情。

(2) 作品陈列区

展览馆四周靠墙的架子是幼儿作品陈列区,上面的作品按不同材料、创作者年龄段分类摆放,且每一件作品上都标注了名称、作者和创作时间。同时,利用墙上的电视机播放幼儿动态沙画创作活动视频以及幼儿活动过程的视频。

**展览馆工具材料表**

| 类别 | 序号 | 名称 | 使用说明 |
| --- | --- | --- | --- |
| 主材类 | 1 | 沙子 | 用以进行动态沙画创作活动。 |
| | 2 | 彩沙、太空沙 | 用以进行沙盘建构活动。 |
| 辅材类 | 1 | 干花、稻穗等自然材料 | 给予幼儿想象、创造的空间,幼儿将其自由装饰到自己的作品中。 |
| | 2 | 木板、彩纸、玻璃瓶等 | 展示各类作品的媒介。 |
| 工具类 | 1 | 蜡笔、颜料、牙刷、排笔、刷子、铅笔、橡皮等 | 幼儿进行各类绘制活动时根据需要选用。 |
| | 2 | 强力胶、固体胶、镊子、剪刀、漏斗等 | 幼儿做粘贴、夹取等精细动作时使用。 |
| | 3 | 沙画台、椅子、小扫帚等 | 用于动态沙画创作活动。 |

3. 印刻吧

印刻吧是泥艺活动区的另一室内活动场所,幼儿在该区域主要进行陶艺、黏土制作活动。在该区域中,幼儿通过捏、揉、团、压、拍、拉、搓、贴等技能,将简单的黏土、陶泥塑造成多样的造型,并涂上绚丽的颜色,创造出多种充满想象力的工艺作品。在大胆创作的过程中,幼儿的手部精细动作得到发展,手眼协调能力也得到提高。

(1) 实物操作区

印刻吧的中央是实物操作区,包括多张操作台和旁边的整理清洗池。以泥沙为材料开展活动,需要能提供水源、方便及时清理的场所,因此,我们在印刻吧的南边设置了整理清洗区,以便幼儿及时清洗、整理。

(2) 作品陈列区

印刻吧东南面靠墙的架子是作品陈列区,陈列了幼儿的作品,还设置半成品区供幼儿摆放未完成的作品。幼儿可以在该区域互相欣赏作品，分享、交流创作过程中的想法等。

**印刻吧工具材料表**

| 类别 | 序号 | 名称 | 使用说明 |
|---|---|---|---|
| 主材类 | 1 | 陶泥 | 用于各类陶艺捏塑活动。 |
| | 2 | 超轻黏土 | 用于一些塑形难度较高的陶艺制作活动。 |
| 辅材类 | 1 | 彩珠、小木棍等各类装饰材料 | 给予幼儿想象、创造的空间，幼儿将其自由装饰到自己的作品中。 |
| 工具类 | 1 | 勾线笔、排笔、刷子、颜料、金银铜色染料等 | 幼儿根据实际情况选择合适的工具、材料进行陶艺绘染活动。 |
| | 2 | 各类陶艺雕塑工具 | 供幼儿选择进行刮、雕、拍、割等操作。 |
| | 3 | 围裙 | 供幼儿在活动中穿着，帮助幼儿在活动中全心投入；活动结束后由幼儿尝试整理。 |

## 四、活动内容

| 主题1. 石头拼画（9月） | | | | |
|---|---|---|---|---|
| 年龄班 | 活动内容 | 材料准备 | 核心经验 | 作品用途 |
| 小班 | 石头涂色 | 主料：石头<br>辅料：颜料<br>工具：牙刷、排笔等绘画工具 | 在石头上用多种工具进行涂染。 | • 种植园地道路<br>• 庆祝节庆活动 |
| 中班 | 铺设石子路（石头拼画） | 主料：染好色的石头<br>辅料：设计图<br>工具：测量工具、铺设工具等 | 1. 自主设计石子路的样式。<br>2. 测量铺设区域的大小。<br>3. 合作铺设石子路。 | |
| 大班 | 石子地图 | 主料：染好色的石头<br>辅料：设计图<br>工具：测量工具、防腐木框等 | 1. 设计地图样式。<br>2. 按比例测量地图大小。<br>3. 按不同特征给石头分类。<br>4. 合作铺设地图。 | |

### 主题 2. 神奇的浮雕（10 月）

| 年龄班 | 活动内容 | 材料准备 | 核心经验 | 作品用途 |
|---|---|---|---|---|
| 小班 | 彩泥浮雕 | 主料：彩色黏土 | 用彩色黏土搓、捏、塑各种造型。 | · 节庆活动<br>· 户外游艺坊墙面展示 |
| 中班 | 仿铜浮雕（兽头门环、人偶头像） | 主料：黑色黏土<br>辅料：铜色染料<br>工具：刷子、手套等 | 1. 设计图案。<br>2. 用黑色黏土制作造型。<br>3. 用铜色染料上色。 | |
| 大班 | 浮雕墙 | 主料：泥<br>辅料：染料<br>工具：梯子、刷子、围裙、手套等 | 1. 设计墙面整体造型。<br>2. 分工完成各部分浮雕。<br>3. 用染料上色。 | |

### 主题 3. 创意沙画（11 月）

| 年龄班 | 活动内容 | 材料准备 | 核心经验 | 作品用途 |
|---|---|---|---|---|
| 小班 | 感受沙的特性 | 主料：沙子<br>辅料：纸盒、树枝、笔 | 使用多种工具（包括手指）在沙子上划、抠、刮、漏、捏、扣等，感受沙子的特性。 | · 美工室、区域陈列<br>· 庆祝活动节目表演 |
| 中班 | 沙子贴画 | 主料：沙子<br>辅料：颜料、盘子<br>工具：乳胶、刷子、排笔等 | 1. 均匀地在盘子底部涂抹乳胶，撒上沙子。<br>2. 用沙子涂鸦图案，然后给图案着色。（也可直接使用彩沙） | |
| 大班 | 动态沙画 | 主料：沙子、彩沙<br>工具：灯箱、纸盒、鞋盒、磁卡、树枝等 | 1. 设计构想沙画内容。<br>2. 用手指、树枝等工具在沙子上勾画内容。<br>3. 用照片或视频记录创作过程。 | |

### 主题 4. 石头盆景（12 月）

| 年龄班 | 活动内容 | 材料准备 | 核心经验 | 作品用途 |
|---|---|---|---|---|
| 小班 | 捡石头 | 工具：手套、篮筐 | 1. 捡拾有造型感的石头。<br>2. 清洗石头。 | • 石头盆景展览<br>• 自然角装饰<br>• 角色游戏材料 |
| 中班 | 装饰石头 | 主料：石头<br>辅料：颜料<br>工具：牙刷、排笔等 | 运用多种工具，将石头绘制成各种植物造型。 | |
| 大班 | 制作石头盆景 | 主料：装饰好的石头<br>辅料：碎石、泥土、花盆、超轻黏土、贝类、各类自然物<br>工具：铲子 | 1. 选择合适的花盆。<br>2. 组合搭配石头造型。<br>3. 固定石头造型。 | |

### 主题 5. 泥艺捏塑（1 月）

| 年龄班 | 活动内容 | 材料准备 | 核心经验 | 作品用途 |
|---|---|---|---|---|
| 小班 | 黏土彩绘浮雕 | 主料：超轻黏土<br>辅料：颜料、纸板、KT板<br>工具：排笔、勾线笔等绘画工具 | 1. 熟悉黏土的特性。<br>2. 尝试简单的搓、捏等造型手段。 | • 在"年货大街"上出售<br>• 其他角色游戏的道具 |
| 中班 | 捏面人 | 主料：超轻黏土<br>辅料：木棒<br>工具：陶艺工具 | 1. 设计自己喜欢的动物或人物造型。<br>2. 分步捏塑。<br>3. 整装造型。 | |
| 大班 | 立体浮雕花瓶 | 主料：陶泥<br>辅料：金色与铜色染料、玻璃瓶<br>工具：陶艺工具、刷子等 | 1. 设计花瓶装饰纹样。<br>2. 捏塑各式纹样。<br>3. 用刷子刷上染料，营造古朴质感。 | |

## 第六章　泥艺劳动

| 主题6. 神奇沙艺（3月） ||||| 
|---|---|---|---|---|
| 年龄班 | 活动内容 | 材料准备 | 核心经验 | 作品用途 |
| 小班 | 彩色的沙子 | 主料：石头<br>辅料：颜料、蜡笔、造型各异的瓶子<br>工具：竹匾等晾晒工具、排笔等绘画工具、刨丝器、安全刀等 | 1. 将沙子和颜料水混合、拌匀，然后晾晒。<br>2. 用多种工具将蜡笔磨细，将其和沙混合（两者若融合得不好，可加热后再晾晒）。 | • 布置美工室<br>• 庆祝活动中节目表演的道具 |
| 中班 | 彩沙瓶 | 主料：彩沙<br>辅料：各种造型的瓶子<br>工具：牙签、尖头瓶等 | 1. 根据彩沙的颜色设计彩沙瓶。<br>2. 制作彩沙瓶。 | |
| 大班 | 动态沙画 | 主料：沙子、彩沙<br>工具：灯箱、纸盒、卡片、树枝等 | 1. 设计、构想沙画内容。<br>2. 用卡片、树枝等工具尝试勾画画面内容。<br>3. 用照片或视频记录活动过程。 | |

| 主题7. 玩转泥水（4月） ||||| 
|---|---|---|---|---|
| 年龄班 | 活动内容 | 材料准备 | 核心经验 | 作品用途 |
| 小班 | 泥浆拓印 | 主料：泥土、沙、水<br>辅料：各类自然材料、生活用品<br>工具：拓印工具、刷子、围裙、手套等 | 1. 了解水和泥按不同比例混合而产生的不同的泥浆。<br>2. 运用水、泥比例恰当的泥浆进行拓印。 | • 户外泥趣坊展示<br>• 建筑工地材料 |
| 中班 | 泥浆画 | 主料：泥、沙、水<br>辅料：树叶、花瓣<br>工具：刷子、围裙、手套等 | 1. 设计画面造型。<br>2. 调整泥、沙、水的比例。<br>3. 结合自然物进行创作。 | |
| 大班 | 制作泥砖 | 主料：陶泥<br>工具：泥砖模具、自制模具、雕刻工具、围裙、手套等 | 1. 调整泥、沙、水的比例。<br>2. 使用模具制作泥砖。<br>3. 在泥砖上进行印刻。<br>4. 研究晾晒时间和成品效果之间的关系。 | |

| 主题 8. 创意盆景（5 月） ||||| 
|---|---|---|---|---|
| 年龄班 | 活动内容 | 材料准备 | 核心经验 | 作品用途 |
| 小班 | 石头涂鸦 | 主料：石头<br>辅料：颜料<br>工具：牙刷、排笔等 | 运用多种工具将石头绘制成各种植物造型。 | • 盆景展览<br>• 自然角装饰物<br>• 角色游戏道具 |
| 中班 | 制作花盆 | 主料：陶泥<br>辅料：颜料<br>工具：陶艺工具 | 1. 欣赏不同的花盆造型。<br>2. 选择自己喜欢的造型或自行设计花盆造型。<br>3. 运用多种技法进行制作。 | |
| 大班 | 制作泥艺盆景 | 主料：超轻黏土、陶泥<br>辅料：泥土、自制花盆<br>工具：铲子、陶艺工具 | 1. 通过揉、捏、搓等技法用彩泥制作植物造型。<br>2. 选择合适的器皿。<br>3. 制作泥艺盆景。 | |

## 五、活动建议

### （一）感受与欣赏

1. 和幼儿一起感受、发现泥、沙的文化与历史，欣赏生活中美丽的泥艺、沙艺创作。

（1）带领幼儿通过调查、收集等方式，了解不同的传统民间泥艺、沙艺，如：泥人张、捏面人、沙画等。

（2）带领幼儿参观御窑金砖博物馆，通过聆听讲解、实际操作，了解泥砖诞生的历史和过程。

（3）通过触摸和观察，引导幼儿感受不同的泥，如泥土、黏土、陶泥等的特性。

（4）通过对比，帮助幼儿分辨泥、沙、石等不同材料的特性。

（5）通过网络、电视媒体等方式让幼儿接触泥艺、沙艺、石艺作品，丰富幼儿对泥艺创作的感受与体验。

（6）带领幼儿通过春、秋游等社会实践活动寻找生活中的泥艺、沙艺、石艺作品。

（7）带领幼儿共同观看或参与民间泥艺活动，如捏面人、沙画等；有条件的情况下，带领幼儿参观美术馆、博物馆，欣赏泥艺、沙艺、石艺作品。

2. 尊重幼儿的兴趣和独特感受，理解他们欣赏时的行为。

(1) 理解和尊重幼儿在欣赏泥艺作品时的行为表现。

(2) 当幼儿主动介绍自己喜爱的泥艺、沙艺作品时，要耐心倾听，并给予积极回应和鼓励。

(二) 表现与创造

1. 创造机会和条件，支持幼儿自发的泥艺、沙艺创造。

(1) 提供丰富的便于幼儿取放的各类材料（泥、沙、石）、工具和辅助材料，支持幼儿进行泥艺、沙艺活动。

(2) 经常和幼儿一起进行各类泥艺、沙艺活动，共同分享创作的乐趣。

(3) 在幼儿自主表达创作的过程中，当幼儿遇到困难时，教师鼓励幼儿寻找方法解决，在幼儿需要时再给予帮助。

(4) 采用多样化的形式展示幼儿的作品，成立展览馆作为作品展示专区，鼓励幼儿用自己的作品或艺术品来布置环境。

(5) 营造轻松的心理氛围，让幼儿敢于并乐于表达表现。引导幼儿主动大方地向他人讲解或展示自己的泥艺、沙艺、石艺作品，了解并倾听幼儿对自己泥艺、沙艺作品的想法或感受，领会并尊重幼儿的创作意图。

2. 在尊重幼儿泥艺、沙艺创作的同时，引导幼儿积累基本的泥艺创作技巧。

(1) 根据幼儿的生活经验和兴趣，与幼儿共同确定泥艺、沙艺创作的主题，引导幼儿围绕主题展开想象，进行表现。

(2) 在泥艺作品创作中，引导幼儿利用材料、工具掌握揉、搓、团、切、刻、捏、压等技巧。

(3) 在沙艺作品创作中，引导幼儿利用材料、工具掌握洒、抹、擦、点、划、漏、勾等手法。

(4) 在石艺作品创作中，引导幼儿利用材料、工具掌握清洗、上色、拼搭、粘贴、装饰等技能。

(5) 在幼儿创作时，不提供标准范例，鼓励幼儿富有个性化的手工创作，并肯定每件作品的优点。

## 第二节
## 泥艺劳动课程故事

### 一、和泥玩游戏

#### （一）主题活动由来

幼儿进入中班，可选择的户外游戏变得更为丰富。草编坊、农耕坊、泥趣坊……一个个既熟悉又陌生的户外工作坊带给幼儿不一样的游戏体验。经过幼儿投票，泥趣坊成了他们心中最好玩的地方。他们喜欢在泥池中打滚，在泥地里观察，喜欢通过自己的探索和研究获取直接经验。泥摸起来是什么样的？泥可以做什么？泥还可以怎么玩？……幼儿"玩泥"的兴趣持续高涨。我们从幼儿的兴趣出发，和他们一道，开始了"和泥玩游戏"的探索之旅。

在主题开展前，我们和幼儿一起围绕"玩什么""怎么玩"开展讨论，形成了若干个小活动。活动过程中，始终遵循儿童本位的逻辑，关注班级幼儿的学习特点和关键经验，以"玩泥"为发展主线，形成了系列故事链，促进幼儿认知经验和能力水平的生长。

#### （二）主题活动脉络

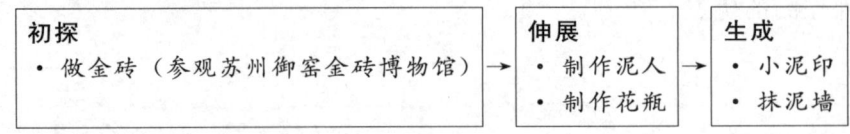

#### （三）主题活动实录

1. 初探

**环节一：做金砖（参观苏州御窑金砖博物馆）**

一份来自苏州御窑金砖博物馆的参观邀请，将孩子们的注意力从小小泥池带到了大大的博物馆里。

在参观之前,教师组织幼儿进行了一次讨论。

老师:对于御窑金砖博物馆,你有什么想知道的吗?
茜茜:我想知道金砖是金子做的吗?
苏苏:博物馆里都是砖块吗?

教师将孩子们最感兴趣的问题记录下来。带着对金砖的好奇,大家出发了。

孩子们在讲解老师的带领下,走过连廊,来到主馆。主馆里面陈列着许多金砖成品。

茜茜:金砖原来是黑乎乎的。是用黑色的泥巴做的吧?
苏苏:砖头是硬硬的,而泥是软软的,金砖肯定是石头做的。

随着参观的深入,孩子们在展馆找到了答案,原来金砖是用陆慕地区特殊的黄泥压制而成。

昊昊:为什么金砖摸上去滑溜溜的?
苏苏:泥是软软的,怎么变成硬硬的?是放在太阳底下晒的吗?
茜茜:还要用刀切一切,切成方方的形状吧?
童童:看,这些都是做砖的工具。
茜茜:这个像一把铲子,这个像夹核桃的夹子。
昊昊:好想拿起来玩一玩呢。

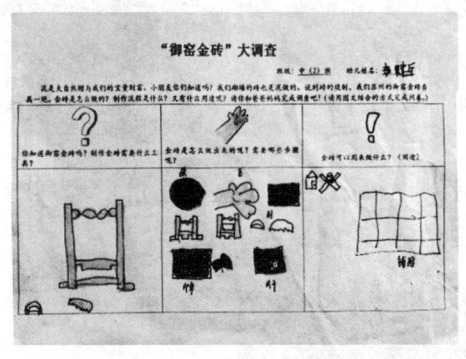

老师从孩子们的谈话中,捕捉到他们制作的兴趣,在博物馆工作人员的协助下,孩子们开始体验制作金砖。

乐意:哎呀,这个泥"咬"住了我的小钩子!用力拉!

【劳动经验链接】幼儿在制作泥砖的过程中,压、刮、拉、刻等技能得到锻炼和发展。

乐意：用拳头一敲就有很多的坑坑洼洼，还是用手压更平。

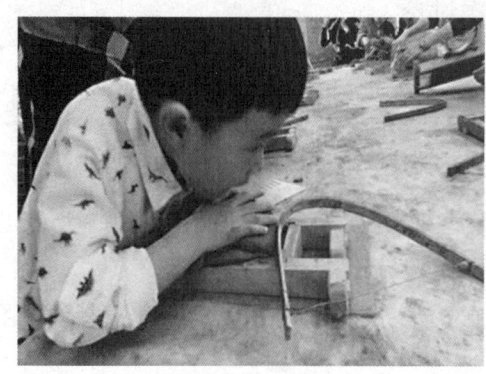 

乐意：要把刮板躺下来，才能刮得滑滑的。

孩子们利用制胚模塑形，经过揉、压、拉、刮等操作，成功制作出了属于自己的砖块。这时候，佳佳提出了自己的想法："我看到博物馆的金砖上还刻了字，我们能不能也在砖上画一个标记？"在她的建议下，孩子们利用木制刻刀，尝试在金砖上进行刻画。

苏苏对"泥砖怎样变得硬硬的"充满疑问，最后孩子们在博物馆后面的御窑处找到了答案。苏苏说："原来是放在火里烧啊，像妈妈做饼干一样。"

2. 伸展

### 环节一：制作泥人

在参观博物馆之后的分享与总结环节，孩子们对一群姿态各异的小泥人的照片产生了兴趣。

昊昊：我也会捏泥人，揉一个圆球当泥人的头，再做一个身体就可以了。

茜茜：还要手和脚。像这样（放在手心里）搓成小面条就行。

涵涵：老师，我也想做一个小泥人。

老师：博物馆里的小泥人都是几个组合在一起，有自己的故事。你们准备制作什么样的泥人？

茜茜：我们可以捏一个老师和小朋友在上课。

涵涵：我想捏我妈妈带我去游乐场玩儿。

正当孩子们热烈讨论时，我们接到了大班哥哥姐姐关于制作幼儿园大厅"水乡人家"的泥人的订单，于是，泥人制作活动自然发生了。

小哲：用大拇指和食指弯一弯，就折成了三角形。

佳佳：我的（泥人的）眼睛总是会掉。

小哲：你要这样（食指、大拇指）捏住，小拇指跷起来，就能把眼睛粘上去。

【劳动经验链接】幼儿在制作、粘贴泥人五官的过程中，发展了对手部小肌肉的控制能力。

琪琪：你蘸一点水就能粘上去，我妈妈教我的。

很快就有小朋友完成了作品，教师引导他们就泥人的造型展开讨论。

老师：这些泥人都在做什么？你能看出来吗？

昊昊：他们在玩"立正"的游戏。

老师：你是怎么看出来的？

昊昊：他们的手都是垂下来的。

经过教师的引导，孩子们很快发现了问题，安装"手""脚"时，可以"上上下下折一折"，这样小泥人才能充满动态的趣味。

### 环节二：制作花瓶

正逢幼儿园家长半日开放活动，教师与孩子们商讨开放日亲子游戏的内容时，小哲提议要和爸爸妈妈一起捏泥。他的提议得到孩子们的响应，教师也觉得这是一个很棒的主意。

老师：我们和爸爸妈妈一起捏什么呢？

小哲：我们可以捏泥人。

苏苏：我们已经捏过泥人了，不能做一样的。

佳佳：我星期天去画画班的时候，那里的老师教我们用泥土做花瓶，我们也可以教爸爸妈妈做。

【劳动经验链接】促进探究（大胆联想、猜测并用适宜的方法探究和解决问题）、工具使用（运用或制作探究工具进行观察和操作）、手的小肌肉等能力的发展。

老师：怎么用泥土做花瓶呀？

佳佳：就是先把泥土放在手里揉成一个圆球，然后放在转盘上，用手捏出花瓶的样子，再用木刀把里面的泥挖出来……

老师：这是一个不错的想法！今天回去后，请你们先和爸爸妈妈商量一下，你们要做一个什么样的花瓶，把图纸画下来。

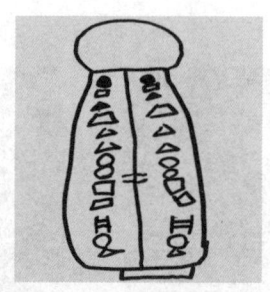

佳佳：我要做一个爱心花瓶送给妈妈，代表我爱她。

小哲：我要做一个圆圆长长的花瓶。

有制作花瓶经验的佳佳成了孩子们的"小顾问"，美工区中，大家围着她，尝试用小木刀在泥上"挖洞"。

  小右：哎呀，破了一个洞洞。
  佳佳：你要温柔地挖，要从中间开始。
  小哲：刚开始是圆形的，太用力，花瓶就扁了。

  孩子们储备了制作花瓶的经验后，终于迎来了和爸爸妈妈一起合作的时刻，孩子们化身泥艺小老师，将自己之前积累的泥塑经验与爸爸妈妈分享，从而在合作中不断深化经验。

3. 生成

### 环节一：小泥印

亲子制作活动结束后，孩子们在整理操作材料的时候，有了新的发现：

  茜茜：老师，泥土在桌子上留下了圆圆的印章。
  小哲：像一个笑脸。

  梦梦看见了，随手在"圆印章"的上面分别画了两根弧线："这是娃娃的头发。"

 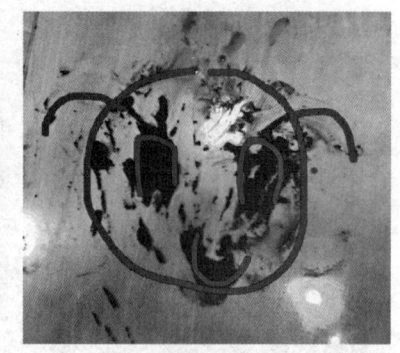

教师发现了，夸奖道："哇，你们的想象力真丰富！原来泥还可以做泥画呢！这可是新发现。"

  老师：画泥画前要做什么准备？
  茜茜：首先要准备泥和水。
  小左：还要有画画的地方。可以在我们美工区里做。

由于班级场地有限，我们在班级中开辟了一个小角落，作为幼儿进行泥水画的场地。在实践过程中，孩子们发现了问题：

  小辰：这个泥太黏了，墙上的泥总是"咬"着我的手。
  小席：用力捏。
  小辰：把湿的和干的混合。
  琪琪：把黏的和不黏的混合。
  小哲：少加一点水。
  佳佳：慢慢加水，水少了会干，粘不起来，水多了会流下去。
  老师：究竟加多少水合适呢？

教师为孩子们提供了一些工具书，请他们从书中找找答案。

  佳佳：五杯泥两杯水，搅拌好了就行了。

孩子们通过反复实验和验证，发现了土和水的合适比例，这也为接下来顺利进行泥水画创作提供了重要的保障。

> 【劳动经验链接】幼儿在和泥浆、抹泥画的过程中，"敲一敲""抹一抹""拉一拉"的能力得到发展。

  昊昊：我的手变成了一个刷子，上抹抹，下抹抹。
  佳佳：像雨刮器的刷子。
  昊昊：嘟嘟嘟，我的雨刮器转圈了！
  佳佳：你抹了一个大圆，像太阳。
  昊昊：太阳还要有光线，向上拉，向下拉，太阳成功啦！

很快,新问题产生了:

  小哲:老师,这块板画满了,画不下了。
  琪琪:要是能再大一点就好了。

**环节二:抹泥墙**

  由于教室空间有限,如果能在户外有一块能让孩子们肆意涂抹的泥墙,相信作品会更丰富。我们与园长室取得联系,获得了行政方面的支持,很快,户外泥墙完工了,孩子们拥有了更大的创作空间。

  由于场地大,孩子们需要的泥变得更多。

  琪琪:敲一敲,泥块变成泥粉啦!
  昊昊:加水,搅一搅,泥浆出现啦!
  小帆:可以用两只手转圈圈抹。乌云来了!还有点像太阳,用手掌拍出光线就更像了。

小右：看，一个小池塘，小鱼（树叶）游来游去。

## （四）幼儿劳动能力评估检核表

班级：_____  评价对象：_____  实施时间：_____

| 活动内容 | | 和泥玩游戏 | 评价等级 | | |
|---|---|---|---|---|---|
| | | | ★★★ | ★★ | ★ |
| 评价指标 | 劳动认知 | 1. 知道泥在生活中的用处，了解其生活和审美功能。 | | | |
| | | 2. 知道制作泥塑、泥画时，泥水的搭配比例。 | | | |
| | | 3. 认识玩泥工具的名称和基本使用方法。 | | | |
| | 劳动能力 | 1. 能运用绘画、图标等方式，画出相应的玩泥活动表征。 | | | |
| | | 2. 运用揉、捏、搓、刻、抹等动作技能制作泥作品。 | | | |
| | | 3. 能够将平面设计转化成立体造型，并加以艺术美化。 | | | |
| | 劳动思维 | 1. 能对自己的操作过程进行合理规划，按预设操作步骤进行劳动。 | | | |
| | | 2. 尝试通过了解工具书中提供的信息，调整自己的制作方法，修正自己的劳动行为。 | | | |
| | | 3. 能够将劳动的过程用语言、绘画等形式进行表达。 | | | |
| | 劳动情感 | 1. 克服心理障碍，愿意与泥玩游戏。 | | | |
| | | 2. 感受劳动人民的智慧，对劳动产生兴趣与期待。 | | | |
| | | 3. 通过用泥创造美的活动，对自己的劳动感到自豪。 | | | |

## （五）主题活动评估反馈表

**幼儿的学习在哪里？——涉及哪些学习领域？**

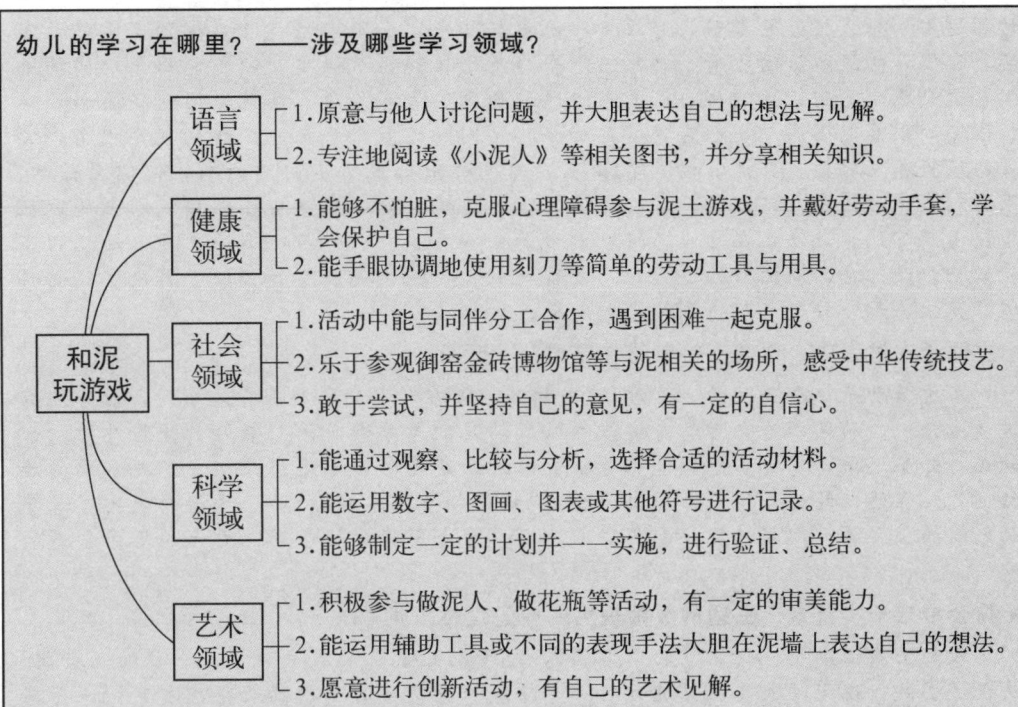

**幼儿的经验在哪里？——获得了哪些具有挑战性的新经验？**

挑战1：怎样做泥人？

新经验1：手指的配合能帮助我们制作泥人。

新经验2：粘不住的时候可以用些水。

新经验3：安装泥人的"手""脚"时可以"上上下下折一折"，这样小泥人更有动态趣味。

挑战2：泥太黏了，怎么办？

新经验1：用力捏。

新经验2：把湿的和干的混合。

新经验3：慢慢加水，水少了会干，水多了就会黏。

新经验4：通过阅读绘本《小泥人》，了解泥和水的配比：五杯泥两杯水。

**教师的反思与评价**

● 回顾课程，想一想：在主题选择上你学到了什么？这个主题为什么适合幼儿？

这个主题是由孩子的兴趣自然生发的，教师要积极关注幼儿生活中的兴趣点与随机行为。对于幼儿的自发行为，教师应采取鼓励与支持的态度，及时调整预设方案，帮助幼儿在直接感知、实际操作中培养最真实的情感，而不是通过虚无的预设来进行建构。

活动一开始，幼儿带着好奇与疑惑开始了博物馆之行，在记录与表达的过程中生长经验，最后"制作金砖"环节，更是将自己的经验与实际操作相结合，提高了手的劳动技能，孩子们在感受到博物馆展品的工艺美的同时，更初步体会到金砖背后蕴含的深厚历史文化。在探索过程中，泥人、花瓶涉及比较精细的局部制作，孩子们尝试协调运用手指、指尖等部位,专注投入地参与其中,小肌肉的灵活度得到了进一步发展。在偶发的泥印活动之前,幼儿的想象力及思维能力被激发,他们能用正确的词语来表达自己的思想,并能将自己的思想通过绘画的方式重现。同伴之间的交流和分享让他们的画面变得生动,语言变得更加丰富,同时还获得了来自同伴的观察视角,彼此的经验相互碰撞、交流。幼儿在和泥浆的过程中出现了不同的问题,他们在预测、求助和集体讨论中总结经验,并将同伴实践总结的经验运用到自己创作泥水画的过程中。由此可见,让幼儿在生活的情境中带着任务去操作、学习,有助于提升幼儿的经验水平。幼儿在不断操作的过程中,发现问题、讨论问题、总结经验、再次实验的科学探究能力和精神进一步得到提高和发展。

● 主题活动过程中,你的支持策略在哪里?

　　本次活动是一个美丽的"意外"。当幼儿沉浸在对泥的各种探索之中时,教师没有过多地介入,而是以聆听者的身份仔细倾听幼儿的想象和见解。教师的这份尊重,让幼儿打开了思维,发挥了想象。正是孩子们的细致观察和丰富想象生成了泥水画的后续创作。在适宜的时候,教师提出问题:"究竟加多少水合适呢?"支持幼儿去思考事物之间的因果关系,同时鼓励幼儿从工具书中寻求答案,给予幼儿更大的思维创造的空间。

● 你会给未来实施这一主题的教师提供哪些建设性意见?

　　教师应在活动中进行适宜的"退位",给予幼儿最大的自主权,放手让幼儿去想、去说、去做,但同时也要在关键时刻以参与者的身份及时帮助幼儿搭建支架,以不露痕迹的方式完善幼儿的经验体系,让幼儿在实际探索、操作中直接获取知识,积累经验,使得课程"活"起来,成为幼儿喜爱的学习方式。

　　后续可以让"泥土"这个生态资源充分展现它的生态价值,从生态方面继续挖掘教育资源,并建立层级式阶梯,使得不同能力水平的幼儿都能参与到活动中,并获得发展。

## 二、沙艺缤纷

### (一)主题活动由来

"今天想去户外哪个区玩呢?""沙水区!"孩子们总是异口同声、毫不掩饰地表达对沙子满满的热情与喜爱。爱因斯坦曾说:"对一切来说,只有热爱才是最好的老师。"就让这位名为"热爱"的老师,带着孩子们进入"沙"的缤纷世界吧!

### (二)主题活动脉络

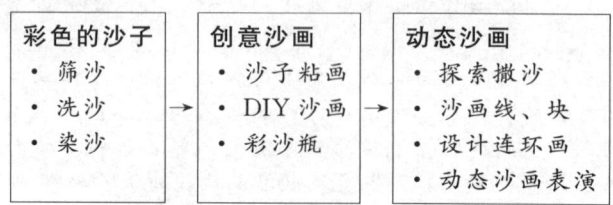

## （三）主题活动实录

### 1. 彩色的沙子

#### 环节一：筛沙

孩子们激动地奔向沙池，迅速挑选了工具，便三三两两开始游戏，有的在建造沙池花园，有的在堆堡垒，还有的在挖贝壳宝藏。有两个孩子在角落安静地做着什么，走近一看，他们正用树枝在沙上画画，可总是画完一会儿，图案就消失了。

子轩皱着眉头抬头问教师："老师，怎么回事呀，沙上的画一会儿就看不清了！"教师考虑了一下，说："应该是沙子里混的东西太多了，你看，有好多小石头和贝壳。"子轩问："那怎么办呢？"筱君大声说："我有办法！"

于是筱君去工具箱里找来一个蓝色的筛子，然后一只手拿着筛子，另一只手拿杯子装了大半杯沙子，再往筛子上倒，很多石头就被筛了出来。

子轩凑过来看了看，然后四处张望起来，忽然看到了什么，离开了。

筱君："哎？怎么还是有好多石头混在里面？"

宸宸被吸引了过来，蹲下一看，说："这个洞洞太大了！小小的石头都漏下去了。"

这时刚好子轩拿着一个黄色的筛子走了过来，筱君和宸宸凑过去看。

筱君说："这个黄色的洞洞更小，用这个。"于是三个人一起用黄色的筛子又筛了一遍。这次，更多的小石头被筛了出来。

宸宸问："老师，还有洞洞更小的筛子吗？"

教师顺应他们的需求，提供了孔更小的工具："那你们再用这些筛过的沙子来画画试试看吧！"

筱君高兴地说："好呀好呀！"

三个小朋友都想画，但筛过的沙子不够多，他们就自行又筛了一些出来。

果然，筛过的沙子变细腻了，在上面画画不会很快消失。

活动结束时宸宸说："老师，我想把这些筛过的沙子带回教室里去！"教师说："那好吧，你找个容器把它们装起来。"

### 环节二：洗沙

宸宸把沙子带回班级之后，引来很多孩子围观，大家都跃跃欲试，想在沙子上画一画。

玥玥几次试图挤到人群里面去画，未果，于是说："这个有什么好玩的，我奶奶带我去画的沙画是彩色的。"

涵涵道："我妈妈也带我去玩过！"俊俊也插话："我也去过，那里的沙子五颜六色的。"

宸宸听了说："那把这个沙子染个颜色不就好了？简单！"

于是宸宸跑来问："老师，我可不可以拿一下颜料？我想把这个沙子染成彩色的。"

在教师的帮助下，大家开始尝试染沙。浩浩拿来一只画画用的刷子，蘸了颜料，想给沙子涂上颜色，但沙子都粘到了刷子上。

鑫鑫提出来："我觉得这样不行，颜料太少了，应该要倒进去。"

孩子们表示认同。

把颜料倒进沙子，一阵搅拌之后，孩子们惊奇地发现："怎么看起来脏脏的……"

宸宸有点失望："这个蓝色看起来有点灰灰的。"

他们疑惑地看向教师。

教师说："可能是我们从沙坑里带回来的沙子太脏了。"

宸宸立刻说："那我们去把它们洗干净吧！"

在阿姨的帮助下，孩子们把沙子洗干净并进行了晾晒。

### 环节三：染沙

（1）颜料染沙

孩子们惦记着染沙子，每天跑到阳台上去看沙子干了没有。到第三天，沙子终于干得差不多啦，可以染沙子了！我们准备了各色颜料、几个小筐，还有搅拌工具。孩子们分工，各自染不同的颜色。

俊俊说："这个太干了，我觉得要加点水。"

依依附和："我也要加水。"

在得到教师的认可后，他们向小筐里加了些水，继续搅拌。搅拌均匀后就放到阳台，等它们晾干。孩子们期待着……

（2）蜡笔染沙

等颜料染的沙子干了之后，依依问："老师，这个颜色怎么淡淡的？"

涵涵有点失望："不如奶奶带我去玩的那个沙画的沙子好看。"

【劳动经验链接】幼儿在染沙过程中，将蜡笔刮碎、搅拌等，让手部动作得到了练习。

教师提议："那我们想想别的办法吧。"

经过上网查询，我们找到了用蜡笔染沙的方法。

第一步：把蜡笔刮成碎屑。

第二步：将蜡笔碎屑和沙子混合，倒水，搅拌。

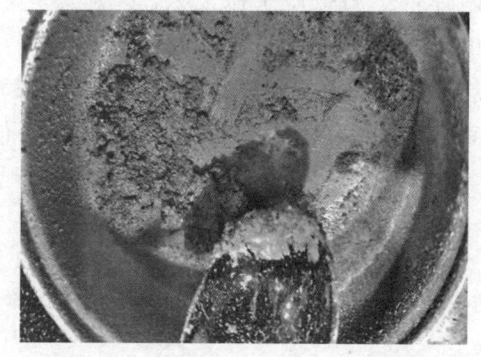

熙熙：啊，是不是又要等好久才能干？
老师：那有办法让它们干得快一点吗？
涵涵：用吹风机吹干。
玥玥：不行的，沙子要被吹掉的。
宸宸：老师我知道，上次（为了）让水蒸发（我们）学了加热！
老师追问：那我们可以怎么给它加热？
涵涵：用蜡烛烧。
老师：用蜡烛有火，太危险了，老师帮你们去找个电磁炉吧。

于是，孩子们去功能室借来了电磁炉。在教师的帮助下，孩子们将混合后的沙子进行加热。

第三步：用电磁炉加热，直至沙子干燥。

加热后搅拌，再加热，再搅拌……不久，我们成功啦！这次染的沙子颜色很鲜艳呢。那再用这个方法染些别的颜色吧！

2. 创意沙画

### 环节一：沙子粘画

周一早上，辰辰拿着一幅沙画兴致勃勃地向老师走去："老师，你看，昨天我和妈妈在商场里画的！"

有几个小朋友被吸引过来。依依问："哇，真好看，怎么画的呀？"辰辰回答道："就是把上面的纸撕掉，然后把沙子撒上去。"

玥玥说："我上次也玩了，可好玩了！"

其他孩子都投来羡慕的目光。辰辰说："我叫我妈妈来教你们！"

于是，我们邀请辰辰的妈妈做家长助教，带领孩子们揭开沙画的神秘面纱……

**环节二：DIY 沙画**

经过了沙子粘画的初步尝试，孩子们已经掌握了基本方法，为了不断调动他们的兴趣，教师为他们提供了白色纸盘、各色彩沙、白乳胶、铅笔、橡皮等，增加了活动难度——这次请孩子们自己来设计图案，DIY 沙画。

孩子们先设计图案。然后沿图案边缘勾线。再在图案上涂胶水。

孩子们首先使用白乳胶来粘沙子，但是发现有问题。

涵涵：老师，这个沙子倒不出来了，你看，它堵住了。

亚成：这个胶水一涂上去，就有点烂烂的。

溪溪：老师，怎么这个沙子凸出来，搞不平的？

孩子们的问题引起了教师的关注，于是决定调整材料。教师帮助孩子们收集了幼儿园里可以找到的有黏性的材料。

| 材料 | 优点 | 缺点 |
| --- | --- | --- |
| 白乳胶 | 方便涂抹 | 不易干、会让沙子变色 |
| 双面胶 | 平整、易干 | 曲线边缘不好贴 |
| 固体胶 | 平整、易干 | 容易遗漏部分区域 |

考虑了材料的优、劣势,最终我们选择固体胶做粘沙工具。继续创作吧!配色、抹沙,孩子们兴致勃勃。

更换了材料之后,沙画创作果然变得顺利起来,瞧,下面这些是孩子们的作品。

### 环节三:彩沙瓶

用沙子做的艺术品可不止平面沙画,当玻璃瓶遇上彩沙,会是怎样的魔法瞬间呢?邀请爸爸妈妈和我们一起来见证吧!

彩沙瓶是色彩堆叠的艺术,那应该怎样搭配颜色呢?

教师为大家提供了一种思路——提取大自然中不同场景的色彩,制作属于大自然的沙画瓶。

教师又提供了更多的材料:干花、纸条、皮筋、小贝壳等装饰品。在纸条上写上自己的心愿,用皮筋捆住,配上装饰品,就是好看的许愿瓶啦。一起看宝贝和爸爸妈妈大显神通吧。

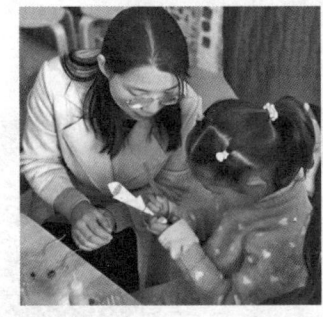

3. 动态沙画

子意：昨天我去喝喜酒，看到沙画表演，手一挥就出来一幅画，一挥又是一幅画，超厉害！

宸宸：真的吗？太神奇了吧！

孩子们都听得目瞪口呆。

子意：我妈妈还用手机拍下来了，我明天带来给你们看！

子意回家后，让妈妈把视频传给了教师，教师在班里播放，大家一起观看，孩子们不时发出感叹。

宸宸：老师，这个沙画怎么画的呀？我也好想学！

其他幼儿也纷纷表现出满腔的热情。想要练这样的动态沙画，首先需要一个从底下打光的仪器，幼儿园为我们提供了设备。可那天就是周末了，先让孩子们在家里尝试着学一学吧。

### 环节一：探索撒沙

周一清晨，亚成一大早就来到了幼儿园："老师，我想玩沙画。"教师帮他准备好了仪器和沙子。

亚成告诉老师："爸爸说，要先撒沙子。"于是，他抓起一把沙子开始了。

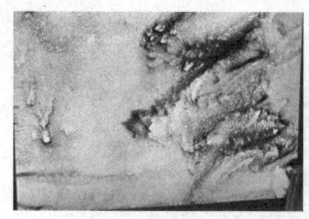 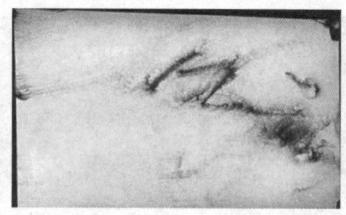 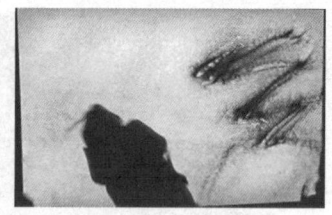

玥玥也来了,在旁边看了一会儿,说:"哎呀,我来教你吧。"

玥玥抓了一把沙子,握成拳头状,开始撒,亚成也学着她的样子撒,可是撒出来的沙子还是不均匀。

教师提醒:"你们相互仔细看一看,方法上有没有什么不一样的。"

 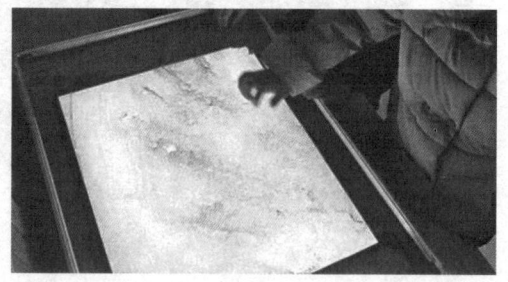

玥玥把拳心翻转向上,指着指缝说:"我的沙子是从这里漏出来的。不能一下子放开的。"她边说边演示。

于是,两个人开始一遍又一遍练习,在坚持不懈的练习后,沙子撒得越来越均匀了。

### 环节二:沙画线、块

学会了沙画的第一步撒沙,孩子们都跃跃欲试了。

刚开始,孩子们的作品普遍是由简单的线条构成的图案,沙子也撒得不太均匀。

通过不断观看视频学习、教师指导,孩子们慢慢地学会了结合线、块来画,撒沙的动作也愈发娴熟了。

【劳动经验链接】幼儿在沙画活动中,撒、抹等基础的手部动作得到了练习。

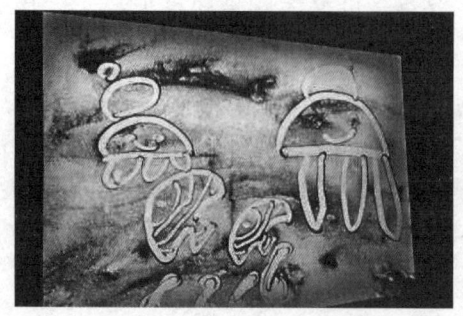 

**环节三：设计连环画**

蕾蕾：老师，动态沙画要怎么动起来呢？

为了让孩子们看得更清楚，教师将动态沙画的视频进行了慢放。

宸宸：原来就是一幅幅画连起来，就像我们画的连环画。

老师：对啦！那你们想画什么样的连环画呢？

近期我们学习了种子传播的知识，大家一致决定画《骑白马的苍耳》。先在白纸上设计图案吧！在教师的帮助下，孩子们画好了设计图。

 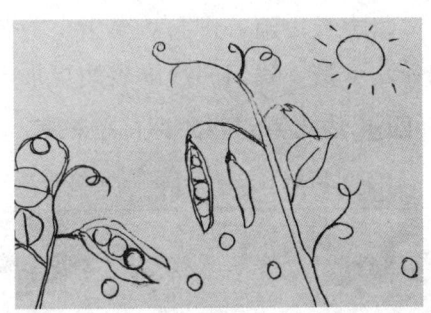

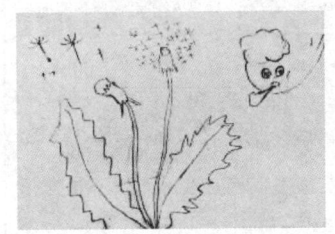  

**环节四：动态沙画表演**

前期准备工作都完成了，终于可以去沙画台上画啦。孩子们有的独自练习，也有的两两合作。

成成邀请他的好朋友欣蕾一起合作练习，两个人绘画功底都比较好，但也出现了一些问题，第一个场景就练习了好多次才成功。

老师：你们觉得失败的原因是什么呢？

成成：我的刺猬画得太大了，她的小兔子就画不下了。

欣蕾：我的兔子耳朵画得太搞笑了。

成成：我们刚开始没说好哪个她画哪个我画。

老师：那你们觉得怎样才能画得更好呢？

成成：回家多练习。

欣蕾：要记住设计稿上是怎么画的。

成成：还要在画之前先说好（分工）。

在教师的引导下，孩子们自己寻找问题所在，并思考解决，加上坚持练习与良好的配合，终于能把整个故事都画下来了。教师将他们画的过程录制成了视频，配上了背景音乐，放给其他小朋友看。

涵涵：哇，真棒！好厉害呀！

宸宸：他画的小刺猬真可爱。

溪菡边看边跟着讲起故事来。教师注意到了她的举动，干脆请她来给这段视频配音，于是，我们的沙画表演更加丰富多彩啦。

### （四）幼儿劳动能力评估检核表

班级：_____ 评价对象：_____ 实施时间：_____

| 活动内容 | | 沙艺缤纷 | 评价等级 | | |
|---|---|---|---|---|---|
| | | | ★★★ | ★★ | ★ |
| 评价指标 | 劳动认知 | 1. 了解动态沙画的艺术表现手法。 | | | |
| | | 2. 认识沙画表演的设备、材料等。 | | | |
| | | 3. 了解动态沙画的特点。 | | | |
| | 劳动能力 | 1. 掌握沙画撒、漏、划、抹等基本手法。 | | | |
| | | 2. 能用点、线、面及沙画的基本手法画单幅作品。 | | | |
| | | 3. 掌握画面结构与画面的转换、变化规律，画出多幅连续的沙画作品。 | | | |
| | 劳动思维 | 1. 通过运用自然材料，萌发对自然的热爱之情。 | | | |
| | | 2. 在讲述作品故事情节的过程中发展语言表达能力。 | | | |
| | | 3. 尝试在作画过程中大胆想象和创造，激发创造力。 | | | |
| | 劳动情感 | 1. 乐意向他人介绍并讲解自己的沙画作品。 | | | |
| | | 2. 享受沙画制作过程，感受经过努力获得的成就感。 | | | |
| | | 3. 体会多种材料组合创造的效果，从而提高艺术表现力。 | | | |

## （五）主题活动评估反馈表

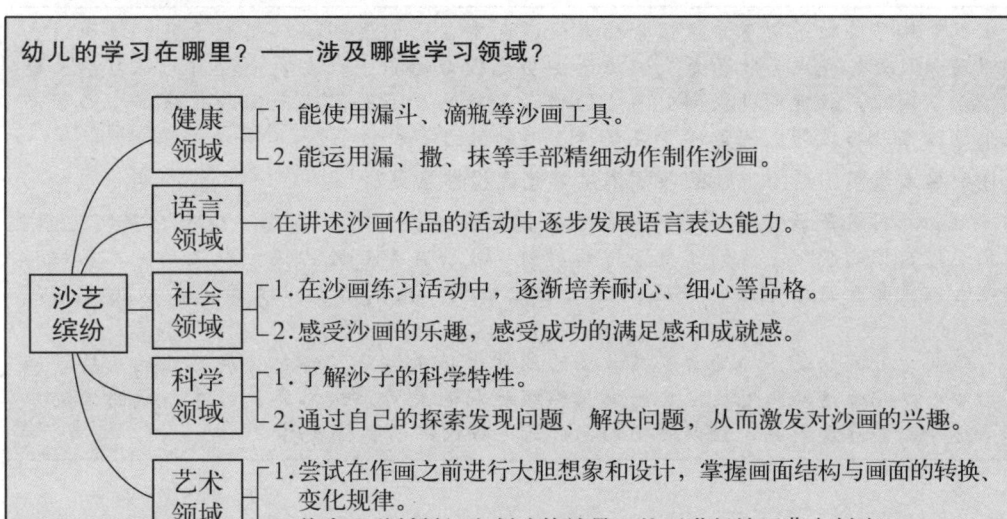

**幼儿的经验在哪里？——获得了哪些具有挑战性的新经验？**

挑战1：怎样才能将沙撒得均匀？
新经验1：拳头要握紧，不能一下子全部撒出。
新经验2：一定要多多练习。

挑战2：怎么让沙画动起来呢？
新经验1：动态沙画是一幅幅画连起来，就像连环画。
新经验2：可以先把自己想要表现的故事在纸上画好设计稿。

挑战3：怎样让两个人的沙画合作得更流畅？
新经验1：在开始之前分配好各自的任务。
新经验2：在正式拍摄前进行多次合作练习。

**教师的反思与评价**

● **回顾课程，想一想：在主题选择上你学到了什么？这个主题为什么适合幼儿？**

　　沙画因其难度及艺术高度，很少在幼儿园课程中涉及，因此，选择这个主题活动，教师也比较忐忑，害怕幼儿会没有耐心。正如古话所说："台上三分钟，台下十年功。"一次成功的动态沙画表演的背后是无数次的"跌倒再爬起来"。有些孩子在第一步撒沙时就已经急躁难耐，几次不成功就放弃了；有的孩子在探索绘画手法时满足于简单的用手指画线条，而不愿意静下心来探索、学习更多的方法；也有的孩子设计图稿时因为绘画水平有限而遇到重重困难……能坚持到最后表演前练习环节的孩子已寥寥无几。这个活动需要孩子对动态沙画保持足够的兴趣，拥有坚持不懈的毅力，因此，沙画主题活动既反映了幼儿的工艺劳动技能，更反映了幼儿的劳动品质与坚持性。

● **主题活动过程中，你的支持策略在哪里？**

　　动态沙画总体分为四大步骤：撒沙——学习绘画手法——设计图稿——沙画表演。每一步都不是一蹴而就的：看似简单的撒沙，如何撒得均匀，就需要不断地探索，寻找适合的方法。孩子们在学习撒沙的过程中，相互学习、交流，不断总结经验，反复尝试，才逐渐掌握方法。从设计图稿到沙画表演，也是一个漫长的过程。那教师能做

续表

什么呢？除了给孩子留下自主探索的空间，也要在他们遇到困难想要放弃时给予适当的帮助和鼓励。成成和欣蕾是我们班绘画功底较好的孩子，在表演之前的练习中也遇到了诸多困难，教师通过提问引导他们思考失败的原因和解决问题的方法，从而帮助他们总结经验与技巧，他们终于在坚持不懈的努力下成功了。

● 你会给未来实施这一主题的教师提供哪些建设性意见？

最初的材料是教师为孩子们准备的，但在孩子操作的过程中发现有材料不适用，他们通过自己的尝试寻找到了更合适的材料。或许在今后进行该主题活动时，各种材料也可以让孩子自己寻找、准备，在这个过程中，孩子们可以收获很多意想不到的东西。

除此以外，幼幼互动的力量在沙画的创作过程中也是不可忽视的，让幼儿给予幼儿力量，幼儿带动幼儿发展，共同摘取那颗胜利的果实。这需要教师在今后的活动中更多地予以关注和引导，让幼幼互动也成为一种很好的支持策略。

## 三、泥浮雕

### （一）主题活动由来

浮雕作品风格古朴，画面栩栩如生，实用性上贴近生活，浮雕工艺品也便于保存与收藏、展示。有一次，孩子们在欣赏仿铜浮雕作品时，产生了浓厚的兴趣，萌发了制作仿铜浮雕的欲望。《指南》中提出，教师要理解幼儿的学习方式和特点，珍视游戏的独特价值，最大限度地支持和满足幼儿通过直接感知、实际操作和亲身体验获取经验的需要。因此，我们开展了本次活动。

### （二）主题活动脉络

| 兴趣由来 | 材料准备 | 制作仿铜浮雕 | "琢琢"其华，与我"铜"行 |
|---|---|---|---|
| · 确定制作内容<br>· 泥从哪里来？<br>· 泥里有什么？ | · 第一次尝试<br>· 第二次尝试<br>· 和泥成功 | · 探索制作方法和制作工具<br>· 制作浮雕 | · 打卡认证<br>· 艺术浸润童心 |

### （三）主题活动实录

1. 兴趣由来

**环节一：确定制作内容**

新年将近，社会性活动"属相的故事"告一段落，乐乐从家里带来了一只外表有浮雕图案的碗。

思思：这碗上有什么呀？

嘉泽：是十二生肖呢。

佳昊：哇，我摸过了，这些图像都是凸出来的。
乐乐：是啊，所以我爷爷说这是浮雕。
妃妃：那新年快到了，我们也能做十二生肖浮雕吗？
哲宇：改天去印刻吧里试一试！
丝丝：对，以前我们在印刻吧印刻过陶泥，印刻吧里有许多工具能帮我们。

孩子们通过讨论，萌发了制作铜浮雕的欲望，他们知道可以去印刻吧里寻找材料及工具。

【劳动经验链接】在确定制作内容的过程中，孩子们通过讨论与交流，初步形成倾听他人意见的习惯，在倾听后，孩子们也能够各抒己见，充分发表自己的想法与意见，因此，这个环节也体现了幼儿自我意识及主观能动性的逐步增强。

**环节二：泥从哪里来？**

孩子们来到印刻吧，发现陶泥不多了，不够制作十二生肖。

澄澄：只剩一点泥了，怎么办？
沐恩：可以让老师买一点。
欣怡：我有个办法，去外面种植园地挖一点。
湉湉：我同意，还省钱。需要什么工具呢？
子琦：小桶、铲子。

孩子们通过讨论，得出挖泥补充材料的想法，他们准备好工具后来到了种植园地。

强强：我这儿的泥好硬，挖不动。
艺可：我发现了，强强你那里的泥一直被太阳照着，都干了。
强强：你瞧，干干的泥土捏在手里一会儿就碎了。
朵朵：我这里的泥好黏，全粘在铲子上了。
涵涵：我和朵朵这里的泥里都是树根。
朵朵：湿湿的泥土好软呀，黏黏的，还能捏出各种形状。
小王：不一样的地方，泥都不一样呢。

多多：对，颜色不一样，有的地方（颜色）深，有的地方（颜色）浅。

【劳动经验链接】大自然就是孩子最好的老师，无声地欢迎孩子们开展科学探索活动，孩子们乐在其中，并自主探索大自然的奥秘，在探索中也收获着各领域的知识。

**环节三：泥里有什么？**

丽丽：我挖得很深，看，有蚯蚓！

阳阳：我还挖到了石头。

天天：还有植物的根像胡须一样，很多。

小蓝：泥土里有很多草。

小红：还有西瓜虫、蚂蚁呢。

泥土里除了这些还会有什么呢？孩子们回家与爸爸妈妈进行调查研究，并完成了调查表。

程程：原来有些蔬菜的果实就长在泥土里，比如我们吃的红薯、芋艿、胡萝卜。

小恒：泥土还是很多小动物的家，蚂蚁、蚯蚓、西瓜虫、鼹鼠，等等。

小强：泥土里还有沙子、石头呢。

青青：现在泥土里还多了塑料、

纸片这些垃圾。

乐乐：大家乱扔垃圾会让泥土被污染。

思思：对啊，现在都垃圾分类了，我们一定要好好扔垃圾。

多多：我们可以做宣传单，让大家一起给垃圾分类，不乱扔垃圾。

> 【劳动经验链接】经历了挖土劳动，幼儿开展了讨论和反思，从而萌发了保护环境、绿色生活的意识。

2. 材料准备

### 环节一：第一次尝试

挖好泥土后孩子们回到教室，他们回忆起在印刻吧里印刻泥巴的过程，首先确定了和泥、摔泥等步骤。

雨辰：有些泥是一块一块的，有些泥是松散的。

今今：为什么我们一起挖的泥有散的，也有一块一块的呢？

佳昊：肯定和泥土的干湿有关系，干的就是散的，湿的都粘在一起。

通过观看"显微镜下的泥土"视频，孩子们找到了答案：颗粒状的土水分少，块状土水分多。如果想让颗粒土变黏，就要往里面加水，就像和面一样。

烨辰：那怎样才能把泥和成印刻吧里的黏土一样呢？

明明：用力捏捏可能就会变成块状。

悠悠：加点水试试，然后捏捏。

朵朵：湿的和干的混合，就像和面团一样。

小红：把黏的和不黏的混合。

孩子们讨论出许多不同的和面方法，然后一一尝试，发现加水比较容易让土变软、变黏、变湿。

童童：刚刚我们组一下子倒太多水，泥巴太稀了，失败了。

小红：我们组是慢慢倒水的，一点点来，和出来的泥巴（黏性）刚刚好。

东东：我这块土变软了，但是里面有好多小石子，捏的时候（手）有些疼。

丝丝：我的泥块里面还有小树枝，刚刚我不小心，树枝都戳到我了。

乐乐：所以和泥的时候我们可以用工具搅拌。

小蓝：在和泥前需要把没用的东西先挑出来。

子琦：我在电视里见过和泥后要摔泥。

佳佳：那我们也来试试摔泥。

【劳动经验链接】在不断摸索的过程中，幼儿主动总结规律与反思，有自主解决问题的主观能动性与积极性，锻炼了独立自主意识，发展了团结合作能力。

通过第一次尝试，孩子们总结经验如下：1. 和泥前需要过滤泥土。2. 和泥加水要慢慢加，切忌一下子加太多。3. 和泥到一定程度可以进行摔泥。

### 环节二：第二次尝试

有了第一次的经验后，第二次尝试和泥前，孩子们首先做去杂质的工作，他们有的选择筛子过滤，有的选择用手挑出杂质。杂质挑完了，又开始和泥。这一次大家都很小心，一点点慢慢加水，不够再加。

嘉泽：我的泥土一直扒在地上，都弄不干净。

佳昊：我的很干净，摔在地上很容易拿起来。

心妍：我的黏土在地上留下了圆圆的印子。

东东：我的泥一摔，溅得到处都是。

参与第一次尝试的孩子们回应这些问题。

童童：你们水肯定加多了。

小红：对，要一点点加水，不能一下子加太多。

丝丝：水少会干，泥粘不起来，水多就太黏了。那到底多少水是刚刚好呢？

【劳动经验链接】在解决问题的过程中，幼儿初步感知可以通过阅读等方式借鉴经验，并萌发阅读绘本的兴趣。

孩子们通过采访奶奶了解和面团时加水的比例，还阅读绘本《小泥人》，得到了答案，原来五杯泥需要加两杯水，而且要慢慢加。于是他们迫不及待开始第三次尝试。

**环节三：和泥成功**

经过上两次失败的尝试，孩子们通过采访家长、交流经验、阅读绘本等方式，初步感知和泥成功的秘诀——与加水量、加水方式有关。因此，在第三次尝试时，孩子们分外小心，终于获得了成功。

朵朵：这次的泥巴软软、黏黏的，刚刚好，就像超轻黏土。

乐乐：哇，终于成功啦！这次摔泥没有溅开来。

小强：对呀！还好没有放弃！

小蓝：和泥可真累呀！

小红：是啊，工地上的工人叔叔们也需要和水泥，他们每天都这么辛苦。

【劳动经验链接】幼儿对于自己制出的泥巴格外珍惜，在后期制作作品时能坚持不浪费、不糟蹋，也懂得了要珍惜劳动人民的劳动成果。

3. 制作仿铜浮雕

**环节一：探索制作方法和制作工具**

制作仿铜浮雕的基本材料有了，孩子们撸起袖子准备大干一场。可是，这回他们又遇到了两个难题，孩子们迅速展开"头脑风暴"。

问题1：铜浮雕都是金色的，泥土是棕色的，怎样才能让泥土变成金色的呢？

铭铭：我奶奶在家做过彩色的汤圆，她把蔬菜的汁和面团揉在一起，面团就变

【劳动经验链接】幼儿愿意表达自己的需要和想法，必要时能配以手势动作。

成了绿色。

　　羿羿：那我们也把金色的颜料和泥揉在一起吧！

　　然然：我家在装修，我看到工人叔叔把油漆刷在墙上，墙就变颜色了。

　　洋洋：我觉得可以把颜料直接刷在作品上。

孩子们想到了"和颜料"和"刷颜料"两种方法，哪种方法更合适呢？我们决定动手试一试。

　　"和颜料"组：哎哟哎哟，揉泥巴可真费力。

　　"刷颜料"组：我们可一会就刷完了。

　　"和颜料"组：你们的颜料会刷到外面去。

　　"刷颜料"组：可是我们刷得很均匀。

| 组别 | 便利性 | 美观性 |
| --- | --- | --- |
| "和颜料"组 | 费时费力 | 颜色不鲜艳，上色不均匀 |
| "刷颜料"组 | 省时省力 | 颜色鲜艳，但容易涂到旁边不需要涂的地方 |

"刷颜料"组的方法既省力，效果又好，最终，我们决定用"刷颜料"的方法让泥变成金色。

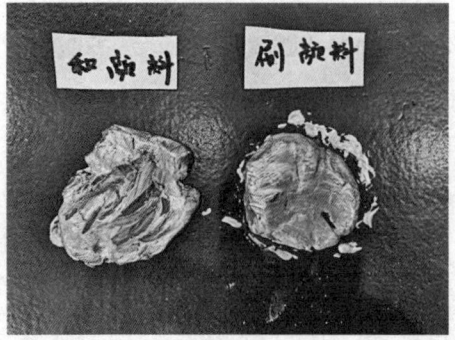

【劳动经验链接】幼儿对感兴趣的事物能仔细观察，发现其明显特征，能用多种感官或动作去探索物体。

问题2：我们该把作品制作在哪里呢？

鑫鑫：我们可以把浮雕做在泥工板上。
洋洋：美工区展示作品的纸板上也可以。
老师：哪一样更合适呢？
铭铭：我们来试一试不就知道了。
然然：泥工板是软软的，站不直。
玥玥：泥土里有水，纸板沾了水就烂了。

通过试验，孩子们发现泥工板容易变形，纸板不防水，用起来都不太方便。看来得找一样既不易变形又防水的东西。

老师：我们去美工区、材料超市找一找适合的材料吧！
翔翔：你们快看，美工区里画水墨画垫的板可以吗？
老师：这是KT板。
晨晨：让我来摸一摸。这块板硬硬的，一定很牢固。
妍妍：我们画水墨画的时候也会沾到水，这块板还能防水呢！

"哪种材料最合适"引起了孩子们热烈的探讨，最后经过防水性、牢固性实验等对比，他们找到了最适合作为浮雕作品底板的材料：KT板。

解决了这两大难题，孩子们很快总结出泥制铜浮雕的制作方法和工具。

晨晨：我们先把作品的样子捏在KT板上。
懿懿：然后再刷上金色的颜料。
老师："捏出作品的样子"叫作塑形，"刷上金色颜料"叫作上色。我们需要用到哪些工具呢？
芝漪：塑形要用到泥和KT板。
鑫鑫：还有印刻吧里的木头小刀也用得到。
然然：上色需要金色的颜料，还有刷子。

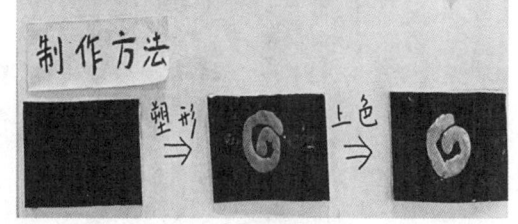

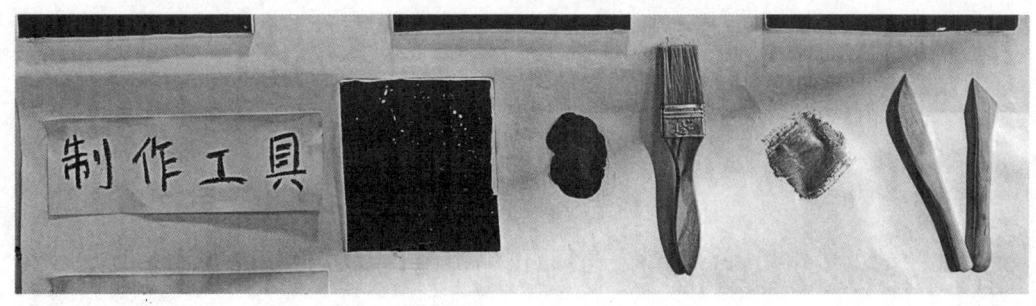

**环节二：制作浮雕**

马上就是家长开放日了，孩子们决定在家长开放日这天和爸爸妈妈一起制作仿铜浮雕。

老师：你们想做一幅什么样的作品呢？
芝漪：我想做一只蝴蝶。
鑫怡：我想做一束漂亮的花。
特特：我们先把图纸画下来，再请爸爸妈妈帮帮忙吧！

孩子们将揉、捏、卷、搓、贴等技能与泥相结合，打开想象的空间，自由创作，在一揉一捏间，塑造着天马行空的作品。

阳阳：揉呀揉，揉出一个小圆子，这是蝴蝶的眼睛。
晨晨：做细细长长的花茎，要像搓面条一样。
特特：把长长的面条卷一卷，就变成狮子卷卷的头发了。

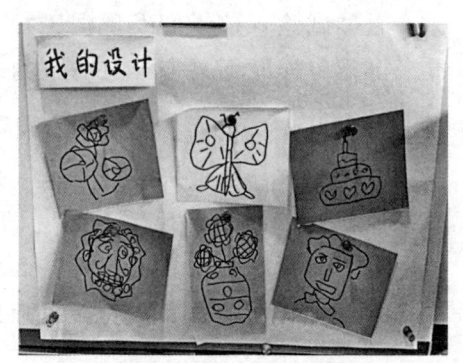

【劳动经验链接】幼儿能用多种工具、材料或不同的表现手法表达自己新鲜的感受和想象。

爸爸妈妈和孩子们八仙过海，各显其能，一幅幅生动有趣的作品诞生在他们的巧手下。刷上金色的颜料，立刻变得熠熠生辉。

懿懿：哇！泥浮雕变成铜浮雕了。
阳阳：我们等作品晾干吧！

4."琢琢"其华，与我"铜"行

**环节一：打卡认证**

幼儿园的展览馆里展示着孩子们的仿铜浮雕作品，他们互相欣赏着、介绍着。只是，有一幅作品似乎有些奇怪。

轩轩：这是什么呀？长得好奇怪，鼻子上还有一个大圈。

阳阳：有点儿像狮子，又不太像狮子。

妍妍：这是窦窦的作品，我们请他来介绍一下吧！

窦窦：我和妈妈一起做了一个门环，是一只大狮子。

铭铭：我好像见过这样的门环。

> 【劳动经验链接】幼儿欣赏艺术作品时能产生相应的联想和想象，还进一步了解了当地有代表性的物产或景物。

原来我们身边有不少铜雕艺术作品，于是我们发起了"'琢琢'其华，与我'铜'行——寻找生活中的匠铜艺术"这一活动，孩子们和爸爸妈妈一起走街串巷，虞城（常熟）的每个角落里都留下了他们打卡认证的身影。

声声：我去了兴福寺，兴福寺的大门上、香炉上有铜刻成的狮子。

泰梓：我也去了兴福寺，我看到了一条铜刻成的鱼。

特特：我去了聚沙公园，里面有一把铜剑呢！

琪琪：我在雕塑公园看到一口大钟，上面刻着好多字。

**环节二：艺术浸润童心**

大家热火朝天地讨论着自己找到的匠铜艺术品，阳阳却一言不发。

老师：阳阳，你去哪里打卡了呀？和小朋友们说一说吧。

阳阳：我找到的十二生肖铜首在圆明园，可是妈妈告诉我，圆明园里的铜首很久以前就被外国人抢走了，所以我去电脑上打卡了。

晨晨：太可惜了！原来用铜雕刻的艺术品还藏着这些故事呢！

妍妍：我们要让现在的艺术品好好被保护起来。

泰梓：我们可以自己来做一做十二生肖铜首吗？

轩辕宝剑开疆辟土，后母戊鼎殷殷香火，太湖神鼋守护一方……古往今来，匠铜艺术依旧流光溢彩，传承不息。孩子们用眼睛捕捉生活中的符号，用双手擦亮艺术品，他们的工艺劳动探索未完待续……

> 【劳动经验链接】孩子们对铜雕作品的探索意犹未尽，交流着自己的所见所闻和所思所想，充分展示自我、表现自我，进一步加深了对铜雕作品的认识，用心地感受工艺劳动的魅力以及它背后所蕴含的深厚文化底蕴。

**（四）幼儿劳动能力评估检核表**

班级：_____ 评价对象：_____ 实施时间：_____

| 活动内容 | | 泥浮雕 | 评价等级 | | |
|---|---|---|---|---|---|
| | | | ★★★ | ★★ | ★ |
| 评价指标 | 劳动认知 | 1. 感知陶泥柔软、便于塑形等特性。 | | | |
| | | 2. 了解制作仿铜浮雕先塑形、后上色的基本方法。 | | | |
| | | 3. 知道刻刀、刮刀、针锥、刷子等陶艺工具的基本使用方法。 | | | |
| | 劳动能力 | 1. 运用揉、捏、搓、压、刻等动作技能进行塑形。 | | | |
| | | 2. 能用刷子对作品中的细小部分进行上色，手部动作灵活。 | | | |
| | | 3. 能够发挥想象和创造力，塑造自己喜欢的作品形象。 | | | |
| | 劳动思维 | 1. 能用较连贯的语言向同伴介绍制作仿铜浮雕的过程和自己的作品。 | | | |
| | | 2. 在爸爸妈妈的帮助下制作仿铜浮雕作品，制作过程中有自己的想法和思考，不过于依赖成人。 | | | |
| | | 3. 制作仿铜浮雕时积极投入，认真专注。 | | | |

续表

| 活动内容 | | 泥浮雕 | 评价等级 | | |
|---|---|---|---|---|---|
| | | | ★★★ | ★★ | ★ |
| 评价指标 | 劳动情感 | 1. 劳动过程中乐于进行尝试和探索。 | | | |
| | | 2. 遇到困难不气馁，能够想办法解决，无法解决时能够寻求成人的帮助。 | | | |
| | | 3. 感受制作仿铜浮雕作品获得的快乐，作品完成后有一定的成就感，对生活中的铜雕艺术感兴趣。 | | | |

（五）主题活动评估反馈表

幼儿的学习在哪里？——涉及哪些学习领域？

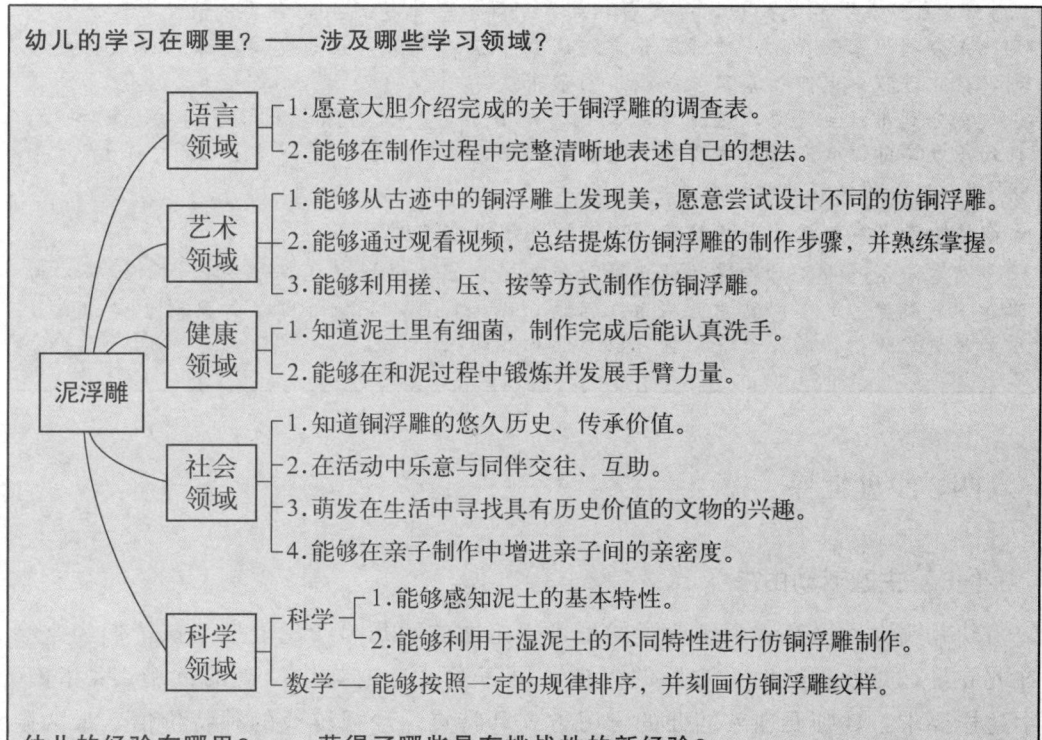

幼儿的经验在哪里？——获得了哪些具有挑战性的新经验？

挑战1：如何发现铜浮雕的造型特点？

新经验：大量收集铜浮雕作品的照片并观察，总结出铜浮雕的基本特点。

挑战2：如何制作仿铜浮雕？

新经验1：通过自己尝试制作，发现仿铜浮雕不容易固定，从失败中汲取经验，发现问题，然后尝试解决问题。

新经验2：知道仿铜浮雕的基本制作步骤，并能掌握基本制作技能。

**教师的反思与评价**

- 回顾课程，想一想：在主题选择上你学到了什么？这个主题为什么适合幼儿？

从小小的铜浮雕碗延伸到古迹中的铜浮雕，主题的选择可以从点延伸到面，主题切入点可以是小的，但必须是孩子们感兴趣且富有探究意义的，要能够使孩子们持续探究，并给予孩子不同层次的经验。

铜浮雕是有久远深厚的历史文化背景的，铜浮雕的不同造型也有着不同的寓意，孩子们对于千姿百态的铜浮雕有着浓厚的兴趣，走访名胜古迹寻找铜浮雕的过程也是发展孩子观察能力的过程。

- 主题活动过程中，你的支持策略在哪里？

带着"让孩子走在前"的教育理念开展系列活动。教师让孩子想象、猜测在前，并要求他们与爸爸妈妈一起填写相关记录表，然后引导他们带着自己的想法开展实践探索，去验证想法；孩子们的实验探索结束后，教师还积极帮助孩子总结归纳，梳理"泥土里有什么"相关知识，并适当拓展，引导孩子感受泥土的重要价值。

充分利用家长资源。呼吁家长走进课程中来，有了家长的支持，课程开展得更顺利，在此过程中也能加深家长与孩子的亲密度。

充分利用社会资源，进一步挖掘铜浮雕背后的文化底蕴。教师跟随幼儿的脚步，让幼儿在实际探索和亲身体验中直接获取知识，积累经验，发挥"自由""自主""愉悦""创造"的课程游戏化精神。

- 你会给未来实施这一主题的教师提供哪些建设性意见？

在本次活动中，对铜浮雕的历史价值及不同寓意的探究还不够深入，后续可以着眼于不同铜浮雕的不同寓意开展系列活动，比如，可以从铜浮雕延伸到对十二生肖兽首的历史文化价值的认识，教师可以与幼儿共同深入挖掘。

## 四、沙盘世界

### （一）主题活动由来

幼儿园大厅里有一个毕业了的哥哥姐姐做的幼儿园沙盘模型，孩子们经常会在此驻足，对沙盘产生了浓厚的兴趣，更萌发了自主制作沙盘的欲望。《指南》中这样要求：教师要理解幼儿的学习方式和特点，珍视游戏的独特价值，最大限度地支持和满足幼儿通过直接感知、实际操作和亲身体验获取经验的需要。因此，我们从孩子们的交谈中捕捉教育契机，生成了本次活动。

### （二）主题活动脉络

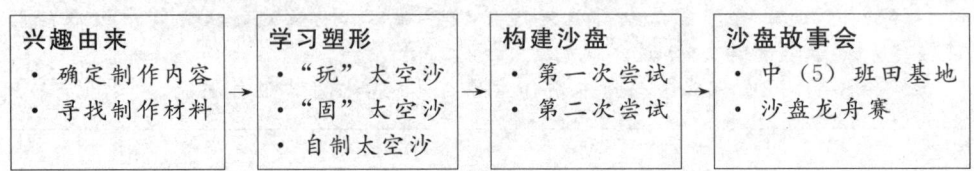

## （三）主题活动实录

1. 兴趣由来

### 环节一：确定制作内容

在游乐农场观察照顾植物时，乐乐突然说："我见过一种很特别的农田，你们肯定都没有见过。"其他孩子听了，一半不服气，一半好奇。于是，第二天乐乐从家里带来了一张照片。

思思：图片上的是什么呀？

嘉泽：像一级一级台阶一样。

乐乐：这是我以前去云南旅游的时候拍的照片，上面有台阶一样的梯田。

妃妃：为什么和我们这里的农田不一样呢？

> 【劳动经验链接】由一张照片引发了关于梯田的讨论与交流，幼儿在这一过程中各抒己见，主动萌发了制作梯田沙盘的想法。

乐乐：因为那里都是山，我们这里都是平地，梯田可以节省地面。

丝丝：哇！好神奇！我们能不能也来造一块梯田呢？

琪琪：不如就把梯田做成沙盘吧！

孩子们通过讨论，萌发了制作沙盘的欲望，他们确定了本次制作的内容为梯田。

### 环节二：寻找制作材料

用什么材料制作沙盘呢？孩子们产生了分歧。

特特：沙盘当然要用沙子做呀！

琦琦：我们以前在沙池做过城堡，幼儿园里有好多沙子。

乐乐：我们做铜浮雕也用了泥呀！

朵朵：我们做的是梯田，梯田当然要用真的泥土做。

涵涵：泥土里有营养，我们的梯田还能长出真的植物。

孩子们谁也说服不了谁，于是，他们决定找来沙子和泥土试一试，找到最佳的制作梯田的材料。

泥巴组的尝试——

澄澄：湿湿的泥土好软呀，黏黏的，还能捏出各种形状。

鑫怡：干干的泥土捏在手里一会儿就碎了。

悠悠：加点水试试，然后捏捏。

> 【劳动经验链接】肉眼可见的材料都能成为幼儿探索的对象，在与材料的互动中幼儿迸发出无限可能。在大胆表达自己的意见的同时，两两比较这样的科学探究也在进行着。根据活动的需要，孩子们自发寻找新材料、寻求解决问题途径的过程就是他们各方面能力发展的过程。

朵朵：湿的和干的混合，就像和面团一样。

沙子组的尝试——

滔滔：沙子一捏就从手指缝缝里逃走了。

子琦：加点水，让干沙子变成湿沙子。

乐乐：要一点一点加，沙子太湿了也不行。

通过尝试，孩子们发现一定湿度的泥土和沙子都具有可塑性，他们很欣喜，打算用两种材料制作梯田沙盘，进行 PK。

可是，到了第二天……

涵涵：不好，我们的沙子都散了！

朵朵：我们的泥土也裂开了！

茗茗：这是怎么回事？

欣欣：我们昨天在泥土和沙子里都加了水，水不见了！

靖懿：我知道，是水蒸发了。

原来，泥土和沙子里的水分蒸发后，泥土会龟裂，沙子会失去黏性，显然，沙子和泥土这两种材料都不适合用来做沙盘。

制作沙盘究竟应该用什么材料呢？幼儿园大厅里，有老师和以前的哥哥姐姐做的幼儿园的沙盘，茗茗提议去那里找一找，看看有没有一种不会干掉的材料。

靖懿：哎？这里铺的什么？

歆歆：摸起来有点像沙子。

琦琦：又有点软软的、黏黏的，像泥土。

洋洋：还能捏出形状，我感觉像橡皮泥。

老师：它的名字叫太空沙。

轩轩：太空沙不会干掉，我们用太空沙做沙盘吧！

2. 学习塑形

### 环节一："玩"太空沙

孩子们展开想象，自由创作，尝试用太空沙塑造丰富多彩的作品。

思思：太空沙像泥，软绵绵的，还可以捏成各种形状。

夕夕：也像沙池里的沙子，可以在上面画画。

乐乐：还可以用模具做出漂亮的造型。

琦琦：把太空沙像拉拉面一样拉开，它们又变成了沙子。

懿懿：重新把沙子揉在一起，又变成泥了。

老师：是的，太空沙既像泥，可以捏成各种形状，具有可塑性，又像沙一样会散开，具有流动性。

【劳动经验链接】幼儿在自由探索的过程中进一步了解太空沙的特性：既具有泥的可塑性，又具有沙的流动性。他们在劳动体验中思考、感知、行动，运用多种工具、材料或不同的表现手法来表达自己的想象与感受。

### 环节二："固"太空沙

孩子们乐此不疲地用太空沙进行堆砌、垒高、延长等操作。堆着堆着，他们发现了新的问题。

思思：为什么总有些太空沙会碎呢？

夕夕：而且一点都不平。

阳阳：能不能加点水？

懿懿：不行不行，水会蒸发的！

阳阳：那胶水呢？

思思：也不行，加了胶水会很黏手的。

【劳动经验链接】幼儿尝试用多种感官和动作去探究具体事物，发现问题后，会寻找解决方法。当他们得知"按"比"捏"更容易塑形时，主动寻找工具，将撒、按、拍、压、推、切等技能与太空沙相结合，最直接、最真实的劳动经验得到进一步升华。

夕夕：我们去看看其他小朋友是怎么堆的吧！

孩子们发现自己的作品凹凸不平，还很容易碎，决定暂停一会儿，先去其他组取取经。

思思：你们看，他们是用手掌按的，我们也去试试吧！

夕夕：哇！用手指捏容易碎，而且会有手指印，用手掌按就不会。

懿懿：我们的手好小，如果手再大一点就好了。

阳阳：有没有工具可以帮帮忙？

夕夕：去印刻吧找找吧！

思思：我找到了，拍泥板又大又平。

阳阳：刮板说不定也有用！

孩子们在一处凹凸不平的表面撒上太空沙,然后用手掌和工具将其按压、拍打平整,再用刮板把多余的太空沙切去、推平。一次又一次练习中,他们撒、按、拍、压、切、推等手法逐渐娴熟。

**环节三:自制太空沙**

孩子们正准备撸起袖子大干一场,却发现印刻吧里没有多余的太空沙了,不够制作梯田。他们通过讨论,提出自制太空沙的想法。

澄澄:只剩一点太空沙了,怎么办?

沐恩：可以让老师买一点。

欣怡：我们以前做过陶泥，太空沙可以自己做吗？

乐乐：需要哪些材料呢？

夕夕：我们请爸爸妈妈和老师帮忙查查资料吧！

【劳动经验链接】幼儿通过查阅资料，了解到制作太空沙的材料和配比，并准备了原料。他们亲身经历制作太空沙的劳动过程，对自己做出来的太空沙格外珍惜，在后面制作作品的过程中也坚持不浪费、不糟蹋，萌发了珍惜劳动产物的情感。

(1) 材料准备

主料：沙子、玉米淀粉、油若干。

辅料：杯子、搅拌棒。

 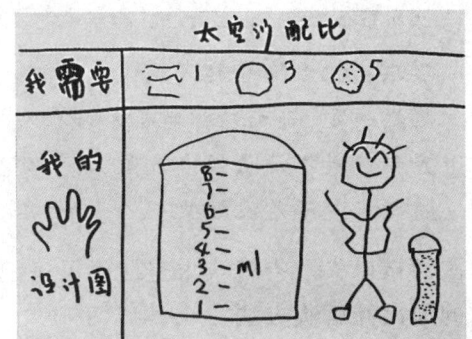

(2) 制作过程

琦琦：应该放多少沙子，多少淀粉，多少油呢？

乐乐：我和爸爸妈妈查到了资料，5份沙子，3份淀粉，1份油。

歆歆：一份是多少？

夕夕：我们可以拿个水桶，在水桶上画条线，写上数字。

茗茗：我知道我们班的科学区里有量杯，用那个也可以。

3. 构建沙盘

环节一：第一次尝试

(1) 绘画平面图纸

孩子们初次接触沙盘，发现构建沙盘还有许多讲究呢。为了更好地合作搭建，他们决定先画一画建筑图纸。

乐乐：我们的梯田要做几级台阶呢？

奕奕：当然是越多越好。

阳阳：不行不行，太多会塌的。

夕夕：应该做多大呢？

琦琦：梯田要做在沙盘的哪个位置？

茗茗：这么多问题，不如我们先画个建筑图纸吧！

歆歆：好主意，我们就按照乐乐带来的照片做一个迷你梯田吧！

(2) 建构模型

孩子们看着建筑图纸，有模有样地开始施工了。

铭铭：我们每人做一级台阶吧！

芝漪：1、2、3……

琪琪：把台阶叠起来就完成啦！

思思：呀，不好！梯田怎么塌了？

声声：是不是层数太多了？

特特：是不是没按紧？

【劳动经验链接】幼儿共同探讨如何让梯田稳固，通过积木模型开展实验，在摸索的过程中不断地主动总结规律并反思，得出制作梯田的工艺劳动步骤：要一层一层铺，且越往上田块要越小。

初次尝试以失败告终，太空沙碎了一地。孩子们决定先用积木构建模型，找找失败的原因和解决方法。

泰梓：这是我们刚才搭的梯田。（图1）

琪琪：手一松就会塌掉。

铭铭：可是中间怎么是空心的呀！

乐乐：得做一个支撑才行。

晨晨：看！这样就不会倒了！（图2）

特特：你们看，这样不就好了。我先用5块积木搭第一层，第二层用4块，然后3块、2块、1块。（图3）

老师：如果换成太空沙应该怎么搭呢？

阳阳：第一次铺得大大的，然后越来越小！

图1　　　　　　　　图2　　　　　　　　图3

## 环节二：第二次尝试

（1）绘画剖面图纸

孩子们共同总结出制作梯田的工艺劳动步骤：要一层一层铺，越到上面面积越小。有了搭建模型的经验，孩子们很快对照模型完成了梯田剖面的建筑图纸。

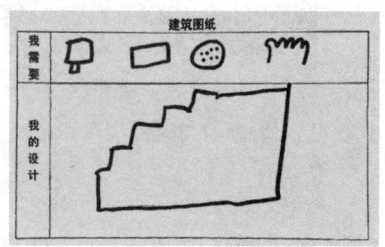

琪琪：看来我们的建筑图纸也得改一改。

特特：就照着模型画吧！

子奕：画一个从旁边看过去的建筑图纸吧。

乐乐：第一层要长一些，然后越来越短。

（2）搭建成功

搭建梯田可真是一项大工程，材料、工具、图纸准备就绪，孩子们热火朝天地开始新一轮施工。

茗茗：第一层要铺得大一些。

悠悠：用拍泥板用力压一压，梯田才能牢固。

朵朵：太薄了，再多撒点太空沙吧！

乐乐：边上要用刮板切得平平的。

欣欣：第一层完成了，第二层要小一点。

茂茂：太空沙不要撒到最边上，要留一点边边。

晨晨：小心不要切到下面一层哦！

夕夕：终于完成了，农民伯伯可真辛苦！

乐乐：是啊，我再也不浪费粮食了。

【劳动经验链接】从前期准备到正式搭建，劳动过程中幼儿遇到了许许多多的"瓶颈"，他们与同伴合作，共同寻找解决措施，协调合作的能力得到发展。在不断的尝试、改进中，他们初步形成遇到困难也不轻易放弃的精神品质，同时感知到劳动者的艰辛。

 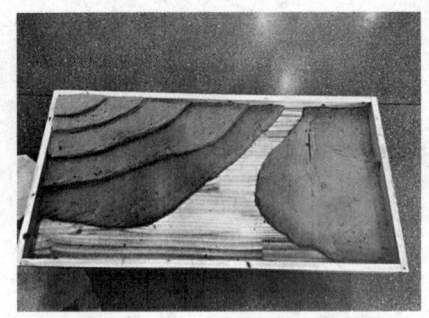

4. 沙盘故事会

**环节一：中（5）班田基地**

梯田制作完成了，沙盘进入了最后的装饰阶段，孩子们继续完善、丰富沙箱，在小小的天地里创造属于他们自己的沙盘大世界。

铭铭：梯田里种些什么呢？

熙熙：我们把放假的时候种的小麦邀请到梯田里来吧！

悠悠：教室里的手指玩偶一定也想来沙盘玩。

晨晨：我们给小动物造一个房子吧！

乐乐：还要有小船和小桥，这样小动物才能过河。

欣欣：我们的沙盘还没有名字呢！

俊俊：我奶奶说种地的地方叫田基地，就叫"中（5）班田基地"吧！

> 【劳动经验链接】幼儿在沙盘故事的讲述中，大胆交流着自己的想法，表达对沙盘作品的独特见解，用心感受工艺劳动的魅力以及它背后的深厚底蕴。

---

**"中（5）班田基地"的故事（幼儿口述）**

夏天到了，梯田里的小麦成熟了，麦穗好重好重，小麦掉下来撒了一地。小动物们住在河对面，他们有的在聊天，有的在玩滑滑梯。有一天，小动物们想吃面条了，面条是用小麦做的，他们要去对面收麦子，可是，中间有一条河。小猪说："可以把木桩做桥，我们踩在木桩上就能过河了。"小鸡说："还可以划船过去。"最后小动物们都到了对面的梯田，收到了麦子，回家做饭吃。

**环节二：沙盘龙舟赛**

正值端午节，孩子们提议举办一场沙盘龙舟赛。他们来到印刻吧，有的制作"船身"，有的制作"船头"，有的制作"划船人"，分工合作，用陶泥制作龙舟。

夕夕：龙舟的身子要凹进去，划船的人才能坐进去。

铭铭：船身上要画上龙的鳞片。

芝漪：搓两个圆圆的小球拼在一起，就是划船的人了。

鑫怡：用火柴棒做船桨吧！

洋洋：龙头上有树枝一样的角。

乐乐：还有细细的胡须。

【劳动经验链接】通过沙盘龙舟赛，幼儿将工艺劳动与传统节日相结合，创造出新的沙盘故事，端午节的传统文化一定会在孩子们的心中生根发芽。

泥龙舟"下水"了,孩子们觉得一条龙舟太孤单了,于是,他们向纸艺坊和草编坊发出了"龙舟订单"。

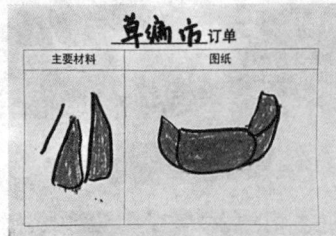
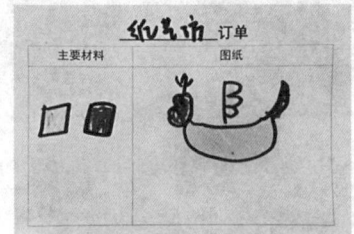

很快,纸龙舟和粽叶龙舟也加入了比赛行列,孩子们开始讲述新的沙盘故事。

(四)幼儿劳动能力评估检核表

班级:_____  评价对象:_____  实施时间:_____

| 活动内容 | | 沙盘世界 | 评价等级 | | |
|---|---|---|---|---|---|
| | | | ★★★ | ★★ | ★ |
| 评价指标 | 劳动认知 | 1. 在与材料的互动中,通过观察与比较,大胆描述沙子、泥土、太空沙的特征。 | | | |
| | | 2. 知道刻刀、拍泥板等陶艺工具的基本使用方法。 | | | |
| | | 3. 在摸索的过程中不断地主动总结规律并反思,得出制作梯田的工艺劳动步骤:要一层一层铺,且越往上面积越小。 | | | |
| | 劳动能力 | 1. 运用揉、捏、搓、压、刻等劳动技能进行塑形。 | | | |
| | | 2. 能够发挥想象和创造力装饰梯田沙盘。 | | | |
| | 劳动思维 | 1. 能用较连贯的语言向同伴讲述沙盘故事。 | | | |
| | | 2. 尝试通过绘画平面、剖面图来解决问题,并根据梯田层层叠高的特点进行搭建。 | | | |
| | | 3. 制作沙盘时积极投入,认真专注。 | | | |
| | 劳动情感 | 1. 劳动过程中乐于进行尝试和探索。 | | | |
| | | 2. 遇到困难不气馁,能够想办法解决,无法解决时能够寻求成人的帮助。 | | | |
| | | 3. 通过"沙盘龙舟赛",将工艺劳动与传统节日相结合,使文化认同感生根发芽。 | | | |

## （五）主题活动评估反馈表

**幼儿的学习在哪里？——涉及哪些学习领域？**

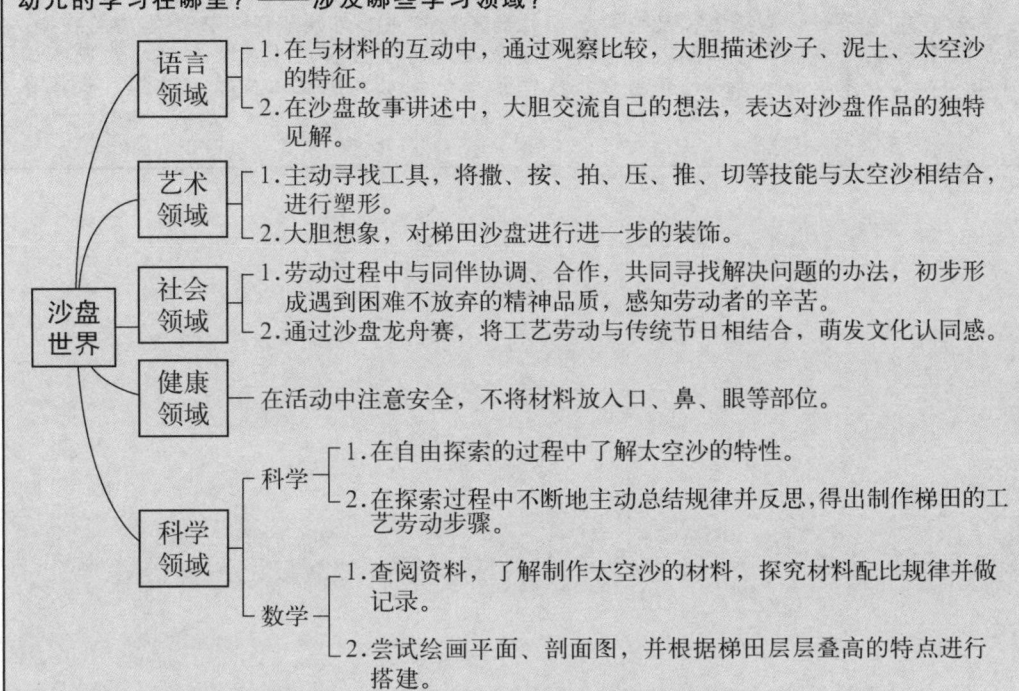

沙盘世界
- 语言领域
  1. 在与材料的互动中，通过观察比较，大胆描述沙子、泥土、太空沙的特征。
  2. 在沙盘故事讲述中，大胆交流自己的想法，表达对沙盘作品的独特见解。
- 艺术领域
  1. 主动寻找工具，将撒、按、拍、压、推、切等技能与太空沙相结合，进行塑形。
  2. 大胆想象，对梯田沙盘进行进一步的装饰。
- 社会领域
  1. 劳动过程中与同伴协调、合作，共同寻找解决问题的办法，初步形成遇到困难不放弃的精神品质，感知劳动者的辛苦。
  2. 通过沙盘龙舟赛，将工艺劳动与传统节日相结合，萌发文化认同感。
- 健康领域
  在活动中注意安全，不将材料放入口、鼻、眼等部位。
- 科学领域
  - 科学
    1. 在自由探索的过程中了解太空沙的特性。
    2. 在探索过程中不断地主动总结规律并反思，得出制作梯田的工艺劳动步骤。
  - 数学
    1. 查阅资料，了解制作太空沙的材料，探究材料配比规律并做记录。
    2. 尝试绘画平面、剖面图，并根据梯田层层叠高的特点进行搭建。

**幼儿的经验在哪里？——获得了哪些具有挑战性的新经验？**

挑战1：太空沙很容易碎，怎么办？
新经验1：塑形时要用手掌按，不能用手指捏。
新经验2：还可以用大大的、平平的工具压。

挑战2：怎样把梯田垒起来？
新经验：要一层一层铺，且越往上面积越小。

**教师的反思与评价**

- **回顾课程，想一想：在主题选择上你学到了什么？这个主题为什么适合幼儿？**

  沙盘是指用一些材料创造的立体图景。儿童在沙盘活动中表达自己的世界，沙盘不仅帮助儿童与外部世界建立联系，而且还能帮助儿童表达其原型世界和内心世界。梯田沙盘的制作，从前期准备到后期延续，包含了幼儿在艺术、科学、社会等多方面的创想和探索，是幼儿在工艺劳动领域创造水平的质的飞跃。从课程中的沙盘艺术，到想象中的沙盘故事，孩子们用眼睛寻找，用相机捕捉，用心灵感受，能深刻体会工艺劳动的魅力及其背后所蕴含的深厚文化底蕴。因此，这个主题活动十分适宜大班幼儿开展。

- **主题活动过程中，你的支持策略在哪里？**

  苏联教育家苏霍姆林斯基说过："儿童高尚的心灵是在劳动中逐渐培养起来的。"在整个课程研究中，教师以探索者的身份与孩子们共同发现、学习，使课程与"解决问题"相连接，引导孩子们自己去尝试、发现、探索，在劳动体验中思考、感知、行动，获得最真实、最直接的劳动经验，在体验工艺劳动过程的同时，不断享受着工艺劳动带来的快乐。同时，教师引导幼儿将沙盘与端午节相结合，与草艺、纸艺课程相联结，创造出新的沙盘故事，使得中华传统文化与民族认同感在孩子们的心中生根、发芽。

续表

- **你会给未来实施这一主题的教师提供哪些建设性意见？**

　　沙盘建构地形的选择上，既要符合幼儿的年龄特点和发展水平，满足他们的兴趣，又要具有一定的挑战性。比如，对中班孩子来说，用沙盘表现平原太简单，表现高山难度又太大。让孩子跳一跳，摘到桃，才能促进他们最大限度地发展，因此，教师在沙盘制作内容的选择上要做甄选。

# 后　记

　　循着自然教育的生长图谱，我园工艺劳动课程研究历经三载，逐步走向成熟收获的季节。回顾整个课程实施过程，我们感到：这是一场还原生活之美、唤醒生命之灵、追寻精神之美的旅程，其间的每个步伐、每个故事，都见证了幼儿、教师、园所三者的共同成长。在这里，我们看见儿童，看见幼儿园里每一个劳动者的平凡与伟大；在这里，我们看见课程，看见真实劳作中每一时每一处的美好与感动；在这里，我们看见文化，看见课程共建背后悄然涌动的无声的精神力量。

　　工艺劳动课程的构建，是一个再审视、再实践、再思考的过程。"再"是一种研学的态度，是一种发展的趋势，是一股不竭的动力，通过这段"再"旅程，工艺劳动课程实现了"再发展"，卷入课程的每一位幼儿获得了"再收获"，课程实施过程中的每一位教师也获得了"再成长"。从幼儿发展的角度来看，幼儿的劳动情感不断丰富，劳动技能不断发展，工艺审美水平不断提升，并且在自主探究、逻辑思维等方面有了不同程度的发展，在人际交往、自我表现等方面变得更加积极主动。从教师发展的角度来看，教师的课程开发意识、资源整合思维、课程实践能力、课程反思能力等都有了质的发展，他们逐渐树立了正确、科学的儿童观，形成了互学互长的研究态势。从家长发展的角度来看，家长的家园沟通能力、家园协调能力、资源收集意识、课程参与意识等都有了明显的提高，他们在工艺劳动实践中，同样逐渐塑造了科学的育儿观和理性的教育观。

　　如果说劳艺课程是座大房子，那身处其间的每个人就是其中的一砖一瓦。书中所收录的每个"游艺坊"的操作指南及各年龄段的课程故事，都是在"学用相长"的视角下，紧密联系幼儿生活，指向深度学习诉求的师生共建、创造的过程。因笔者才疏学浅，虽尽心写作，但难免会有疏漏、不妥之处，敬请读者不吝指正。

　　一路走来，由衷感谢中国学前教育研究会理事长虞永平教授和南京师范大学刘颖老师的悉心指导与帮助，感谢南京师范大学幼儿园劳动教育研究课题组各位同仁的历次经验分享，感谢常熟市虞山高新区（常福街道）办事处、常熟市东方红木有限公司、江苏勤川现代农业科技有限公司、常熟市欣鑫经纬编有限公司、常熟市彩衣堂文化创意有限公司、常熟市作物栽培技术指导站等单位提供资源支持，感谢为编写此书潜心深耕、辛勤实践的老师们，感谢一直以来默默关注游幼发展的各位前辈、师友们！

我们将以此书为一个基础，走向更深、更远处。

常熟市游文幼儿园　宗　颖